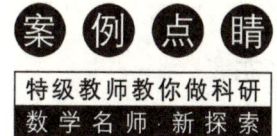

特级教师教你做科研
数学名师·新探索

数学科研论文选题策略与写作艺术

张亚东◎著

上海科学普及出版社

图书在版编目（CIP）数据

数学科研论文选题策略与写作艺术／张亚东著．——上海：上海科学普及出版社，2019
ISBN 978-7-5427-7561-0

Ⅰ．①数… Ⅱ．①张… Ⅲ．①数学教学－教育学－论文－写作 Ⅳ．①H152.2

中国版本图书馆CIP数据核字（2019）第147525号

责任编辑　陈爱梅

数学科研论文选题策略与写作艺术

张亚东　著

上海科学普及出版社出版发行

（上海中山北路832号　邮政编码200070）

http://www.pspsh.com

各地新华书店经销　北京虎彩文化传播有限公司印刷
开本 787×1092　1/16　印张 15.125　字数 250 000
2019年10月第1版　2019年10月第1次印刷

ISBN 978-7-5427-7561-0　定价：48.00元
本书如有缺页、错装或坏损等严重质量问题
请向出版社联系调换

序　言

张亚东老师是我和李大元老师名师工作室的优秀学员,他上课很有特色.记得那次在敬业中学借班上课,课题是"定义法求轨迹",给我们留下了深刻的印象.他娴熟地驾驭"几何画板",优美的黑板板书,幽默的教学语言,引导学生探索发现的深厚功底令人钦佩,至今我仍记忆犹新.还记得一次他在市南中学给黄浦区高三数学教师上示范课,课题是"'以退求进'的解题策略",令人耳目一新,生动的教学设计,流畅的教学过程,优美的教学课件,循循善诱的教学风格,精心设计的实验探究活动,给听课教师以很大的启发.工作室结业汇报课"探索与发现"更是运用了 TI-Nspire 图形计算器最新软件,尝试无线交互课堂教学,受到听课老师的一致好评.他的课,清新中透着理性,理性中透着育人哲理,令人在不知不觉中感悟到"科学 + 艺术"的美感.

更难能可贵的是,张老师还善于把自己在实践中感悟到的点滴经验总结成文字.书稿中很多案例都来自他和同伴们的教学实践,他把这些经典的课堂教学案例通过艺术加工,发表于各大数学专业杂志.他还善于指导年轻教师,同事开课他总是积极地出谋划策,耐心指导,把教学实践的经验和反思记录整理,连续在杂志上发表.记得有一次我接受大同中学的邀请,点评一节拓展课"幻方",几个月后收到了华东师范大学编辑部寄来的一本《数学教学》,其中就有一篇是张老师结合这节课的教学,指导青年教师撰写的文章,题目是《数学课堂如何讲好中国故事》,张老师教学科研功底可见一斑.

  论文写作是教师从事教育科研的重要环节,是科研成果的主要表现形式,同时也是教师真正成为研究型、学者型教师的必备技能之一,是一个教师走向成熟的重要标志.一次成功的育人案例,一个精彩的教学片断,一回愉悦的成功体验,一个意想不到的偶发事件,一次刻骨铭心的教学失误,都是我们宝贵的科研资源.

  在教育教学实践中,我们往往有很多感想和顿悟,有人如过眼云烟,有人却能及时捕捉.一名成熟型教师,不仅教育能力强,教学水平高,而且还能把自己的教育教学实践经验记录下来,分析为什么教得这么好,如何改进才能更高效,和更多的教师分享,供老师们学习和借鉴,带动教师团队的整体进步,这就是教学科研的意义所在.

  本书收录了张老师20余篇成功发表于各大专业杂志上的论文,结合自己的教学和科研真实经历,通过案例点睛的形式,点评写作的意图,每篇文章都安排有写作背景和文章结构脉络图,相信读者通过阅读得到启发,写出属于自己的数学教学科研论文,提升教育、教学科研意识和水平.

顾鸿达
2019年6月

科研——教师发展的不懈动力

  一天,张老师给我一叠书稿,让我给他写点什么.翻阅之后,我非常欣喜,不仅看到了张老师多年的教学研究成果,更感受到了张老师探源求是的精神.张老师是在大同中学成长起来的特级教师,他的成长经历和追求,也是多年来大同中学坚持研教结合提升教师专业发展的一个缩影,我由衷地感到欣慰.

  通过教学改革,让每一个学生的个性得到自由地张扬,让每一个学生的潜能得到充分地开发,这是我们的追求.改革成败的关键取决于教师的观念、态度、自身的修养以及教学科研能力.教师是教育改革的直接参与者与执行者,教师是课程的领导者和执行者,无论学生的发展还是学校的发展,都离不开教师的发展,离开了素质精良的师资队伍,任何教学改革都将化为空谈.尤其是新时代教育现代化的征途,科学技术发展迅猛,必然会带来学习与教育环境、技术、方法甚至是教育教学生态的变化.面对新挑战,科研的重要性和现实意义不言而喻,它是教师发展的不懈动力.

  大同中学一直坚持"育人为本、德育为先、坚持改革、服务社会、发展自我"的办学理念,把教师的发展放在了重要的地位.教学研究更是教师发展的主阵地,作为学校教师发展中心主任,张老师更是冲锋在前,积极鼓励教师观察课堂,反思课堂教学设计,鼓励教师在全国专业杂志上发表文章,著书立说.近年来,我校涌现出一大批教育、教学、科研能手,一批全市乃至全国有知名度的优秀杰出教师,张老师便是其中之一.

　　随着新课程改革的不断深入,对教师素质的要求越来越高,不仅要具有深厚的专业功底,娴熟的教学技能,良好的教学效果,还应具有一定的理论水平和科研能力.这是现代教师更新教育思想、适应教学改革的需要.张老师精选了二十多篇自己不同时期的得意之作,通过案例点睛的形式,结合科研论文写作的切身体会和论文发表的成功经验,介绍数学科研论文的选题策略和写作艺术,引导广大数学教师进行科学研究,可喜可贺!

　　精良的教师群体,促进学生的发展和学校的发展,促进教育教学质量的全面提升,他们是学校可持续发展的资源和不懈动力.预祝更多的教师不断开阔视野、渊博学术、夯实专业基础,教育教学科研成果如雨后春笋,不断涌现!

上海市大同中学校长

郭金华

2019 年 6 月

前　言

  前不久回母校看了看,希望找点大学时代的记忆.但校园变化太大了,很难找到当初的感觉.于是去校门口的街头走一走,突然发现一个烧饼店,和三十年前没啥两样,店面还是那个店面,炉子还是那个炉子,师傅还是那个师傅.我迫不及待地买了两个尝尝,发现味道还是那个味道,勾起了我美好的回忆.师傅说86年他就在这儿摆摊了,现在周围变化很大,老板都发了大财,他仍然保持原样,心里有点埋怨.是呀,30多年了,工具没有改变,产品没有改变,生产方式没有改变,营销方式没有改变……

  这使我联想起数学教学,不少老师认为只要把自己所教班级成绩搞上去,科研并不重要,几十年如一日地重复着昨天的故事,这和烧饼师傅有啥两样呢？

  教师又好比厨师,如果你炒菜技术一般,但又拒绝向别人学习,认为自己炒的菜是最好吃的,这种人只能称之为厨子；有些人不仅自己炒得一手好菜,还积极指导其他师傅,让更多的人能够品尝到自己的成果,这类人就是能师；有些人善于研究为啥这么好吃,把菜谱记录下来,把烹饪的方法和步骤记录下来,研究如何改进使得这道菜更好吃,这类人必将成为名师；还有人善于博取众家之长,收集整理各种菜谱,著书立说,影响广泛,这类人终将成为大师.由此可见,一个人的成功很大程度上取决于他的科研能力,科研在教师成长过程中不可小觑.

刚入职不久的我就非常羡慕那些会写文章的人,江苏省数学特级教师蒋建华老师对我的影响很大,他比我大几岁,到现在还清晰地记得他把十几本发表过论文的杂志铺成扇形拍照的场景.当时我想他怎么这么厉害?是不是有朋友和亲戚在编辑部?后来渐渐地觉得这个想法很幼稚,因为我发现蒋老师爱钻研,教学特别严谨,喜欢和我们一起讨论教学中遇到的各种难题,并细心地把问题记录整理.我也效仿他订了好几种数学杂志,每期必看,模仿上面的范文,同时非常认真地修改,虔诚地装上信封,寄给各大数学杂志编辑部,结果全都是一个:石沉大海,杳无音信.

后来我实在憋不住,带上一叠文稿,到母校去看望唐复苏教授,他当时是《中学数学月刊》的主编,我询问他这些文章发表不了的原因,当然也希望他能帮我.他拿起老花眼镜,非常认真地看了半天,深情地对我说:"亚东,写文章就像挖一口井,要在一个地方挖,使劲儿往深处挖,才能挖出水来,不要到处挖,不然即使你使尽了全身的力气,但挖出来的全是小坑."

到现在我还深深地记得老先生当时的神情,虽然他没有帮我发表文章,但他这段话对我启发很大,回来后我重新写了一篇《利用课本习题上好习题课例谈》,就从课本一道习题出发,深深地挖掘它的教学功能,充分展示它的一题多解、一题多变、多题一解,以小见大,经过反复修改,让文章变得一波三折,妙趣横生.用稿纸认真誊写,寄给湖北大学《中学数学》编辑部,不久终于接到用稿通知.这是我的处女作,那份喜悦之情至今仍记忆犹新.

后来一发不可收拾,接二连三地发表文章.论文写作唤起我对教学研究的极大兴趣,激发我对教育事业的满腔热情,让我在教学中底气十足,心情充满阳光.每当我把辛辛苦苦反复润饰修改好的论文,装上信封,填好邮编和地址,帖上邮票,慎重地投进邮箱的那一刻,就好比给远方心爱的她发出了一份犹豫了良久的情书,然后耐心地等待远在天边的她的回信,慢慢享受那份甜蜜的期待.如果接到退稿通知,那份伤感、懊恼、失望之感历练了自己的心境,不怕挫折,修改后重新来过.一旦接到用稿通知,那份发表后的喜悦,无法用语言描述.这样的经历令平凡的教学生涯掀起一次又一次不平凡的小波澜.

写论文已渐渐地变成我的一种职业习惯,每次遇到数学难题,或者教学过程中发现闪光点,都及时把它们记录下来,研究一番.遇到公开教学展示,积极参与谋划,认真地记录课堂教学过程,聆听专家的每一次评课,并把它们整理成文,在各大数学杂志上发表,渐渐地几乎达到百分之八九十的投稿命中率.一次我发现其中有30来篇是关于课堂教学设计的内容,已基本形成自己的写作风格,2017年我把其中相关论文和平时收集的优秀教案,编成第一本个人专著《数学课堂教学设计案例点睛》,由上海教育出版社出版发行,深受读者好评.

一晃50岁出头了,到了知天命的年纪,也就到了"甘为人梯"的生命进程,乘着精力充沛,耳聪目明,我要把写作的成功经验和体验写下来,告诉年轻老师们,发表文章并非想象的那样高不可攀,让他们学会教育教学科研方法,使更多的年轻教师尽快成长.

随着现代教学技术和教学理论的不断发展,课程改革的不断深入,广大数学教师,尤其是青年教师迫切需要这方面的写作指导.本书分四大章,精选了26篇自认为的得意之作,通过案例点睛的形式,让读者通过阅读,体验论文写作历程,感悟写作的方法和技巧,明确论文撰写和发表的注意事项.同时每个案例前面配有写作背景,让读者感悟如何在日常教学过程中抓住灵感,及时收集整理资料,完成论文写作的过程.每篇文章的后面附有该篇文章的文脉结构图,让读者更好地把握文章结构.

当然,本书不可能穷尽数学教学科研的全部,只是侧重数学科研论文的选题与写作,其他的比如调查报告、课题研究等形式的科研未加一一赘述.不当之处敬请读者不吝指正.

目 录

第一章　数学科研论文的要求　　1

1.1　内容科学　推理严谨　　3
　　案例点睛 1　大胆猜测，一箭多雕　　4

1.2　论述有趣　跌岩起伏　　9
　　案例点睛 2　不要一次泄露出所有的秘诀　　10

1.3　结构合理　层次清晰　　18
　　案例点睛 3　平稳过渡　难度适中　层次分明　导向正确　　19

1.4　形式新颖　创新突破　　26
　　案例点睛 4　"圈养"加"散养"　在传承中创新　　27

1.5　格式规范　图表美观　　37
　　案例点睛 5　以"大观念"为指导开展单元教学设计　　38

第二章　数学科研论文的选题　　45

2.1　选题的原则　　47
2.2　选题的策略　　49
2.3　选题的分类　　51
　　2.3.1　教材教法研究类　　51

　　　　案例点睛 6　新课程标准强调学生的全面参与　　　　52
　2.3.2　课堂教学研究类　　　　58
　　　　案例点睛 7　数学课堂教学"六个反思"的实践与思考　　　　58
　2.3.3　解题教学研究类　　　　67
　　　　案例点睛 8　一道初三数学竞赛题的多视角解法探究　　　　67
　2.3.4　考试评价研究类　　　　74
　　　　案例点睛 9　稳中求变　变中出新　　　　74
　2.3.5　现代技术研究类　　　　83
　　　　案例点睛 10　瞄准"要害"让数学课堂教学更高效　　　　83
　2.3.6　学科竞赛辅导类　　　　91
　　　　案例点睛 11　与自主招生有关的裂项法求和问题　　　　91

第三章　数学科研论文的结构　　　　99
　3.1　论文的标题　　　　101
　　　　案例点睛 12　数学课堂教学如何适时"抖包袱"　　　　102
　3.2　论文的引论　　　　108
　　　　案例点睛 13　诗一般的数学美　　　　109
　3.3　论文的本论　　　　116
　　　　案例点睛 14　试题新活　拒绝题海　　　　117
　3.4　论文的结论　　　　120
　　　　案例点睛 15　数学课堂德育渗透途径与方法　　　　121
　3.5　论文的参考文献　　　　128
　　　　案例点睛 16　空间的距离　　　　129

第四章　数学科研论文的包装　　　　137
　4.1　给文章取个响亮名字　　　　139
　　　　案例点睛 17　课堂教学如何铺设数学思维"画卷"　　　　140
　4.2　给文章划分几个层次　　　　147
　　　　案例点睛 18　浅谈如何上好高三综合试卷讲评课　　　　148

4.3	给文章找个特色亮点	154
	案例点睛 19 点阵的归纳与猜想	156
4.4	给文章进行艺术加工	162
	案例点睛 20 数学课堂如何讲好中国故事	164
4.5	给文章进行深度发掘	173
	案例点睛 21 如何让学生自己找到"回家的路"	174

第五章　数学科研论文的投稿　　183

5.1	中学数学期刊简介	185
	案例点睛 22 "变换角色　授生以渔"的教学尝试	187
5.2	投稿的方法与技巧	193
	案例点睛 23 "喇叭花"函数赏析	195
5.3	投稿不中原因分析	202
	案例点睛 24 利用课本习题上好习题课例谈	204
5.4	找准教学时间节点	208
	案例点睛 25 2009年上海春考压轴题解题分析与教学反思	209
5.5	捕捉教学活动热点	216
	案例点睛 26 利用解析法证明平几问题受阻后的策略调整	217

附录　数学科研论文投稿常见杂志一览表　　225

第一章 数学科研论文的要求

中学数学科研论文写作在教学和研究中具有十分重要的意义.任何一名数学科研教师在教学过程中一定有或多或少的教学感悟与灵感,一定有把它记录下来甚至想通过发表与他人交流的冲动,但发表论文并不是一件非常容易的事情.作为学术论文有它自身的规范和要求,具体来说论文应该符合以下几个基本要求:内容详实准确,推理科学严密,语言生动有趣,文章结构合理;形式新颖创新,格式规范,图表美观.

1.1 内容科学 推理严谨

数学是科学,教学是艺术,科研需要科学加艺术的严谨推理.

数学科研论文是表达教学研究工作的科学记录,致力于探究学术领域中具有共性的现象,表达数学教育的客观规律,对数学教育的发展或其理论的提高起到一定推动作用,它必须通过科学的实证或逻辑的方法去伪存真,由此及彼,由表及里,形成理论概念,对数学教育的发展变化作出规律性的论述.它不同于一般的议论文,只是阐述对某一问题和观点的主观看法,表明作者的立场观点、认识感受.

科学性是学术性论文的灵魂,也是论文写作成败的关键.数学首先是科学,科学来不得半点虚假,这是由数学学科特点决定的,数学学科最大的特点是抽象性、严密性和逻辑性.科学性作为课题研究的第一原则,它统领写作的整个过程,要求不能出现任何科学性的错误,这里包括反映事实的真实性;选题材料的客观性;分析判定的合理性;推理计算和语言表达的准确性.实验的结果要忠于事实,要正确地评价前人所做的工作,切不可任意臆造,弄虚作假,真实性是论文的根本,否则文章很可能要被审查专家全盘否定,不要忘记他们都是大学教授,都是著书立说甚至在国际专业杂志上发表文章的高手.

在论文撰写过程中,该说的一定要说清楚,突出重点,推理严谨,让人看得心服口服.不该写的一个字也不多写,做到惜墨如金,不能下笔千言离题万里.要特别详细地阐明自己提出的新的独特的东西,别人没有的东西我有,别人有的东西我更优,体现论文的独特性和创新性,凸显论文的学术水准和理论价值.

特别提醒初学写作的老师,一定要学会善于捕捉灵感,抓住掠过头脑的一闪之念,尽情发挥,因为这种思想火花往往是在对问题进行深入思考后出现的,是潜意识长期思考的结果,如能及时捕捉并最终形成文字,常常极具研究价值.

案例点睛 1
大胆猜测,一箭多雕
——从一道上海市高三数学竞赛题看归纳、猜想到证明

写作背景:本文是一次上海市高三数学竞赛以后,我和学生一起研究如何解题时产生的灵感:同一份试卷竟然有多道题可以利用归纳、猜想、证明这一思想方法解决,说明它在解决难题过程中的重要性,后来我又找了部分全国联赛中的同类问题,写成此文.三个月后得到用稿通知,发表于华东师范大学《数学教学》.

数学教育家波利亚说过,"观察试验、归纳猜测,在数学研究中起着非常重要的作用,可以说它们是数学发展的源泉."刚刚结束的上海市高三数学竞赛,最后两道题难倒了不少选手.事实上,如果熟练掌握了归纳推理的精髓,从最简单的情况摸索规律,灵活运用先猜后证的数学思想,不难找到解题方法.现以这两道题为例,谈谈如何通过归纳推理的方法,寻找到解题的途径,从而达到一箭多雕的目的.

点睛 给论文取一个吸睛的标题非常重要,正式发表时,被编辑老师改成"从一道上海市高三数学竞赛题看归纳、猜想到证明";文章开头从数学教育家波利亚的名人名言引入,使人感到科学可信,归纳猜想的思想方法很重要;最后点出文章写作的时效性和必要性,吸引读者继续读下去.

【题1】设 $[x]$ 表示不超过实数 x 的最大整数,求集合 $\{n|n=[\dfrac{k^2}{2005}], 1\leq k \leq 2004, k\in N\}$ 的元素个数.

【分析】2005 数据太大,我们不妨从简单情况摸索规律开始. $[\dfrac{1^2}{2}]=0$; $[\dfrac{1^2}{3}]=0$, $[\dfrac{2^2}{3}]=1$; $[\dfrac{1^2}{4}]=0$, $[\dfrac{2^2}{4}]=1$, $[\dfrac{3^2}{4}]=2$, ……,$[\dfrac{1^2}{10}]=[\dfrac{2^2}{10}]=[\dfrac{3^2}{10}]=0$, $[\dfrac{4^2}{10}]=1$, $[\dfrac{5^2}{10}]=2$, $[\dfrac{6^2}{10}]=3$, $[\dfrac{7^2}{10}]=4$, $[\dfrac{8^2}{10}]=6$, $[\dfrac{9^2}{10}]=8$. 这里从最简单的情况出发,不仅熟悉了题意,而且看出了的规律:当 $n=10$ 时,前面几个取遍 0、1、2、3、4,从 $k=8$ 开始出现跳跃,且数值各不相同,解题的关键是如何确定从哪一项开始出现跳跃,所以结合高斯函数的性质得到如下解法:由 $\dfrac{(k+1)^2}{2005}-\dfrac{k^2}{2005}=\dfrac{2k+1}{2005}>1 \Rightarrow k>1002$,即当 $k=1003,1004,\cdots,2004$ 时出现跳跃且结果各不相同;当 $k=1,2,\cdots,1002$ 时,$[\dfrac{(k+1)^2}{2005}]=[\dfrac{k^2}{2005}]$ 或 $[\dfrac{(k+1)^2}{2005}]=[\dfrac{k^2}{2005}]+1$,又 $[\dfrac{1002^2}{2005}]=500$,所以 $[\dfrac{k^2}{2005}]$ 能取遍 0,1,…,500. 所以共有 $501+(2004-1002)=1503$ 个元素.

这里没用运用任何高深的数学竞赛知识,而是从最简单的特殊情况出发,通过观察,摸索规律,最终找到解题途径,这种寻找解题途径的方法,值得我们仔细琢磨.

点睛 通过一个实际操作的例子,验证文章主题——归纳猜想思想方法的具体应用,论述深入浅出,数学符号使用科学规范,推理严谨,最后通过总结说明,起到画龙点睛的作用.

【题2】数列 $\{f_n\}$ 的通项公式为 $f_n=\dfrac{1}{\sqrt{5}}[(\dfrac{1+\sqrt{5}}{2})^n-(\dfrac{1-\sqrt{5}}{2})^n]$, $n\in Z^+$,记 $S_n=C_n^1 f_1+C_n^2 f_2+\cdots+C_n^n f_n$,求所有正整数 n,使得 S_n 能被 8 整除.

【分析】记 $\dfrac{1+\sqrt{5}}{2}=\alpha, \dfrac{1-\sqrt{5}}{2}=\beta$,则 $S_n=\dfrac{1}{\sqrt{5}}[(C_n^1\alpha^1+C_n^2\alpha^2+\cdots+C_n^n\alpha^n)-(C_n^1\beta^1+C_n^2\beta^2+\cdots+C_n^n\beta^n)]=\dfrac{1}{\sqrt{5}}[(\alpha+1)^n-(\beta+1)^n]=\dfrac{1}{\sqrt{5}}[(\dfrac{3+\sqrt{5}}{2})^n-(\dfrac{3-\sqrt{5}}{2})^n]$ 设 $\dfrac{3+\sqrt{5}}{2}=x, \dfrac{3-\sqrt{5}}{2}=y$,则有 $x+y=3$,$xy=1$,$x-y=\sqrt{5}$. 接下来又如何思考呢?最好的手段还是从 $n=1$ 开始摸索规律:$n=1$ 时 $S_1=\dfrac{1}{\sqrt{5}}(x-y)=1$,不能被 8 整除;$n=2$ 时,$S_2=\dfrac{1}{\sqrt{5}}(x^2-y^2)=\dfrac{1}{\sqrt{5}}(x+y)(x-y)=3$,不能被 8 整除;$n=3$ 时,

$S_3 = \frac{1}{\sqrt{5}}(x^3-y^3) = \frac{1}{\sqrt{5}}(x-y)[(x+y)^2-xy] = 8$，能被8整除，……，$n=6$时，
$S_6 = \frac{1}{\sqrt{5}}(x^6-y^6) = \frac{1}{\sqrt{5}}(x^3-y^3)(x^3+y^3) = S_3(x+y)[(x+y)^2-3xy] = 18S_3$，所以 $8|S_6$。由此可以猜想当 $3|n$ 时，$8|S_n$。这里通过摸索规律，不仅猜测到了结论，同时也找到了递推关系，为数学归纳法扫清了障碍，下面用数学归纳法证明：(1) $n=3,6$ 时成立，(2) 假设 $n=3k-3, n=3k$ 时均有 $8|S_{3k-3}, 8|S_{3k}$，则当 $n=3k+3$ 时，$S_{3k+3} = \frac{1}{\sqrt{5}}[x^{3k+3}-y^{3k+3}] = \frac{1}{\sqrt{5}}[(x^{3k}-y^{3k})(x^3-y^3)+x^3y^{3k}-y^3x^{3k}] = 18S_{3k}-(xy)^3S_{3k-3}$ 由归纳假设知，$n=3k+3$ 时结论成立，所以猜想得证。

这里还有一个问题，如何说明 $n=3k+1$ 或 $n=3k+2$ 时，S_n 不能被8整除呢？当然也可运用数学归纳法去证明，这里我们不妨把证法作如下的改进：$S_{k+1} = \frac{1}{\sqrt{5}}(x^{k+1}-y^{k+1}) = \frac{1}{\sqrt{5}}[(x^k-y^k)(x+y)+xy^k-yx^k] = \frac{1}{\sqrt{5}}[3(x^k-y^k)-(x^{k-1}-y^{k-1})] = 3S_k-S_{k-1}$，找到了连续3项之间的递推关系，故可以算出 $\{S_n\}$ 各项除以8的余数依次为1、3、0、5、7、0、1、3、……，是一个以6为周期的周期数列，从而可得：当且仅当 $3|n$ 时，$8|S_n$。

此题粗看非常抽象，无从下手，但通过归纳猜想，寻找到了能被8整除的自然数的规律，然后利用数学归纳法证明了这一规律。

以上两题是此次竞赛题中最难的两道，都可利用归纳猜想的方法去解决，这并不是偶然的，不少竞赛难题的"精妙"解法的背后，无不隐藏着这一规律。你会用同样的方法解决下列各题吗？

点睛 文章笔锋一转，仍然利用归纳猜想的思想方法，解决一个比第一个问题复杂多了的数学问题，而这一问题出现在同一份高三数学竞赛试卷上，更是说明这一思想方法的普遍性和重要性。

1.(2005上海市高中数学竞赛) $i^{0!}+i^{1!}+i^{2!}+\cdots+i^{100!}=$ _____ (i 表示虚数单位)。

2.因式分解：$S_n = 1 - \frac{1}{1!}x + \frac{1}{2!}x(x-1) - \frac{1}{3!}x(x-1)(x-2) + \cdots + \frac{(-1)^n}{n!}x(x-1)(x-2)\cdots(x-n+1)$。

3.(2003年全国高中数学竞赛) 一张纸上画有半径为 R 的圆 O 及圆内一

定点 A，且 $OA=a$，折叠纸片，使圆周上某一点 A' 刚好与点 A 重合．这样的每种折法，都留下一条折痕．当 A' 取遍圆周上所有点时，求所有折痕所在直线上的点的集合．

4．(2000年全国高中数学竞赛) 已知 $C_0: x^2+y^2=1$ 和 $C_1: \dfrac{x^2}{a^2}+\dfrac{y^2}{b^2}=1 \ (a>b>0)$，试问：当且仅当 a、b 满足什么条件时，对 C_1 上任意一点 P，均存在以 P 为顶点与 C_0 外切，与 C_1 内接的平行四边形？并证明你的结论．

5．(2002年全国高中数学竞赛) 有一列曲线 $P_0, P_1, P_2, \cdots, P_n$，已知 P_0 所围成的图形是面积为1的等边三角形，P_{k+1} 由对 P_k 进行如下的操作得到：将 P_k 的每条边三等分，以每边中间部分的线段为边，向外作等边三角形，再将中间部分的线段去掉($k=0,1,2,\cdots,n$)．记 S_n 为 P_n 所围成图形的面积．(1)求数列 $\{S_n\}$ 的通项公式；(2)求 $\lim\limits_{n\to\infty} S_n$．

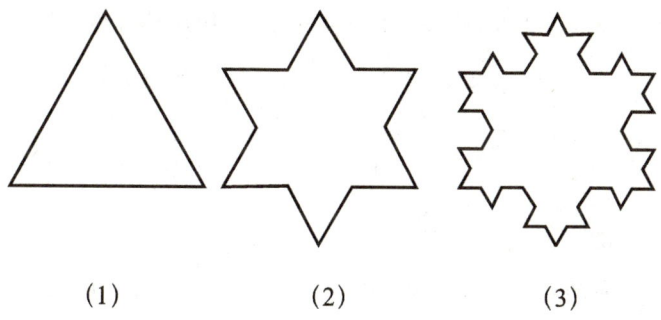

(1)　　　　(2)　　　　(3)

参考答案：

1．$i^{0!}=i^{1!}=i$，$i^{2!}=-1$，$i^{3!}=(i^2)^3=-1$，$i^{4!}=(i^4)^6=1$，规律出现：$i^{n!}(n>4)=(i^4)^k=1(k\in N)$，所以结论为 $95+2i$．

2．多项式 S_n 很复杂，可先考察 S_1, S_2, S_3 的因式分解，$S_1=1-\dfrac{x}{1!}=1-x$；$S_2=1-\dfrac{x}{1!}+\dfrac{x(x-1)}{2!}=\dfrac{(1-x)(2-x)}{2}$；$S_3=S_2-\dfrac{x(x-1)(x-2)}{3!}=\dfrac{(1-x)(2-x)(3-x)}{3!}$，上述结果提示我们猜想：$S_n=\dfrac{(1-x)(2-x)\cdots(n-x)}{n!}$，然后用数学归纳法证明(略)．

3．点 A' 取四个特殊位置(A_1, A_2 及过点 A 且垂直于 x 轴的直线与圆的两交点处)得到的四条折痕围成一个矩形，由此可以猜测：折痕 PQ 到不了的地方定为内接于矩形的某个对称图形．注意到 PQ 为 AA' 的垂直平分线，$PO+PA=PO+PA'=R$ 为定值，所以点 P 的轨迹是以点 O、A 为焦点的椭圆，其方

程为 $\dfrac{(x-\frac{a}{2})^2}{(\frac{R}{2})^2}+\dfrac{y^2}{(\frac{R}{2})^2-(\frac{a}{2})^2}=1$，最后只

要证折痕 PQ 与该椭圆相外切即可知所有折痕所在直线上点的集合为椭圆（包含边界）外所有的点．

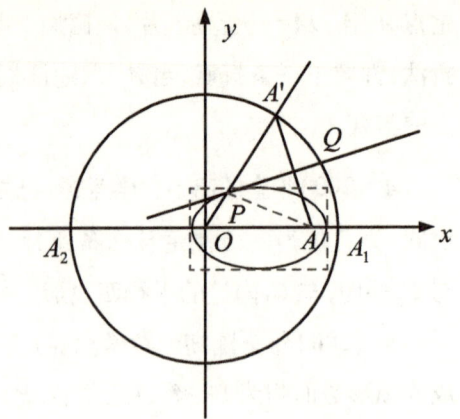

4. 取椭圆的长轴两端点和短轴两端点，四点连线构成一个特殊的椭圆内接菱形，此菱形要与单位圆相外切，从而圆心 $O(0,0)$ 到直线 $\dfrac{x}{a}+\dfrac{y}{b}=1$ 的距离等于半径 1，即 $\dfrac{|ab|}{\sqrt{a^2+b^2}}=1$，也就是 $\dfrac{1}{a^2}+\dfrac{1}{b^2}=1$，必要条件已找到，再证充分性即可（略）．

5. 这是一道有关几何图形的操作性问题，运用从特殊到一般的思考方法，很容易入手：$S_0=1$，$S_1=S_0+3\times(\dfrac{1}{3})^2=1+\dfrac{1}{3}$，$S_2=S_1+3\times 4\times\dfrac{1}{3^4}=1+\dfrac{1}{3}+\dfrac{4}{3^3}$ 于是可猜想：$S_n=1+\dfrac{1}{3}+\dfrac{4}{3^3}+\dfrac{4^2}{3^5}+\cdots+\dfrac{4^{n-1}}{3^{2n-1}}=\cdots\cdots=\dfrac{8}{5}-\dfrac{3}{5}(\dfrac{4}{9})^n$，然后用数学归纳法进行证明（略）．进而求得 $\lim\limits_{n\to\infty}S_n=\dfrac{8}{5}$．

点睛 配套的练习为学生提供了实践的舞台，只有不断实践、不断体验才能感悟归纳猜想方法的精妙之处，同时也是为了适合杂志这一栏目的文章格式要求．注意这些竞赛题目包括参考答案与提示都必须认真反复检查，不得出现任何科学性错误．

【文脉结构】

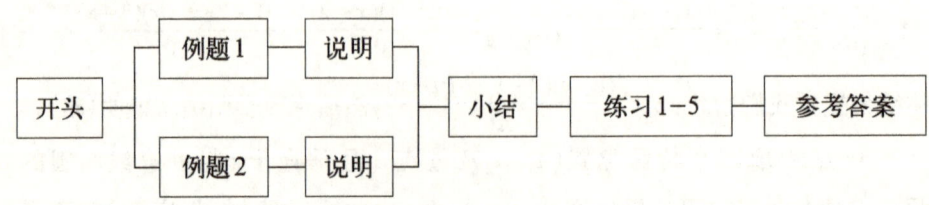

1.2 论述有趣 跌岩起伏

水至清则无鱼,文至平则无趣.

古人说:"文似看山不喜平."不平就是曲折,有波澜.如果文章平淡无奇,叙述直来直去,读来毫无情趣.数学理论内容抽象,容易写得枯燥乏味.只有曲折回旋,波澜起伏,才会扣人心弦,引人入胜.

例如:我们在记述课堂教学实录时就不能平铺直叙,教师怎么问,学生怎么答,几次一问一答,概念就出来了,定理证明非常顺利地完成了,经过简单的训练学生也会应用公式解题了,取得了较好的教学效果.这样写就让人觉得一点趣味也没有.

我们不妨把这一教学过程写得一波三折:首先情境引入,激发学生学习兴趣,引导学生提出问题,一个学生提出了一个初步方案,请其他同学纠正完善.再组织学生讨论,场面非常激烈,得到好几种不同的解决方案,让学生归纳总结,正在这时,一个学生又想出了一个更为简洁的方法,一石激起千层浪……

让学生表述概念,一同学表达漏洞百出,其他同学举出反例,通过反复讨论,彼此纠正补充,正确概念才得以形成……

让学生利用得到的结论解题,经过讨论,发现了好几种不同的解决方案,其中有正确的,有错误的,也有可以纠正的解法,学生议论纷纷,争论不休……

让学生举出生活中的实例,更加丰富多彩,五彩缤纷.例如在学习乘法原理的时候,让学生举出生活中的例子,一学生说早上起来穿衣服,上衣有3件,裤子有4条,袜子有2双,共有多少种不同的搭配?教师及时表扬了他,这时另一学生说:一天吃三顿,早上有面包、牛奶、油条,中午有米饭、炸大排,晚饭有米粥、菜饭,问共有多少种不同的选择?学生议论纷纷,请大家说说这个同学的叙述有没有问题?少条件!加什么条件?每顿只能选一样.

请记住咱们是中学数学教师,教育教学理论不是强项,但我们可以结合自己的教学实践,把教育家们提出的高深的理论运用到教学实践中去.所以没必要把论文写得高深莫测,而应该用生活化的语言生动活泼地描述自己的教学活动和对数学理论的理解.

案例点睛 2
不要一次泄露出所有的秘诀
——从"黑白棋子排列问题的联想"的教学谈"教师十诫"给我们的启示

写作背景: 学校百年校庆对外教学展示,由组内的一名年轻教师执教.她的主题是通过归纳、猜想、证明的思想方法解决一道高考数列题.现场教学很成功,得到专家的一致好评,于是我让她把教学过程详细记录下来.但仅仅是详细教案是不能成为论文的,我和她共同探讨这节课的设计到底好在哪儿?能不能找到理论依据?最终决定利用波利亚的"教师十诫"作为论文的理论基础,试图把它运用到课堂教学实践中去.文章发表于华东师范大学《数学教学》.

波利亚在《数学解题》一书中对教师日常工作表达了自己的看法,浓缩为十条规则,简称"教师十诫".他告诫我们:课堂教学要设身处地为学生着想,注重培养他们学习数学的兴趣,随时关注学生活动,不要一次泄露出所有的秘诀,要放手让学生去猜想,去发现,试着去证明,通过教师启发,引导学生勇于发表自己的见解.可见波利亚非常强调数学课堂中学生的参与,这与新时期"以生为本"的教学理念不谋而合.下面结合一节公开课的教学设计和课堂实践,谈谈如何遵循波利亚的"教师十诫",遵循科学性原则,鼓励学生大胆猜测,培养学生创新思维能力,从而提高课堂教学有效性.

点睛 把标题定为"不要一次泄露出所有的秘诀"很具吸引力,波利亚"教师十诫"更具冲击力,接着指出本文写作主旨,让人一目了然.

师:我们将6个黑白棋子自上而下排成一列,要求黑色棋子不相邻,那么不同的排列方案共有多少种?

学生窃窃私语,议论纷纷……

师:用围棋子摆摆看.

分成3个小组,每组准备1盒围棋子,彼此修正、补充、完善……

波利亚"教师十诫"十分强调的一点就是要让学生大胆猜测.数学史上就曾有过很多著名的猜想,如哥德巴赫猜想、费马大定理和四色问题等.数学猜想是推动数学理论发展的强大动力,是创新思维能力培养的一个重要途径.本题的原形是2011年一道湖北高考选择题,教者通过精心设计,改造成为本节课的引例,采用学生分组研讨的形式,吸引学生主动思考和积极参与.

点睛 提出问题,然后组织学生活动,文章通过说明,解释这一引例的来历,紧紧抓住"教师十诫"解释如何组织教学和激发学生参与活动.

师:请各组选派代表展示研究成果,交流方法和体会.

组1交流:6个棋子中,黑色的个数可以是0个、1个、2个,最多3个.全白只有1种排列,含1个黑色棋子的有6种,含2个黑色棋子的有10种,含3个黑色棋子的有4种.摆出所有排列方案,共21种.

分类列举能够做到既不重复又不遗漏实属不易,体现了数学的有序思维.如果棋子个数多了此法比较麻烦,可见用6颗棋子让学生分组实验是通过精心设计的.

组2交流:黑色棋子下面只能是白色棋子,白色棋子下面可以摆黑色或者白色,摆出6层的树状图,共21种方案.

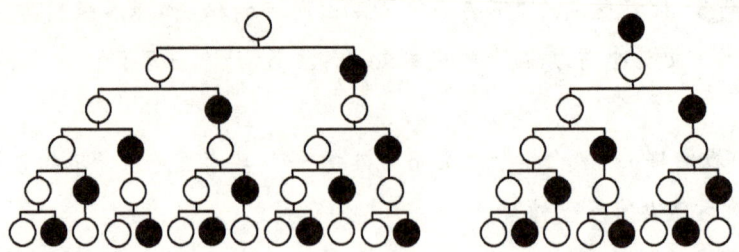

树枝图分类列举非常有创意,比第一组的方法要精练得多,而这可能是老师备课时没有料到的.可见只有放手让学生去独立思考,才会有如此精彩的思维火花迸发出来,正如波利亚告诫我们的那样:学习任何一件事的最佳途径就是独立地去发现其中的奥秘.

组3交流:我们开始也想利用列举的方法把各种情况一一列举出来,但如果棋子数增多,以上两种方法就比较麻烦,不易推广到一般情形.所以我们试图从1个、2个、3个、4个棋子的排列方案数中寻找到一些规律性的东西.

个数	按其中黑色棋子个数分类	按首颗棋子颜色(白/黑)分类	a_n
$n=1$	○ ●	○ ●	2种
$n=2$	○○ ○● ○● ●●	○○ ○● ○●	3种
$n=3$	○○○ ○○● ○●○ ●○○ ○●● ●○● ●●○	○○○ ○○● ○●○ ●○○ ●○●	5种
$n=4$	○○○○ ○○○● ○○●○ ○●○○ ●○○○ ○○●● ○●○● ○●●○ ●○○● ●○●○ ●●○○ ○●●● ●○●● ●●○● ●●●○	○○○○ ○○○● ○○●○ ○○●● ○●○○ ○●○● ○●●○ ●○○○ ●○○● ●○●○ ●●○○	8种

由 $a_1=2, a_2=3, a_3=5, a_4=8$,猜想递推关系 $a_{n+1}=a_n+n$ 或者 $a_{n+1}=a_n+a_{n-1}$,根据前两组同学的结论,确认递推关系应该是 $a_{n+1}=a_n+a_{n-1}$,进而得到 $a_5=13$, $a_6=a_5+a_4=21$ 种.

组3采用了"特殊到一般的"的数学思维方法,体现了"以退求进"的思维策略,同时运用递推思想.同学们的想法充满了想象力和创造力.这些精彩纷呈的发现正是遵循波利亚"教师十诫",教者没有急于一次性地泄露出所有的秘诀,而是通过搭建学生活动平台,组织学生分组研讨,在动手活动中动脑,让他们尽可能地自行去发现.

点睛 这里展示的是学生活动汇报的成果,文章语言流畅清新,分组交流成果显著,说明文字更是紧扣文章主题.

师:分类的想法很有创意,递推关系的猜想也很大胆.如何证明我们的猜想 $a_{n+1}=a_n+a_{n-1}$ 呢?

生:当然用数学归纳法,不过我还没想好如何将 $n=k+1$ 时的排列情形分拆成 $n=k$ 和 $n=k-1$ 时的排列情形的方法.

生:我们从4个棋子的8种排列中发现有这样的规律:

按顶端棋子颜色(白/黑)分类

分类	首颗为白色棋子(5种)	首颗为黑色棋子(3种)
$n=4$ (共8种)	○○○○○ ○●○○● ○○●○○ ○●○●○	●●● ○○○ ○●○ ○○●
	去掉第一行,下面三个棋子的排列即为 $n=3$ 时的排列情形	自上而下第二个必定是白色棋子,虚线框中即为 $n=2$ 时的排列情形

师:太好了,弄清楚 $a_4=a_3+a_2$,就可以推广到一般情形,$a_{n+1}=a_n+a_{n-1}$ 的证明不攻自破.

同学们长久地沉浸在探索成功的喜悦当中……

引导学生验证递推关系,让他们学会自己去证明,体现出"归纳—猜想—论证"方法的系统性、科学性和严谨性.从摆放4颗棋子的方案图中发现规律,寻找规律的必然性,体现出数与形的有机结合,重温"以退为进"的思维策略.同时运用递推思想,彻底解决这一排列问题,抓住了问题的本质.正如"告诫五"告诫我们的那样,不仅要教授学生知识,更重要的是让他们体会到解决问题的方法,学习正确的心态和有条不紊的工作习惯.

点睛 启发学生从活动中体验感悟出递推关系,从而从根本上解决问题.叙述进一步凸显波利亚"教师十诫"这一主题,使得文章有了一定的深度和内涵.另外,整篇文章的构图美观,也为文章的发表增添了砝码.

师:有了初始值和递推关系,不难求出这一排列问题的通项公式,有兴趣的同学课外去探究.同学们,由递推关系 $a_{n+1}=a_n+a_{n-1}$ 有没有联想到一个著名的数列?

生:斐波那契数列.

师:讲讲你们所知道的斐波那契数列.

生1:它的各项分别是1,1,2,3,5,8,13,21,34,……

生2:递推公式是 $\begin{cases} F_1=1, F_2=1, \\ F_{n+2}=F_{n+1}+F_n. \end{cases}$

生3:斐波那契数列源于兔子的繁殖问题……

师:同学们知道的真不少.1202年意大利数学家由兔子繁殖的模型提出了斐波那契数列,也被称作兔子数列或阶梯数列.它有一个非常漂亮的通项公式,与黄金分割、鹦鹉螺线、杨辉三角、余数问题等都有密切的联系.它在现代物理、化学、生物和证券分析等领域都有直接的应用.有兴趣的同学可以参看教材第27页,也可到网上作进一步了解.

结合教材阅读材料进行数学文化的熏陶,激发学生学习数学的兴趣,为进一步联想作准备.这里教者回避了通项公式 a_n 繁杂的求解过程,符合课程标准的要求,体现了课堂教学中教师的主导地位,只有十分了解所教学科并对之感兴趣的老师才能如此游刃有余.

师:引例中的数列2、3、5、8、13、21……严格地讲,并不是斐波那契数列,它改变了斐波那契数列的初始值,也可认为 $a_n=F_{n+2}$.

师:请大家大胆对斐波那契数列进行改造,给出推广或类似的递推关系,构造出属于你自己的数列.

学生分组活动,交流成果.

教者十分大胆,给出了一个开放度非常大的问题.事实上,如果太过强调问题的"严谨",给学生的思维划上一个圈,而且不允许他们跳出圈外,那就谈不上什么发散思维,更谈不上创新思维能力的培养了.

下表是课堂上同学们即时创造的部分研究成果:

$a_{n+1}=a_n+a_{n-1}$	2,1,3,4,7,11,……	卢卡斯数列
$a_{n+1}=a_n-a_{n-1}$	1,1,0,-1,-1,0,1,1,……	周期数列
$a_{n+2}=a_n-a_{n+1}$	1,-1,2,-3,5,-8……	反斐波那契数列
$a_{n+1}=a_n \cdot a_{n-1}$	1,2,2,4,8,32,256,……	×××数列（用学生名字命名）
$a_{n+1}=pa_n+qa_{n-1}$	1,1,p+q,……	广义斐波那契数列,二阶线性递归数列
$a_{n+3}=a_n+a_{n+1}+a_{n+2}$	1,1,1,3,5,9,17,……	n步台阶数列
$a_{n+3}=a_n+a_{n+2}$	1,1,1,2,2,3,4,5,7,9,……	帕多瓦数列

师:非常好! 请问改造斐波那契数列生成新数列,可以对哪些元素进行改造?

生:初始值,递推关系中的运算、项数等.

师:同学们的联想很了不起,有些想法与数学家不谋而合,还有很多有待同学们进一步探究.

对著名的斐波那契数列进行大胆改造,鼓励创新,激发奇思妙想.同学们从最初的小心翼翼到异想天开,再到理性分析,改造元素的可能性,进而考虑到新数列的意义与性质,体现出创新精神与科学精神的相辅相成.其实创新是离不开大胆猜想的,更离不开老师搭建的可供猜想的思维平台.

点睛 文章从问题的引入、组织讨论、拿出解决问题的方案、寻找递推彻底解决问题,再联想构造出各种不同的数列,一波三折,令人目不暇接,回味无穷.当然这里有点艺术加工的成分,但不影响文章的真实性.

【教学感悟】先猜测,再证明——发现真理的过程往往都是这样的.张奠宙和赵小平老师在2012年《数学教学》第4期编后漫笔中呼吁我国数学界要把握自己的话语权,重视自己的创造,大声说"尝试教学"好!"尝试教学"实际上就是放手让学生去探索未知,去猜想结论,试着去证明.遇到一个数学难题,引导学生充分地退,退到最简单而不失一般性的情形,然后通过特例的摸索规律,得到一般问题的解决方案.数学教师拥有绝佳的机会去显示猜测在发现过程中的地位,同时让学生铭记思维活动的重要性.

在实际教学过程中,鼓励学生大胆地猜测,摸索推广的途径和证明方法.粗心大意的学生很有可能作出毫无根据的猜测,但哪怕是异想天开,也要鼓励和引导学生去进行深层次的解题反思.正确的猜想可以进一步引导学生探索证明思路,错误的猜想可以引导学生通过交流、思维碰撞,举出反例.这些活动都应该是在老师的指导下的学生活动.当然,我们所要引导的并非毫无根据地乱猜,而是有凭有据、合理地猜测.合理的猜测是建立在明智地使用归纳与类比结果基础之上的.

教师启发问题,让学生勇于发表自己的见解,而不是填鸭式地硬塞给学生.最初学生的主动思维和探究小心翼翼,举步维艰.但学生的思维力不可小觑,只要给予足够的思维时间和空间,搭建好小组合作平台,学生们的想法相互碰撞修正,思维之门大开.在棋子排列问题的活动和交流中,学生主动采用了枚举法和归纳法,由于分类标准不同,产生了不同的分类列举途径,结果却出人意料地一致.在探索过程中学生采用了以退为进、化繁为简、有序思维、归纳猜想等思维策略.教师在鼓励学生勤于思考、勇于探索的同时,注意到培养学生严谨的科学态度.呵护学生的思维火花,伺机训练,及时总结提升,帮助学生认识到这些解题方法和思维策略的作用和意义,主动将所思所学迁移到进一步的学习与探究中去.

推广和类比是发现的源泉,在推广和类比中联想,联想中构造,既有模仿又有创新.这是创新思维能力培养的有效手段.在交流中学会表达自己的观点和想法,对学生的终身发展和创新思维能力的形成大有裨益.课内思维是有限的,课外思维才是无穷的,科学的思维方法以及创新能力也是逐步形成的,必须经过反复训练才能成为学生的自觉行为,同时还要重视课外思考的指导、检查和反馈.

总之,我们在进行数学课堂教学设计的时候首先必须遵循科学性原则,充分考虑如何设置好有利于学生猜测探索的思维平台,让学生在这个平台上充分展现,在你告诉学生正确结论之前不要一次性泄露出所有的秘诀,让他们自己去探索,自己去猜测,尽可能地自行去发现有用的结论,探索推广或证明这一结论的途径.在课堂教学过程中教师始终试着去"读"学生的表情、了解他们的期许与困惑;设身处地为学生着想,将自己当作是学生.只有这样才能从真正意义上培养学生的创新思维能力和创新意识,这正是波利亚"教师十诫"给我们的启示.

点睛 教学感悟进一步突出强调文章的主题,让读者读得更加清楚明白.其中提到"张奠宙和赵小平老师在《数学教学》编后漫笔中呼吁我国数学界要把握自己的话语权,重视自己的创造,大声说'尝试教学'好!"更是为文章增添了分量.

【文脉结构】

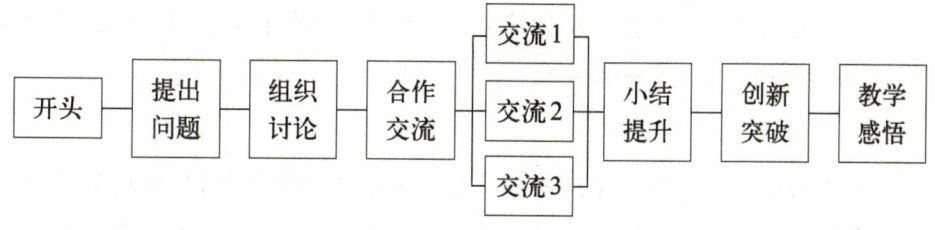

1.3 结构合理 层次清晰

文章的结构层次是指文章内部的组织和架构，"庖丁解牛"的典故告诉我们，只有对牛的内部骨骼和肌肉结构了如指掌，才能做到游刃有余．

中学数学杂志每期一般只刊登十来篇，当然欢迎短小精悍、结构紧凑、层次清晰的文章．所以在着手布局的时候，就要考虑如何使文章的结构合理、层次清晰，让编辑老师一目了然，避免下笔千言却不知所云的尴尬．

论文一般分为开头、行文、结尾三个大的部分，俗称虎头、熊腰、龙尾，切忌虎头蛇尾，文章首先要有个非常吸睛的标题和开头，当然离不开内容丰富的主体部分，最后的结尾也十分重要．为了凸显结构合理，撰写的每个自然段以提纲挈领的方式直接出现在段落最前面，或者以总结段落内容的形式出现在自然段的最后面．有时一个自然段中会有两个以上关键句，每个关键句引领一个内容．

为了层次看上去更加清晰，有时我们把一个较长的教学过程划分为几个小的阶段，为每一个小的阶段取一个简洁的名字．这些小样题一定要紧扣主题，且在逻辑关系上应该做到层层递进，每个小阶段达到一定的小目标，这些小目标之和就达到文章的主目标．所以动笔之前，往往先把文章分成几个层次，每个层次写一个小标题，然后一段一段地完成论文的草稿，在修改时进一步修订层次与层次之间的递进关系．

举个简单的例子：例如案例点睛3是一篇有关高考命题评价与高三教学指

导方面的文章. 根据主目标, 把文章自然分为两个部分: 第一部分写高考命题评价, 第二部分写高三教学指导, 逻辑关系当然是高考命题评价对高三复习指导的意义. 第一部分高考命题评价再分成两个部分, 成功部分分成三点, 第一点是特色鲜明, 导向正确, 第二点是题型常规, 贴近考生, 切实减轻学生负担, 第三点是题型创新, 构思独特, 坚持素质教育方向. 逻辑关系是先写命题优点再写瑕不掩瑜, 让命题者和读者均可接受, 最后再写高考命题方向对高三复习的指导意义. 第三部分再分为三小点: 第一点是要重视知识网络的构建, 加强思维灵活性训练; 第二点是加强解题教学反思, 重视思维深刻性训练, 第三小点是坚持变式阻击题海, 重视数学思想方法的渗透. 文章虽然较长, 但经过这样的处理就显得结构合理、层次清晰.

案例点睛 3

平稳过渡　难度适中　层次分明　导向正确

写作背景: 上海市顾鸿达、李大元名师工作室布置学员作业: 对2010年上海市高考数学试卷进行评价. 作为学员的我几乎翻阅了所有高考命题评价的文章, 综合各家之长, 撰写了这篇高考命题评价报告. 高考评价往往由考试院专家给出, 一般老师怎么可能妄自对高考命题进行评价呢? 所以又加上了教学思考部分. 作为普通数学教师对高考命题进行分析, 并得出自己的教学思考, 对高三数学教学有一定的指导意义. 这篇文章发表于华东师范大学《数学教学》.

2010年上海市普通高等学校招生统一考试数学试卷从总体来说坚持能力立意, 注重以重点知识考查学生的数学能力与素养, 注重对思维能力和数学思想方法的考查; 全卷几乎覆盖了所有主要知识点, 注重在知识交汇处命题, 强调知识之间的交叉、渗透和综合, 注重对数学"双基"的考查; 在去年的基础上进一步加大了新增内容的考查力度, 有利于引领新课程改革, 有利于高校选拔人才, 有利于引导今后的高三数学复习.

点睛 对高考命题总体肯定性评价, 比较客观科学, 有一定的高度, 不然编辑老师一看就不是内行写的,初审就会被淘汰.

一、特色鲜明,导向正确

1. 新增内容考查全面,凸显新课标新要求

不难发现,今年的考试内容体现了新课标的基本要求,从下表中我们可以看出,试卷从课程标准的基本内容和教学课时分配两个方面较好地呼应了中学教学实际.对向量、矩阵、行列式、算法初步、概率统计等新教材新增内容进行了全面的考查,并注意把握适当的难度,体现了"高考支持课程改革"的命题思路,同时又照顾到其他各主要教学内容的平衡.

理科试卷知识点及课程标准基本内容教学课时对照表

基本内容	教学内容	课时数	试题题号	所占分值	合计
方程与代数	集合与命题	12	14(部分) 15(部分)	约2 约3	5
	不等式	14	1 22(1) 22(2)	4 3 5	12
	矩阵与行列式	8	4(部分) 10(部分)	约2 约2	4
	算法初步	10	7	4	4
	数列与数学归纳法	18	10(部分) 11(部分) 20(1) 20(2)	约2 约2 5 约4	13
函数与分析	函数及其基本性质	16	20(2) 21(1) 22(3)	约4 约3 约5	12
	指数和对数函数	20	8 17 19(部分)	4 5 约4	13
	三角比	20	4(部分) 15(部分)	约2 约2	4

(续表)

基本内容	教学内容	课时数	试题题号	所占分值	合计
图形与几何	三角、反三角函数	12	18 19（部分） 22（3） 23（3）（部分）	5 约8 约5 6	24
	平面向量坐标表示	8	13（部分） 23（1）（部分） 23（3）（部分）	约2 约1 约3	6
	平面直线的方程	14	5（部分） 11（部分） 16	约2 约2 5	9
	曲线与方程	18	3 5（部分） 13（部分） 23（1）（部分） 23（2）	4 约2 约2 约2 6	16
	空间图形	15	12	4	4
	简单几何体的研究	10	21（1）	2	2
数据整理概率统计	排列、组合、二项式	14	14（部分）	2	2
	概率与统计初步	12	6 9	4 4	8
数与运算	复数初步	10	2	4	4

点睛 利用表格统计的形式，一目了然地看出整张试卷的知识点分布情况，评价基于统计数据，给文章增加了说服力，这也是一般试题评价的方式方法.

2. 题型常规贴近考生，切实减轻学生负担

全卷23道题，29小问，每一问看起来都非常亲切，没有偏题、难题、怪题，更没有超过考试说明（考纲）要求的题目.很多直接来自课本例、习题和配套练习题的变形,例如1、2、3、4、5、6、8、9、12、15、16、17、19、20、21题等;题型常规但又不缺新颖和创新,例如6、7、9、10、11、12、13、22等,难、中、易大概7:2:1,比例恰当,活而不难,难度适中,回归基础,立足"双基",贴近考生,有利于指导今后的高三复习,对阻击题海战术,切实减轻学生的过重学业负担起到很好的导向作用.

3. 题型创新构思独特　坚持素质教育方向

在数学学习和考试中怎样培养和考查学生的创新意识和能力?怎样避免过多地考查死记硬背的内容?命题者在试题结构和解法设计上作了一些新的尝试,如第10题考查阅读理解能力,第12题考查空间想象能力,第14题考查分类列举,做到不重不漏的能力,第17题考查数形结合能力,第21题考查应用数学知识解决实际问题的能力,第22题考查转化化归能力,这些问题的巧妙构思,要求考生的思维具有一定的灵活性和创新性,构思新颖的应用题检验学生在新的问题情境中实现知识迁移的能力,体现考生的基本数学素养,有利于实现高考的选拔功能,也能更好地实现新课标中倡导的对学生实践能力的培养,这对中学数学教学改革,坚持素质教育方向起到良好的导向作用.

点睛 从三个方面对高考命题进行充分的肯定,凸显文章的主题,三点内容层层递进,令读者信服.

二、瑕不掩瑜　引发思考

没有最好只有更好,试卷同样具有一些小问题,如果加以改进可能更好,一家之言,仅供参考.

1. 由于新增知识点考查全面,自然导致传统的教学重点内容比如指数、对数函数的图像和性质,等差、等比数列性质及其应用,空间线面的位置关系等重点知识点的考查力度略显单薄,排列、组合、二项式定理、极坐标、球等基本教学内容基本没有涉及.

2. 文、理科试题区分不够明显,文科卷显得较难.理科卷难度比去年小一些,而文科题却比去年难.这也会引发我们数学教育工作者很多的思考,上海高考独立命题已经有很多年了,每年的数学高考试卷的难度和形式应该有个连续性,怎样的高考数学试卷才是好试卷,文、理科难度恰当比是多少,考查多少个知识点最为适宜,考试题量和题型等基本问题应该有个共识和约定俗成,而不应因为换了一批命题老师而随意地改变,可以说今年的理科数学试卷给我们今后的命题工作提供了很好的样板和参考.

3. 用计算器直接解决的题目不宜多,当然掌握计算器也是一种技能,但达不到命题者所要考查的目的. 比如第4题行列式 $\begin{vmatrix} \sin\frac{\pi}{3} & \sin\frac{\pi}{6} \\ \cos\frac{\pi}{3} & \cos\frac{\pi}{6} \end{vmatrix}$ 的值是_____,很明显考查目的是行列式的运算和两角差的正弦公式,但本题用计算器(新增功能)即可直接得到结论. 又如第17题是要考查方程 $\left(\frac{1}{2}\right)^x = x^{\frac{1}{3}}$ 的解就是指数函数 $y=\left(\frac{1}{2}\right)^x$ 图像和幂函数 $y=x^{\frac{1}{3}}$ 图像交点横坐标这一数形结合的转化思想,但用计算器的列表功能,找出函数 $f(x)=\left(\frac{1}{2}\right)^x - x^{\frac{1}{3}}$ 的零点,马上得出结论. 建议以后尽量回避这类问题,或将它们略加改造,例如将第4题中的 $\frac{\pi}{3}, \frac{\pi}{6}$ 换成 α, β,把求值题改为化简题即可避免.

点睛 全盘肯定就失去评价意义,也体现不出文章分量;但全盘否定又失去科学性,让命题者和读者无法接受. 评价还是要遵循科学性,实事求是,点到为止.

三、高三复习 策略调整

1. 重视知识网络的构建,加强思维灵活性训练

理科卷第6题求随机变量 ξ 的均值,实际就是数学期望,课本上有这样的定义,但据阅卷老师反映,不少同学根本不理解数学期望就是随机变量 ξ 的一种加权平均值. 又如22题第3问要求写出函数的基本性质,很多考生却不知道函数基本性质有哪些方面,从而丢三落四,失分严重(当然我们也没必要用这种方式为难学生). 平时教学时,我们要帮助学生归纳基础知识与基本技能,帮助他们梳理知识结构,整理知识网络,弄清知识与方法的对应关系;掌握数学概念的本质,不要死记硬背数学概念和解题方法. 又如22题实际上是由非常常见的三道小题,通过一个新定义串联起来,只要稍微转化一下就是解不等式问题、比较大小问题以及三角函数基本性质问题,所以平时解题教学时要引导学生发现问题的本质,多角度思考,鼓励学生不断涌现灵活多变的解题思路,在解法交流的基础上进行归纳提升,努力培养学生思维的灵活性;在侧重于思路的剖析和解法多样性的同时,别忘了计算技能的训练,避免复杂的运算、寻求更为简捷的运算途径.

2. 加强解题教学反思,重视思维深刻性训练

压轴题第23题是一道以向量形式出现的椭圆中点弦问题,常用方法当然为点差法,第3问只要利用中点在椭圆内,构造三角不等式,然后通过解三角不等式得到 θ 的取值范围,都是非常常见的题型和方法.但阅卷老师反馈情况不容乐观,学生的思维僵化,失分严重,有的甚至空白,也有可能是因为老师考前指导时过多强调放弃最后一问的缘故.这就说明我们的高三教学,应该在重视基础知识和基本技能训练的同时,加强解题教学反思,加强思维深刻性的训练,思考一个问题,得到一种解法,不仅要了解是如何解决的,更重要的是你是如何想到的,变换一种问题情境你还能这样轻易地想到吗?跟这个问题相类似的问题还有哪些?通常的处理方法有几种?哪种方法处理该类问题最为简单快捷?还有没有更好的解决办法?这就是解题后的反思,我们要引导学生学会反思,把学生的思维引向深入.

3. 坚持变式阻击题海,重视数学思想方法的渗透

与22、23道题相类似的题型高三复习时经常遇到,但换一种方式或从另一个角度提出同类型的问题,学生就无从下手.我们经常遇到这样的情况:有些问题讲过很多遍,可稍微一变,学生又不会做了,有些老师抱怨,这个问题已经讲过三四遍了,怎么还不会呀?这种现象产生原因有三:一是教师讲得过多(而不是太少),导致学生的依赖心理,学生已不会主动思考问题;二是"对答案式"的题海战术,使得学生对每个数学问题的理解都浮于表面,浅尝辄止,没有真正理解问题的本质;三是缺少变式的训练,没有变化情境,让学生充分思考新情境和旧情境下问题的区别和联系,没有掌握问题的本质和规律.老师上课不应该仅仅停留在讲题目上,讲的题目多少或复习知识量的多少并不能代表复习课的效率的高低,数学题目永远讲不完练不完,关键要看有没有教给学生在数学海洋中求生的本领,有没有教给学生在"题海"中自由驰骋的双桨,而这个双桨就是数学思想和方法.

"题海"茫茫无边,回头是岸,我们只有在重视数学思想和方法渗透的基础上,狠抓基础知识和基本技能的复习,加强学生思维灵活性和深刻性训练,引导学生学会解题反思.只有这样,才能切实提高学生的数学素养和解题应变能力,做到以不变应万变.

点睛 文章分为三个部分:第一部分是对高考命题的总体肯定;第二部分提出一些小的问题和改进意见;第三部分提出高三复习三点建议.第二部分略写,第一、第三部分详细描述,做到详略得当,层次清楚,思路清晰,语言流畅,让读者有所收获与启发.

【文脉结构】

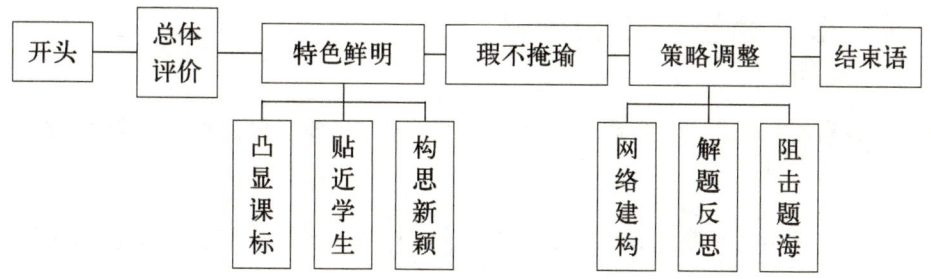

1.4 形式新颖 创新突破

如果说主题是文章的灵魂,结构是文章的骨架,那么材料便是文章的血肉.

一次上海市名师工作室活动,邀请华东师范大学《数学教学》编辑赵小平老师给学员作报告,她讲编辑部每个月都要收到成千上万份的论文投稿,他们坚持三审制度,其中第一审最难过,就是对来稿进行初审,通过率大概只有5%;通过的论文再分给专家进行二审,仔细审查文章的科学性,够不够发表的水准;最后才由组委会讨论决定发表在第几期上.

初审由于工作量比较大,无法细细挑选.主要看论文的标题是否吸睛,内容形式是否新颖,有没有创新突破的观点,行文是否规范,图表是否美观,是否符合本杂志的栏目要求等,对一些重复、观点陈旧、行文欠规范的、文章结构不合理的、文字表述不准确的、图表欠美观的、篇幅不符合要求的文章基本作退稿处理.

好的论文的标题一定是新鲜、生动、醒目、有吸引力,好的开头是成功的一半,让人忍不住要往下看.文章形式新颖,内容有新意,图表有创意,结构合理,层次清楚,表述规范,篇幅不长,首先能脱颖而出.

衡量论文是否有创新性可见于以下几个方面:提出的问题是否有一定的理论支撑和实际意义,有没有通过独立研究提出与众不同的观点;提出的问题虽然前人研究过,但采取了新的角度或新的实验方法,因而获得的结论在一定程度上能给读者以启发;以有力而周密的分析澄清了某个问题或某个方面的混乱看法,虽然没有更新的见解,但为别人再研究提供了必要的条件和方法;用新的理论新的方法提出并在一定程度上解决了教学实践中的一些实际问题,取得了一定的效果,或为实际问题的解决提供了新的思路和数据;用相关学科的理论较好地提出并在一定程度上解决了本学科的教学问题;用新发现的材料证明了已被前人证明过的观点等等.

案例点睛 4

"圈养"加"散养" 在传承中创新

——"函数的奇偶性"课堂教学观课感悟与教学设想

写作背景:笔者参加一次听课活动,聆听数学特级教师胡仲威老先生的精彩点评.执教老师利用比较传统的讲授式,课上得非常好.听课时一直在思考一个问题:如何让学生更多地参与教学活动,在活动中更好地培养学生的能力.回来后正好看到《也谈"圈养"和"散养"》这篇文章,一下子触发我写这篇文章的灵感.通过我的教学设想和原来的教学对比,阐述如何更好地在传承中创新.本文发表于华东师范大学《数学教学》2016年第7期,且为该期头版.

华东师范大学张奠宙、赵小平老师在《数学教学》2012年第12期编后漫笔《也谈"圈养"和"散养"》一文中提道:"'圈养'和'散养',是相辅相成的两种养法.长期的中国封建社会,缺少主动独立思考的教育传统,所以我们强调'自主',张扬个性.光是'圈起来养'不行,学而不思则罔.要学会思考,就要'散养',让学子们主动寻求知识,培养独立思考和创新的能力.但是也不要强调过头,"圈养"也不是错的."传统的课堂教学,一个非常明显的特点是学生没有或者很少有主动提出问题的机会,"教师讲、学生听,教师问、学生答,教师写、学生抄",几乎成为课堂互动的全部,即使是在一些主动追求"对话场景"的公开课,其内容、方式也大都是由教师框定的,这实际上就是上文所说的"圈养".下面通过最近上海市名师工作室一节教学展示课"函数的奇偶性",结合特级教师胡仲威老师的精彩点评(见文后),谈谈我的观课感受,提出一些个人的教学设想,谈谈"圈养"加"散养",从传统的教学设计中汲取营养,更好地培养学生的创新意识和创新思维能力.

点睛 文章开头犹如虎头,要有一定的气势,才能吸引编辑的眼球.利用《也谈"圈养"和"散养"》一文引入更加突出《数学教学》杂志文章对读者的影响,为文章的发表增加几率.

1. 情境引入之"圈养"加"散养"

师:同学们,我们日常生活中可以看到很多对称图形(播放PPT).

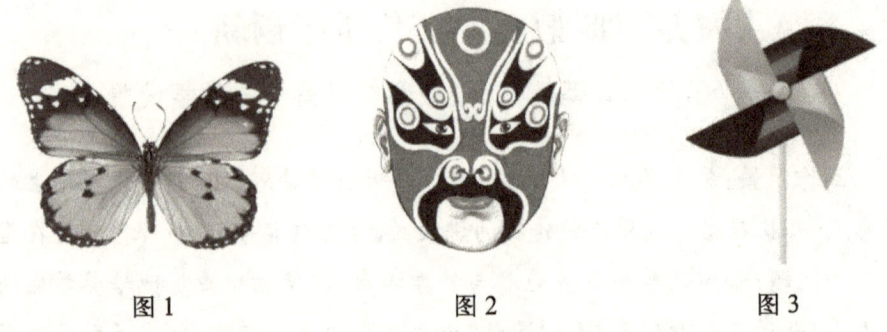

图1　　　　　　　图2　　　　　　　图3

它们可以分成两类:一类是关于一条直线对称,我们称之为轴对称;另一类关于点的对称,称为中心对称.

播放PPT:如果一个图形沿一条直线折叠,直线两侧的图形能够互相重合,这个图形就叫做轴对称图形,折痕所在的这条直线叫做对称轴.如果把一个图形绕着某一点旋转180度后能与自身重合,那么这个图形成中心对称图形,这个点称为对称中心.

师:同学们,我们学过的函数图像也有很多是轴对称和中心对称的图形,它们的图像要么关于 y 轴对称,要么关于原点对称,这就是我们今天所要研究的函数的奇偶性.

播放PPT:

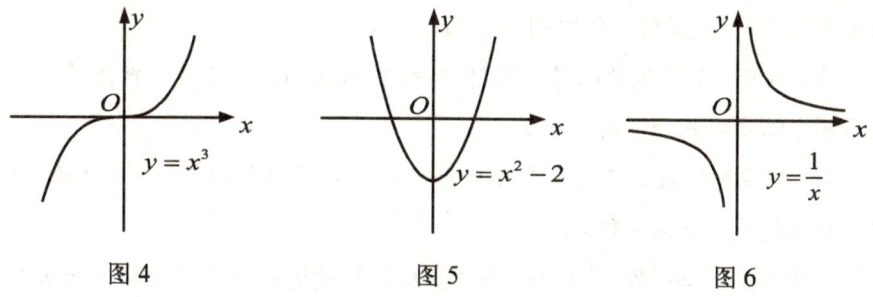

图 4　　　　　　　　　图 5　　　　　　　　　图 6

　　从学生熟悉的对称图形入手,复习初中学过的有关轴对称和中心对称的概念,从而引入这堂课的研究主题:函数的奇偶性.引入比较自如,课件设计合理美观,体现了教者的严谨教学态度,这也是典型的传统课型的情境引入的常用方法.

　　反思这一过程,一切皆在教师预设之中,学生不用参与,欣赏老师带来的精美图片,至于为什么要研究函数的奇偶性,学生只是一知半解,"圈养"痕迹非常明显.

　　【设想】　如何"圈养"结合"散养"呢?只有改变问题的呈现方式,提出一些开放性的问题,激发学生自己思考,主动参与教学过程.我设想了这样的教学场景:

　　师:同学们,我们在日常生活中发现许多对称图形,你能列举一些具体的实例吗?

　　生:黑板、直尺、圆规、手机、手表、风筝……

　　师:它们可以分成几类?

　　生:关于直线对称即轴对称;关于点对称即中心对称.

　　师:呈现轴对称和中心对称的定义.

　　提出问题:我们学过的函数图像(比如:函数 $y=0, y=x, y=x^2, y=\dfrac{1}{x}, y=|x|, y=x+1$ 的图像),能不能从对称角度将它们分分类?

　　组织学生讨论.

　　生:这些函数可分成四类,一类是轴对称的,一类是中心对称的,一类既是轴对称又是中心对称的,一类既不是轴对称又不是中心对称的.

　　师:很好,这种图像的对称性是函数的一大性质,可以为进一步研究函数性质带来便利,大家想一想便利在哪儿?

生:如果一个函数的图像具有对称性,那么我们只要弄清函数图像一半的情形就可以推知另一半的情形了.

师:非常对!我们不妨先来研究其中的一类特殊的情形:什么样的函数,它的图像是关于 y 轴对称的.

这里"圈养"与"散养"结合,通过开放性问题促使学生在大脑中搜索对称图形,激活课堂,锻炼他们的表达能力和想象能力,调动他们参与课堂教学的热情,感悟数学源于生活;通过组织小组讨论,从学过的函数图像入手,接近学生知识的最近发展区,找准知识的生长点,通过抽象概括,引导学生从对称的角度把函数分成四类,分析研究图像对称性的必要性,为研究函数奇偶性做好准备.

点睛 本文根据教学流程划分成几个部分来写,使得文章结构更加清晰,层次分明.通过对比突出"散养"和"圈养"结合的必要性和可行性.

2. 概念形成之"圈养"加"散养"

师:我们先来研究什么样的函数是偶函数.

播放PPT:对任意的实数 $x \in D$,都有 $f(-x)=f(x)$,那么就把函数 $y=f(x)$ 叫做偶函数.

思考1:已知定义在 R 上的函数 $f(x)$,判断:(1) 若 $f(-1)=f(1)$ 则 $f(x)$ 是偶函数;(2) 若对于定义域内的无数个 x,使 $f(-x)=f(x)$ 则 $f(x)$ 是偶函数;(3) 若对于定义域内的所有的 x,都有 $f(-x)=f(x)$,则 $f(x)$ 是偶函数;(4) 若 $f(-1) \neq f(1)$ 则 $f(x)$ 不是偶函数.

师生辨析……

思考2:函数 $y=x^2, x \in [-3,2]$ 是不是偶函数?

思考3:(1) 如何说明一个函数是偶函数?(2) 如果一个函数不是偶函数,如何说明?

传统的数学课堂教学往往先告知概念,然后通过师生辨析,让学生准确掌握概念.这里执教者通过先出示偶函数的定义,然后通过精心设计的三个思考题的辨析,突出偶函数定义中的关键词,显示了执教者的教学功底和良苦用心.

【设想】能不能把这一过程反过来,先让学生辨析,再试着给偶函数下定义?这就要求"圈养"与"散养"结合.设置"散养"的形式和时间长短,需要教师的智慧与胆识,能够放出去,又可以随时收回来,做到收放自如,我作如下的教学设想:

师:同学们,我们先来看看一类图像关于 y 轴对称的函数,你能不能再举几个例子?

生:$y=x^2$,$y=1$,$y=|x|$,$y=x^4$,……

师:这类函数的图像关于 y 轴对称,成双成对的,非常完美(用手比划),给它们取个名字行吗?

生:双函数,对函数,偶函数……

师:还是叫偶函数比较数学化.如果给你一个函数解析式,如何判断它是偶函数呢?

生:把函数图像画出来看看是否关于 y 轴对称不就行了?

师:如果函数图像画不出来怎么办?又如何判断一个函数的图像是关于 y 轴对称的呢?

启发学生要从量上去刻画.部分学生议论纷纷,部分学生陷入沉思……这时老师可以视情况而定,如果学生能够说出一些就写下来,如果说不出来,可以这样引导:

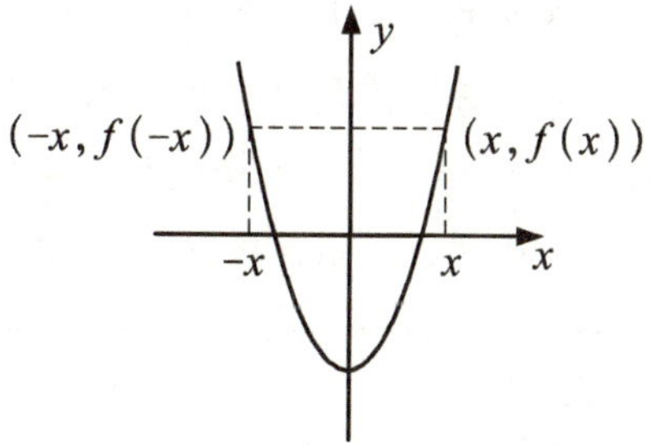

师:有三个同学给偶函数下了如下三种定义,你们看对不对?

同学1:对于定义域内的某个 x_0,若 $f(-x_0)=f(x_0)$,则 $f(x)$ 是偶函数;

同学2:对于定义域内的无数个 x,使 $f(-x)=f(x)$,则 $f(x)$ 是偶函数;

图7

同学3:对于定义域内的所有 x,都有 $f(-x)=f(x)$,则 $f(x)$ 是偶函数.

组织学生讨论,让他们发表见解,认为错的举反例并画出反例的图像.经过激烈的争论,发现偶函数定义中的"任意"二字的精准性,从而得到偶函数的定义.在此基础上再提出下列问题让学生讨论,加深对偶函数概念的理解.

播放PPT:判断下列命题是否正确:

(1) 函数 $y=x^2, x \in [-3,3]$ 是偶函数;

(2) 若 $f(x)$ 是偶函数,则它的数图像一定关于 y 轴对称;

(3) 若点 $(x_0, f(x_0))$ 在偶函数 $f(x)$ 图像上,则点 $(-x_0, f(x_0))$ 也在它的图像上;

(4) 若 $f(x)$ 是偶函数,则对于定义域内的任意 x,都有 $f(-x)=f(x)$;

(5) 若定义域内存在某个 x_0,使得 $f(-x_0) \neq f(x_0)$,则 $f(x)$ 不是偶函数.

这里是"圈养"与"散养"的完美结合,先让学生自己给这类函数取名字,试着给它们下定义,充分估计学生可能犯哪些错误,对说得不全的加以补充,说错了相互纠正,举反例,理解定义的简洁、严谨,这正是数学的精髓部分.利用传统"圈养"的办法,通过5道小题的概念辨析,加深对偶函数概念的理解,师生一起不知不觉再现了偶函数这一概念的形成过程,培养学生严谨的逻辑思维和科学的创新精神,这是传统教学无法替代的,这也给教学提出了更高的要求.

[点睛] 每个教学环节都有一段设计说明,阐述作者的观点与设计思路.就像电影中的背景解说,起到非常重要的作用,更加突出文章的主题.

3. 类比教学之"圈养"加"散养"

师:刚才我们研究了轴对称图形,接下来研究中心对称图形.

播放 PPT:我们把图像关于原点对称的函数称为奇函数.

通过类比得到奇函数定义:对任意的实数 $x \in D$,都有 $f(-x)=-f(x)$,那么就把函数 $y=f(x)$ 叫做奇函数.

类比偶函数的性质,完成下表:

类 比	偶函数	奇函数
定义域		
定 义	对任意实数 $x \in D$ 都有_____	对任意实数 $x \in D$ 都有_____
图 像	$f(x)$ 是偶函数的充要条件是图像关于_____对称	$f(x)$ 是奇函数的充要条件是图像关于_____对称

执教者的设计思路是科学的,重点讲述偶函数的概念辨析,偶函数概念形成之后,通过类比,奇函数概念水到渠成.教学设计详略得当,重点突出,难

点突破,值得学习.同时我们发现,利用填空题和表格的形式,让学生去填空类比,因为填空和表格是老师预先设计好的,把思路框在一个"圈"里,限制了学生的思维.

【设想】能不能放手让学生去讨论如何类比偶函数的概念得到奇函数的概念?又从哪些方面去进行类比?有哪些相同的地方,又有哪些不同的地方?充分让学生讨论,自由发表见解,最后教师再拿出正确结论.敢于"散"出去,给学生创设一个想象的空间,搭建一个交流辨析的平台,提供一个自由发表各自奇思妙想的机会.

4. 教学反馈之"圈养"加"散养"

判断下列函数的奇偶性:

$(1) f(x)=x+x^5$;$(2) f(x)=x^2+1$;$(3) y=\dfrac{1-x}{1+x}$;$(4) f(x)=x^2-x$;$(5) f(x)=0$.

第一小题教师板书示范,其他4题四位同学黑板板演.

教师讲评,总结利用定义判断函数奇偶性的解题步骤;课外思考:既是奇函数又是偶函数的函数有多少个?

教师课堂小结:我们这堂课学习了函数的奇偶性的定义,运用了类比的数学思想.

最后作业布置,突出分层作业形式.

这里的设计是利用概念判定函数奇偶性的应用以及课堂小结,五个小题设计得很有代表性."圈养"教学往往就是教师示范,学生模仿,就像小学生练毛笔字一样,老师写一笔,学生写一笔,预先把字的框架结构用格子"圈"好,绝对不能写到格子外面,这就是临摹.这样做的结果学生的字越练越像字帖上的字,非常规范,效果明显,能力速成.如果作为小学启蒙教育无可厚非,但对高中生也这样做,谈何创新思维能力培养,更谈不上创新型人才培养了.

【设想】能不能放手让学生到黑板上去写去练,写对了给予肯定,写错了其他同学纠正补充,他的错误可能也是其他人的错误.深刻体会真命题需要严格证明的意识,假命题举反例说明的意义;教师从两个方面做课堂小结,能不能放手让学生自己去小结?今天学到了些什么知识?研究问题过程中又得到哪些启发?还有哪些疑问需要进一步研究?在师生交流活动中充分暴露学生思维的缺陷,不断完善他们的认知体系,发现自我成长的喜悦.

点睛 本文通过真实教学情境和虚拟教学情境对比写作,实际上提出了一种改进的方法,提出如何在继承传统的教学方法优势的基础上突破创新,更好地培养学生能力,凸显文章主旨.

【教学感悟】

传统的课堂教学固然使得学生掌握知识的速度更快,节省了更多的时间让学生对现成的结论反复操练,熟悉题型,速成解题能力,应付各种考试,提高考试分数,提高了课堂效率,所以我们把学生"圈"起来养,不让他们运动,不让他们主动觅食,饭来张口,快速长膘.

但"圈"养失去了在教学过程中启发学生提出问题、组织学生讨论问题,在知识的发生发展过程中培养学生能力的过程.在此教学方式下,老师一味沉浸在自己的世界里或沉浸在知识的海洋中,忽视了学生,与学生进行思维交流的大门没有被打开、被激活.这样的教学不仅缺失丰富的人文内涵,而且学生获得的知识技能也只能是别人的话语,和他们自己的内心世界、心声无关,使得学生成了考试机器,模仿能力超强,但缺乏创新能力,课堂教学的长远效益大打折扣,这已成为社会问题,制约着我国科技的长远发展.

很多老师上课时不愿意"散"出去,担心学生的思路是否会扰乱自己预先设计好的课堂教学,学生提出的问题是否难以回答,学生讨论是否会耽搁了上课时间完不成教学任务等等.其实不然,我们完全可以"圈养"和"散养"结合,发挥传统教学的优势,在传承中创新.课堂上教师启发学生提出问题,引导学生思考问题,组织学生讨论问题,让学生的思维充分展现,教师可以更好地掌控学生知识的最近发展区,引导他们在实践中猜想,在猜想中实验,在实验中论证,不断提升他们开拓创新的能力,鼓励他们敢想敢试,不怕挫折,不惧失败,为将来成为创新型人才奠定坚实的基础,只有这样,未来才有希望,中国梦最终一定能实现.

【名师点睛】(胡仲威老师精彩点评)

这是一节典型的运用现代教育技术的传统课.我不是说传统课不好,传统课有它的优势.在基础教育阶段开展数学学科教学的目的到底是什么?它能不能培养一个人的创造性思维,能不能培养国家所急需的创新型人才?

基础教育阶段需要培养创造性思维,那么如何培养创造性思维?我认为首先要了解数学特点：抽象性、逻辑性和建立在这两个基础上的应用的广泛性．我们的主要任务就是培养学生的抽象性思维能力和逻辑思维能力以及能够利用数学知识去解决相关学科的一些具体问题，培养创新性思维要按照数学学科本身的特点去进行，要通过传统的教学方法和教学思维去进行．

这节课是函数性质开头课，怎样让学生从大量实际的函数当中抽象出偶函数和奇函数的相关概念．今天执教老师是从函数图像出发，利用形的特点上升到数量关系的特征，然后从数量关系上严密地给它下定义．实际上是教会学生从实际生活中看到的东西，我们是不是多想一想，形的外在特征能不能用数量关系来反映它，利用数量关系来刻画千变万化的世界万物有什么好处，那么学生以后遇到同样的问题就会不自觉地这样去想，能不能抽象成一般化的问题，得到一般化的结论，这就是培养创新性思维．

这节课的内容对我们来说不是什么新的内容，但对一个没有通过提前学习的学生来说，他能通过自己研究自己发现，这就是创新性思维．概念出来以后我们怎么去分析去解读这个概念，去找到概念中的关键，这是很重要的一步，它是对今后进一步学习数学的一个很好的基础，也是我们基础教育的一个重要任务，如果这个任务完不成，我认为中学教学是失败的．概念解读以后我们知道数学是严密的，任何一个问题要经过严密的证明，怎么来判断一个函数的奇偶性，判断的依据是什么？单靠图像判断是不行的，数学抽象提炼是必要性的．这个传统的教学过程，实际上就是培养学生的思维品质，不能寄希望一个稀里糊涂的学生将来会成为大的发明家．这节课利用这样一种传统的方法是完全能够达到的，所以我认为这节课是成功的．

但是既然我们强调了数学概念的严密性，那么我们自己课堂教学也要注意严密性．我们今天从函数图像抽象出偶函数的概念，反过来，如果一个函数是偶函数，那么它的图像是不是关于 y 轴对称呢？这件事我们好像在这节课内没有交代，这从数学学科严密性角度来说可能是一个缺陷．逻辑思维能力主要靠数学学科来培养，如果每一节概念课我们都讲得很清楚的话，学生头脑中的一个个数学概念很清晰，很扎实，就一定能完成基础教育对我们的要求．

点睛 教学感悟在提出散出去的重要性的同时更是指出如何散出去．名师点评增添了文章的说服力,本文发表在该期头版,不是没有道理的.

【文脉结构】

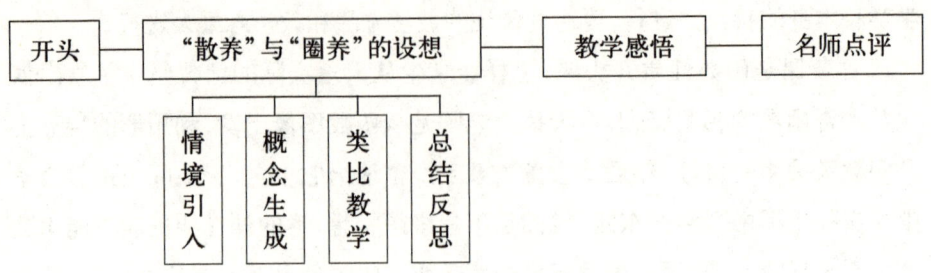

1.5　格式规范　图表美观

格式和图表好似文章的外衣,是给人的第一印象.

论文格式是否规范,直接关系到编辑老师初审文章的取舍,对于具体格式规范要求,不同的杂志有不同的要求,且不同题材的文章格式有时还有所区别,在投稿前必须先认真研读该杂志文章格式要求.

有些杂志论文要求写摘要和关键词,摘要是文章主要内容的摘录,要求短、精、完整.字数少可几十字,多不超过三百字.关键词是从论文的题名,提要和正文中选取出来的,是对表述论文的中心内容有实质意义的词语.关键词是用作计算机系统标引论文内容特征的词语,便于信息系统汇集,以供读者检索.每篇论文一般选取3~8个词作为关键词.

论文正文先提出问题是什么?为什么重要?别人做了什么工作,自己方法的主要思想是什么?具体怎么做?也就是提出问题——论点,分析问题——论据和论证;解决问题——论证方法与步骤,最后得出文章的结论.

一篇论文的参考文献是将研究和写作中参考或引证的主要文献资料列于论文的末尾.参考文献应另起一页,中文：标题——作者——出版物信息(版地,版者,版期),英文:作者——标题——出版物信息.

数学论文牵涉到很多数学公式和符号,包括单位,一定要符合数学特有的规范约定.比如有关数学的英文符号全部安用Mathtype公式编辑器,所有用到的单位符号要符合国际标准；数学文章中的句号一般不用"。"因为很有可能和字母的下标混淆.

想方设法让自己的论文变成图文并茂，设计一个表格，画出一个图形使得问题解决显得更加简洁明了.数学图形可以利用《几何画板》画好，再复制粘贴到 Word 文档中来，选择图形属性中的排版方式为四周式，通过调节大小和位置，使得图形和文字巧妙融合.

只要大家认真阅读杂志上的文章，不难发现一些特定的格式要求.按照或者模仿杂志上的范文要求去做有时候会事半功倍.

案例点睛 5
以"大观念"为指导开展单元数学设计

写作背景：学校 105 年校庆，举行了一个关于学科单元教学设计的教师论坛，我被指定为学校代表.我想单元设计应该是有理论支撑的，如何利用"大观念"理论指导学科单元教学设计就成为这次研究的主题.想不到演讲的效果非同凡响，得到很多与会老师的首肯和称赞，触发我写下这篇文章的灵感，希望对更多的教学一线的老师们有所启发.本文发表于《上海师资培训》.

【摘要】 现代科技迅猛发展，知识的复制与产生的速度远远超越人脑接受的程度.如何培养学生的必备品格，发展学生关键能力，以适应未来社会的发展，已成为国际教育研究的重要课题.以"大观念"为抓手设计指向核心素养的单元教学，对课程内容进行有机重组，有效地组织起学科零碎化的知识与技能；有助于学生的学习超越特定的情境，将所学知识通过类比、联想应用于其他知识的学习中；引导学生构建单元知识思维导图，理清知识网络结构，提升学生自己获取、创造知识的能力.

【关键词】 大观念　单元设计　必备品格　关键能力

点睛 有些杂志需要写摘要和关键词，有些则不需要，要根据杂志文章的特定要求，不要随便加减，否则发表比较困难.所以在投稿前就必须先研究所投杂志文章的格式要求.

现代科技迅猛发展,大数据、人工智能、信息技术的爆炸式发展,知识大爆炸的速度已远远超过人脑接受的程度.大家知道什么是IBM沃森平台吗？将来我们去医院看病就不要排队了,只要将症状输进电脑,10秒内就会诊断出你得的是什么毛病,同时提供治病处方,直接到药店买药即可,准确率超过任何一个优秀的医疗团队.因为它存储了3000多本世界一流的医学专著,10万多份临床医疗报告.试想一下,对一个八年制的医学博士来说,整天不吃不喝也无法读完这么多书籍,更谈不上记住这些医学知识了.

教育的根本目的就是要为学生未来发展奠定坚实的基础,早在20世纪70年代,小平同志就提出教育要面向现代化、面向世界、面向未来,如何培养学生的必备品格,发展学生关键能力,以适应未来社会的发展,已经成为国际教育研究的重要课题.

那么,为适应未来社会发展,学生必须具备哪些方面的品格,教师又要注重发展学生哪些方面的关键能力呢？各个学科有不同的说法,就拿数学学科来说,过去我们提数学三大基本能力:逻辑思维能力、空间想象能力和抽象概括能力,后来随着社会的发展,发现基本运算能力和数据处理能力很重要,就形成了现在的五大基本能力,新课标又提出六大数学核心素养.那么这其中最为核心的能力又是什么呢？我认为,关键的关键还是要注重培养学生自己获取、创造知识的能力.

点睛 对利用"大观念"进行学科单元设计的必要性进行阐述,也是写作这篇文章的意图.

以"大观念"为抓手设计指向核心素养的单元教学,对课程内容进行有机重组,有效地组织起学科零碎化的知识与技能;有助于学生的学习超越特定的情境,将所学知识通过类比、联想应用于其他知识的学习中;引导学生构建单元知识思维导图,理清知识网络结构,提升学生自己获取知识的能力,知识是永远无法穷尽的,但解决问题的思想和方法是可以逐步渗透给学生的,这正是我们常说的授生以鱼不如授生以"渔"的道理.

何谓"大观念"呢？在课程与教学领域,大观念(big idea)有着特定的含义,较早可以追溯到60年前的布鲁纳倡导的学科结构运动.就好比一棵大树,树根就是大观念,树枝就是分叉,树叶就好比知识点.比如,数学建模、实验探究、归纳猜想等都是"大观念",学生要形成这样的数学思想和解决问题的习惯是需要一个相当长的学习和领悟过程的.

在"课程编制—能力目标—单元设计—教学评价"这个课程开发的链条环节中,单元设计环节处于非常重要的地位,它是能否实现课程育人目标的关键所在.以"大观念"为指导开展学科教学单元设计,就是以培养学生某个特定能力为导向的单元教学设计.我们可以按能力目标把数学拓展型、研究型课程分为八大板块:(1)数学建模;(2)实验探究;(3)空间想象;(4)数学美学;(5)抽象思维;(6)发散思维;(7)类比联想;(8)归纳猜想.下面以数学建模和实验探究能力型单元设计为例,谈谈我们的具体做法,希望对大家进行学科单元教学设计有所帮助.

点睛 这一段阐述如何解决问题,从什么是"大概念"到如何利用"大观念"进行学科单元设计的具体设想和做法,再举出实例加以说明.

一、数学建模能力型单元教学设计

按照"大观念"的理论指导,这一单元教学设计的目标就是直指学生数学建模能力的培养.老师们,你们的数学知识是不是已经还给数学老师了?但你们在生活和工作中遇到难题的时候,是不是不由自主地想到通过列一个方程求值,列不等式组求取值范围,列函数解析式求最值的数学思想方法解决问题呢?这就是一种非常重要的数学建模思想,也就是我们常说的数学核心素养.这一单元教学内容都应从生活实际中抽象概括出函数模型,然后研究函数的图像和性质,再运用到生活实际问题解决中去,教学目标指向学生数学建模能力的培养.

数学建模必须提供函数模型支持,初中函数模型单元主要学习正比例、反比例、一元一次、一元二次函数;高中函数模型单元主要学习幂、指、对、三角、反三角函数,它们统称为基本初等函数,大学里还要进一步学习微积分初步知识.由此可见,数学建模能力不是一天能够培养出来的,一般按照学生的心理特征和认知能力决定单元教学的顺序,有的知识跨度较大,从小学、初中再到高中,甚至到大学,是一个慢慢儿不断完善、逐步形成的过程.所以,我们把数学建模能力型单元设计划分成几个小的函数单元,每个单元达到一定层次的数学建模能力,各单元教学又相互关联,形成合力.

事实上，现实生活问题中的数学建模，函数模型是非常复杂的．在研究基本初等函数的基础上再研究函数的加、减、乘、除运算以及函数的复合，从而形成一个函数的大家族．可以把结构相近或相似的枝叶放在一个单元里，利用类比、联想的教学方法，提高学生举一反三、自己获取知识的能力．通常按照数学的逻辑关系安排单元教学课时的长短，基础工具性的知识要花大力气，而不是平均使力，其他的只要学会转化即可．

函数的性质主要包括定义域、值域、单调性、奇偶性、周期性五个方面，同时这些性质又在函数图像上得到体现，函数性质和函数图像把数和形两方面紧紧结合起来，渗透数形结合思想是学生逐步形成建模能力的关键所在．让学生逐步领悟研究函数图像和性质的基本方法，然后学会利用这一工具去研究千变万化的函数模型．

在布鲁纳看来，掌握学科的知识结构，知识和知识之间的关联，在学生学习过程中是非常重要的．所以在完成一个单元的学习后，可以引导学生利用思维导图的方式，让学生按照自己的理解，给这一单元绘制知识树，从学习内容、思想方法、解题方法等方面对这一单元内容进行总结反思，进行知识网络化建构，然后在班级里交流评比，取长补短，引导其学会整理、构建自己的知识网络体系．

点睛 紧紧抓住"大观念"对单元教学设计的指导作用来论述数学建模能力型单元设计的思想方法和具体做法，设计的目标直指学生能力培养．

二、实验探究能力型单元教学设计

在"大观念"指导下进行数学实验探究能力型单元教学设计，目标直指学生实验探究能力培养，只有具备了这种探究能力，学生获取、创造知识才能成为可能．我们利用现代教学技术，进行数学实验，引导学生探究，提出合理的猜想，再想方设法去理论证明．通过这一过程培养学生的创新素养和动手实践能力．

我们按照探究能力培养的要求，对整个高中数学教学内容进行了重新调整，分为"函数图像，性质探究""三角函数，波形曲线""数列探究，点列分布""运动变化，轨迹探究""立体图形，空间想象""数理统计，数据处理"六大板块．可见以"大观念"为抓手设计指向核心素养的单元教学，可以对课程内容进行有机重组,有效地组织起零碎化的知识和技能.

举个单元教学的实际例子:这是我们小时候玩过的神奇龟兔画板(图1),利用它可以画出各种美丽的图案(图2).这个问题实际上就是解析几何中的动点运动轨迹问题.我们引导学生利用 TI 图形计算器,通过建立直角坐标系,引进运动参数,启发学生写出轨迹的参数方程,然后通过改变参数的值,从而得到各种美丽的图案(图3~图10).

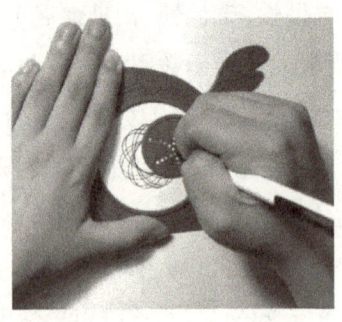

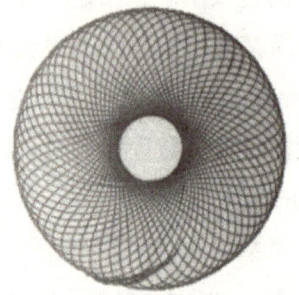

图1　　　　　　　　　　　　图2

通过这一探究过程,学生不仅更为深刻地理解了参数方程的概念,明确了参数的意义,而且让学生学着用数学的眼光审视身边的事物,体会到"数学好玩",从好(hǎo)玩的数学到好(hào)玩数学,最终达到玩好数学的境界,增添了数学学习的动力,学会运用现代技术手段获取、创造知识.

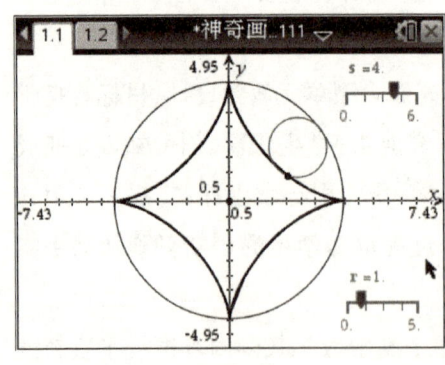

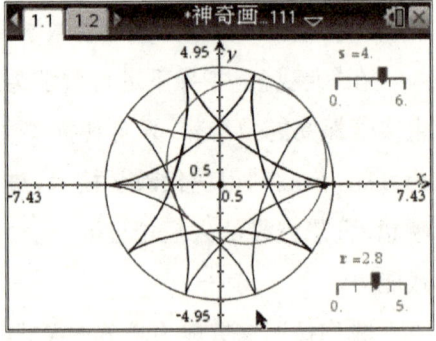

图3　　　　　　　　　　　　图4

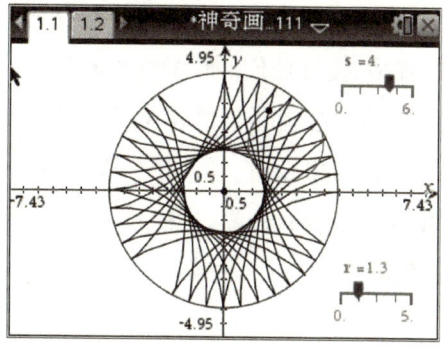

图 5

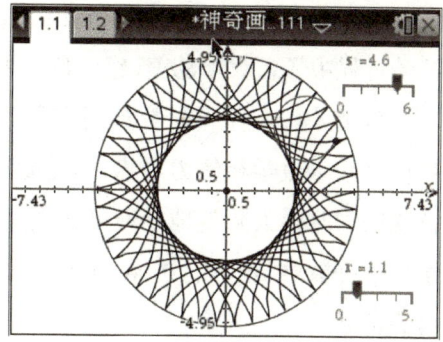

图 6

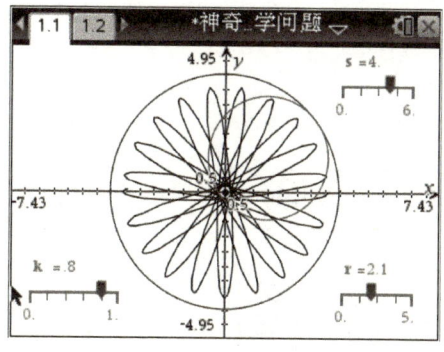

图 7

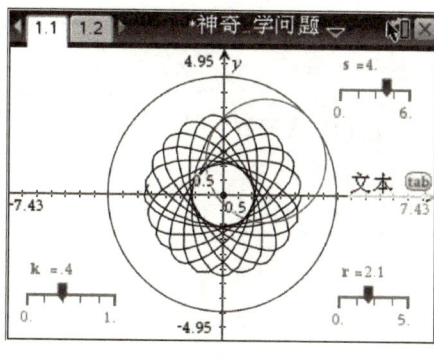

图 8

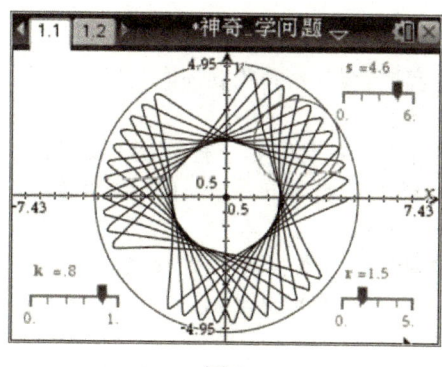

图 9

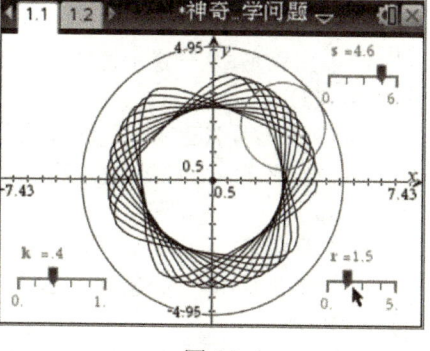

图 10

所以我们在教给学生学科知识的同时,要注重引导学生积极参与,在探究活动过程中领悟数学的美,感受数学思维的魅力,提升他们的数学核心素养.

让我们一起学习研究如何利用"大观念"的理念指导学科单元教学设计,目标直指学生学科能力培养,通过知识的重新合理整合,让学生在获得知识与技能的同时最大限度地提升创新素养和实践能力.只有这样,才能吸引更多的学生学好数学,也只有这样,才能让我们辛辛苦苦培养出来的学生适应未来社会的发展.

点睛 这里利用TI图形计算器作出的8个美丽的图案一定吸引着编辑和读者的眼球.文章的文字、图形、图表包括数学符号一定要准确无误,增加文章的可读性的同时,也让编辑老师一看便知你是一位写文章的老手.

【文脉结构】

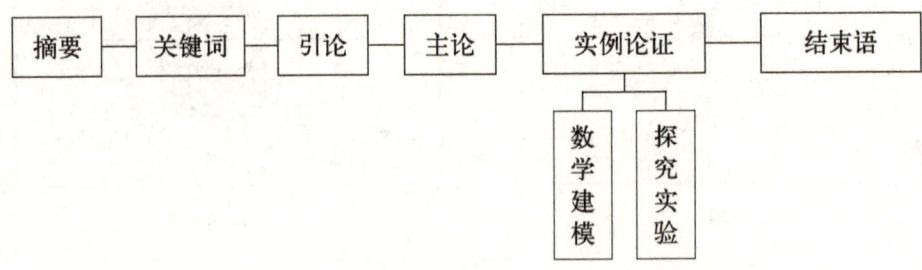

参考文献

[1] 张亚东.从一道上海市高三数学竞赛题看归纳、猜想到证明[J].数学教学,2005(11).

[2] 平蓉旋,张亚东.不要一次泄露所有的"秘诀"[J].数学教学,2013(3).

[3] 张亚东.平稳过渡 难度适中 层次分明导向正确[J].数学教学,2010(12).

[4] 张亚东."圈养"加"散养"在传承中创新[J].数学教学.2016(7).

[5] 张亚东.以"大观念"为指导开展学科教学单元设计[J].上海师资培训[J].2018(1).

[6] 戴再平,慕利民.数学教育论文的方法、选题和规范[M].贵阳:贵州教育出版社,1995.12.

[7] 新青年数学教师工作室.中学数学教研论文的读与写[M].上海:上海教育出版社,2010.4.

第二章

数学科研论文的选题

数学科研论文的选题是写作成功的关键，一篇论文能否被编辑老师看中，一看论文能否传递一种新的教育思想或先进理念，二看能否传授一种更有效的教学方式或可行策略，三看能否体现一种感人的人文精神和高尚境界，对读者有一定的启发性、指导性和感召力。数学科研论文有它自身独特的特点，本章结合具体的论文写作案例，谈谈数学科研论文的选题原则和策略。

2.1 选题的原则

文章的选题须做到科学准确,具有实践意义及推广价值,力争对教学实际具有一定的指导性意义.

1. 价值原则

选题首先要考虑是否具有研究价值.必须考虑是否具有社会价值,为提高民族文化素质、端正教育思想、引领学科德育做贡献,比如培养学生应用数学知识解决社会实际问题的能力;其次必须具有理论价值,对创立或发展数学教育理论提出自己新的观点,再次还必须具有现实指导价值,对指导数学教学实践有现实的指导意义,具有可操作性,易推广且能被广大一线教师所接受,能够得到社会的普遍认可.

2. 科学原则

数学首先是科学,所以数学教研当然必须遵循科学性原则.课题必须具有客观的事实根据和理论依据.必须以客观教学规律为基础,以可靠的数据、真实的现象和已有的理论作为依据.论文的科学性表现在论述的内容真实可信,对现象进行周密观察,对事物进行充分调查,有足够可靠的数据,有正确的推理,提出的论点应经得住推敲,不要随意取舍素材和主观臆断.可靠性还包括概念、定义、判断、分析和结论要准确,对自己的研究成果估计要确切、恰当,对他人的研究成果的评价要实事求是.有些作者为了职称晋升和毕业答辩而东拼西凑,这种文章难免带有主观性,往往缺少足够的论据、实验验证和分析对比.还有一些作者,凭着几份参考文献在那里拍脑袋写文章,这种文章非但跳不出原文献的框框,毫无新意,还难免有抄袭之嫌.常言说"做学问来不得半点虚假",写文章同样也来不得半点虚假.

3. 实践原则

教科研论文选题结合自己的教学实践写起来更能够得心应手.理论不是咱们一线教师的强项,避免空谈言之无物性的文章,结合自己的教学实践,谈谈遇到的问题以及解决方法,反思实践中的得失,总结实践中的经验,这些才是我们擅长的.比如如何上好一节课?如何解好一道题?如何利用课本例题、习题上好习题课?如何进行高三函数复习?如何上好试卷讲评课?课堂教学如何引导学生提出问题?如何进行课堂教学情境引入?如何做好课堂小结?如何进行教学反思?如何开展培优补缺活动,等等.

4. 可行原则

科研论文选题还要注意可行性原则,就是要从自己从事的教学实践中选题,从自己的成功之处选题,从自己的比较关注的方面选题,力争做到选之有因,立之有据,用之可行.每个老师都有自己的强项和自己侧重的研究领域,比如我是搞数学竞赛的,那就可以在竞赛辅导性文章方面挖掘;如果你是搞数学选修课、拓展课的,那你就可以在数学史、数学美学等方面选题.这样更能体现别人未曾感悟到的东西,更能突出文章的新意.又如学校创建了一个现代数字化实验室,我们就可以选择"TI—Nspire无线交互课堂教学实践研究"的课题进行研究,把如何创设与之配套的校本课程的经验和培养学生创新素养的具体做法加以总结,并将研究成果推广到其他兄弟学校,从而实现课题研究的现实意义和价值.

2.2 选题的策略

论文的标题和题材新不新好不好,直接影响到文章能否得到认可,选题要讲究策略,力求新颖别致,让人爱不释手,读来欲罢不能.

1. 选题宜"小"

写论文不是写论著,如果论文题目选得过大,几千字就不可能研究透彻,只能泛泛而谈,入口小才有可能挖得深.所以论文选题不宜贪大求全,而应以小见大,写出新特色.这一点对于初学者尤其如此,这是因为小题素材容易集中,便于整理;小题层次结构相对简单,容易上手;小题立意清晰,容易写出新的东西,不致落入俗套.例如《试论数学教师应具备的基本素质》、《如何开展数学竞赛活动》、《如何上好数学概念课》、《谈数学教师队伍建设》等等,这样的选题就显得太大太空.又比如《如何上好习题课》比较宽泛,如果改成《利用课本习题上好习题课例谈》,口子就比较小,容易挖深.

2. 取材宜"熟"

作家冰心说:"不要写自己经验以外的东西",可见文章选题应在自己的教学实践基础上产生.作为一线数学教师,每天都要面对学生进行备课、上课、作业布置批改讲评,一定有很多心得体会,及时记录下来,不时地加以补充完善.比如如何写好教学目标?如何设置教学情境?如何组织学生活动?如何激发学生课堂参与?如何进行教学评价?如何进行课堂小结?如何分层作业布置等一系列教学实践方面的问题可以写出自己的独特见解.而在教学理论研究方面,可能就不是我们的强项,但如何把最新的教学理念落实到课堂教学过程中去,以提高课堂教学效率却是我们的强项.所以说文章选材一定要从身边的实践入手,解决一两个别人没解决或解决得不太好的问题,提出自己新的观点和新的做法,交流自己新的实践经验,就是一篇非常优秀的文章.

3. 见地宜"新"

科研论文选题要突出一个"新"字,要有一定的创新性,写人所未写,见人之未所见,发人之未所发.要有自己的独特的见解,避免人云亦云.具体体现为文章提出的观念新,分析问题的角度新,处理问题的方法新;有时也体现为论述问题的层次深,讨论话题的热度高.不是说一定要有什么新的发现,或者发明一个新的理论,这对一般的数学老师而言是很难做到的.我们可以开拓一个新的领域,比如某一新的教学理念,某一新的教学方法,某一次数学教学研讨活动,某一新的数学软件的使用,某一次学科竞赛活动等等,有一定的即时性;也可寻找一个新的角度去看同一已被讨论过的旧问题,看看有没有自己新的思考和发现,在教学和学习活动中发现一个不够完善或错误的地方,也可以对此展开讨论.结合自己的教育实际和课堂教学灵感,一定有很多即时生成的东西,及时把它记录下来,就有可能写出一篇具有创新性的科研论文.

4. 挖掘需"深"

写文章好比挖一口水井,如果到处去挖,只能挖成一个个小坑,但如果你在一个地方狠狠地往下挖,就有可能挖出水来.我们讲做事情不要"东一榔头西一棒",说的就是这个道理,写文章就需要挖深,才有可能挖出新的东西.要学会多角度、多层次地剖析,学会发散思维,通过类比和联想,将问题充分地展开,这当然要求我们有扎实的数学知识功底.比如案例点睛6《新课程标准强调学生的全面参与》一文就从学生参与这个角度出发,从参与目标确定、参与难点突破、参与探索发现、参与反思质疑、参与调查研究、参与实验演示等方面突出学生参与的途径和方法,突出"以生为本"的新课程教学理念,从而得到编辑老师的垂爱.

2.3 选题的分类

知己知彼才能百战不殆,写文章之前就必须对各种数学杂志上的文章进行深入细致的研究.

论文选题分类一般可参考各大数学专业杂志,每个杂志都有自己的分类,各个时期还有所不同.比如《数学通报》分设国外教育、特约讲座、教学研究、教学园地、解题教学、学习园地、初数研究、数学问题解答等栏目;《数学教学》分设数学教学研究、数学探究、数学解题研究、考试之窗等几个栏目;《中学数学》分设教材教法、考试研究、教坛在线、教学参谋等几个栏目.各大数学杂志都有自己的分类和特色.我们尽量选择具有共性的内容,这样一次投稿不中还可修改后改投另一家.

2.3.1 教材教法研究类

教材教法研究类文章非常多见,主要体现在教学理念、教学大纲、课程开发、课程实施等领域,比如新课程标准的解读、新旧课程标准的比较研究、新旧数学教材的比较研究、新教材的修订思路、数学新教材的特点特色研究、拓展型研究型课程实施研究、国内外数学课程对照比较研究等.这些高大上的课题往往专家教授或教研员参与比较多,一线教师难有机会参与学习和讨论,但我们可以从校本课程开发、课堂教学实施、学生能力培养等方面参与教材教法的研讨.

案例点睛 6
新课程标准强调学生的全面参与

写作背景:新课程强调,教师是学生学习的合作者、引导者和参与者,教学过程是师生交往、共同发展的互动过程.交往意味着人人参与,意味着平等对话,教师将由居高临下的权威转向"平等中的首席".在新课程中,传统意义上的教师教和学生学,将不断让位于师生互教互学,彼此将形成一个真正的"学习共同体",教学过程不只是忠实地执行课程计划的过程,而是师生共同开发课程、丰富课程的过程,课程变成一种动态的、发展的,教学真正成为师生富有个性化的创造过程.本文发表于湖北大学《中学数学》.

通过对新课程标准的探索与研究,笔者认识到新课程标准自始至终特别强调学生的全面参与.数学教学要从陷于知识的传授、技能的训练的歧路上悬崖勒马,尽快走上素质教育的正轨上来,呼唤广大教师在教学过程中必须充分尊重学生的主体地位,充分认识学生活动中的能动作用,让学生参与教学的全过程,在交流、协作中观察、理解、想象、提取、探求,逐步发展学生的观察、实验、想象、探索、抽象概括等各方面的能力,使学生在主动参与的过程中自然地接受新知识.

点睛 开题点出新课程的最大特征,强调学生的全面参与,为全文定下一条主线的同时引起读者的注意:到底怎样才能让学生全面参与到教学中来,学生能做些什么?吸引读者继续读下去.

1. 全面参与教学过程

1.1 参与教学目标的确定

新课程标准提出凸现知识技能,过程方法和情感、态度与价值观三位一体的课程目标,包括"知识技能目标"、"过程方法目标"、"情感、态度与价值观目标".教学目标不能只是教师一个人心中有数,要让全体学习者心中有数,让他们在预习过程中明确必须掌握哪些知识,哪些是掌握的重点和难点,从中学到哪些数学思想方法,能得到哪些启迪和教育,这些都对指导学生如何获取知识,培养学生的自学能力起到不可估量的作用.

1.2 参与教学难点的突破

德国教育家第斯多惠指出:"不好的教师奉送真理,好的教师是叫学生去发现真理."在教学中遇到一些难理解的概念、难证明的定理、难推导的公式、难解答的数学题等等,让每个学生拿出自己的解决方案,然后让学生自己去实践,验证他们的方案是否正确,如果出现问题,教师引导学生自己分析解决,修改方案,然后再实践.在这里学生尝到了探索之路的艰辛,又感受到了成功后的喜悦,这些不仅锻炼了学生的思维品质,也磨炼了他们的意志,培养了一丝不苟的科学态度和一定要成功的信心和决心.例如利用基本不等式求最值是个教学的重点和难点,为了突破难点,我布置了三道思考题:①求函数 $y=x+\dfrac{1}{x}$ 的值域;②求函数 $y=x^2+\dfrac{1}{x}(x>0)$ 的最小值;③求函数 $y=x+\dfrac{1}{x}(x\geqslant 2)$ 的最小值.然后展示同学中最具代表性的三种典型错误解答:① $\because x+\dfrac{1}{x}\geqslant 2,\therefore y\in[2,+\infty)$;② $x^2+\dfrac{1}{x}\geqslant 2\sqrt{x}\therefore$ 当且仅当 $x^2=x$ 即 $x=1$ 时 $y_{min}=2\sqrt{1}=2$;③ $\because x+\dfrac{1}{x}\geqslant 2,\therefore y_{min}=2$.讨论这些解法对不对,不对又如何纠正?通过分组讨论,同学们认识到利用基本不等式求最值时一要注意两数必须都为正数,二要注意两数和为定值或积为定值,三要注意等号能否取到,归纳出利用基本不等式求最值时必须遵守"一正、二定、三相等"的三原则,否则就会犯错误,从而很自然地突破了这堂课的难点.

1.3 参与探索发现

教师在讲授新课时,再现知识的形成和发展过程,而再现过程并不是直接告诉学生,而是积极培养学生的参与意识,让他们去归纳,去联想……因而,平时的每一堂课都应留给学生足够的表达意见的时间和机会,允许说错,直到学生思维受阻时,再给予建议或提示.例如在复习子集概念时,我举了一个例子:设集合 $A=\{1,2,3\}$,对于 A 的每个非空子集 X, $S(X)$ 表示子集 X 中各元素之积(单元素集元素之积为它本身),求所有 $S(X)$ 的积.同学们利用列举法很快得到1296的答案,这时有个同学提出问题:"老师,有没有更一般的规律? 也就是对于集合 $A=\{1,2,3,\cdots,n\}$,它的各非空子集元素之积的积又是多少呢?"一石击起千层浪,同学们议论纷纷,争论不休,争相发言:"要解决这个问题,关键是看各个元素在积中出现的次数,每个元素出现的次数是相同的."另一个同学站起来发言:"这种关于自然数 n 的问题可从简单情形摸索规律:对于集合 $A=\{1,2,3\}$,含2的子集有4个,所以2在积中出现了4次.""出现2的子集个数可考虑集合 $\{1,3\}$ 的子集个数即 2^2,因为在 $\{1,3\}$ 的子集中插入2即为集合 $\{1,2,3\}$ 含2的子集.""我明白了,任何一个元素在 $\{1,2,3,\cdots,n\}$ 的子集中出现的次数都应该是去掉该元素后剩下的 $n-1$ 个元素集合的子集个数 2^{n-1},所以本题结论应该为 $(1\cdot2\cdots\cdot n)^{2^{n-1}}$ 即 $(n!)^{2^{n-1}}$."通过从特例出发,摸索规律,发现了推广的途径,从而找到问题的突破口,同学们沉浸在长久的成功喜悦当中.

1.4 参与反思质疑

反思质疑是智能发展的高层次表现,它是建构学说在教学实践中的主要体现,通俗地说就是在完成一项任务后回顾一下自己的智能活动过程,想一想自己的发现过程、解题思路,有何经验,有何教训,及时总结最佳的学习策略.教师在课堂上应该多让学生去总结概念、定理的产生过程,解题的思路和方法的探索过程,对一些问题进行变式和推广,甚至要求学生采取撰写小论文的形式对一些经典问题进行反思,同时还要鼓励学生不唯名师,质疑问难.例如在复习数列裂项法求和时通过讨论同学们发现 $\frac{1}{n(n+1)}$ 可以裂成两项之差 $\frac{1}{n}-\frac{1}{n+1}$,从而在求和时达到两两相消的目的,通过联想得到 $\frac{1}{n(n+1)(n+2)}=\frac{1}{2}[\frac{1}{n(n+1)}-\frac{1}{(n+1)(n+2)}]$, $\frac{1}{n(n+1)(n+2)(n+3)}=\frac{1}{3}[\frac{1}{n(n+1)(n+2)}-\frac{1}{(n+1)(n+2)(n+3)}]$……同学们意犹未尽,通过反思其中的道理,发现整式 $n(n+1)$ 同样也可以裂成 $\frac{1}{3}[n(n+1)(n+2)-(n-1)n(n+1)]$, $n(n+1)(n+2)=\frac{1}{4}[n(n+1)(n+2)(n+3)-(n-1)n(n+1)(n+2)]$……反思这一过程,进一步总结规律得到更一般的结论:$\{a_n\}$ 是公差为 d 的等差数列,则有 $\frac{1}{a_n a_{n+1}}=\frac{1}{d}[\frac{1}{a_n}-\frac{1}{a_{n+1}}]$,$a_n a_{n+1}=\frac{1}{3d}[a_n a_{n+1} a_{n+2}-a_{n-1} a_n a_{n+1}]$……一名同学提出疑问:

"等比数列也有如此美妙结论吗？"我提示他们："等比数列能否转化为等差数列？"学生立即悟出如下结论：$\{a_n\}$是公比为q且各项均为正的等比数列，则$\frac{1}{\lg a_n \lg a_{n+1}} = \frac{1}{\lg q}[\frac{1}{\lg a_n} - \frac{1}{\lg a_{n+1}}]$，$\lg a_n \lg a_{n+1} = \frac{1}{3\lg q}[\lg a_n \lg a_{n+1} \lg a_{n+2} - \lg a_{n-1} \lg a_n \lg a_{n+1}]$……这里正是因为同学们积极反思，不断质疑才得到了这么许多如此优美的裂项方法，真是令人观止，目不暇接，后来一个同学还按此思路撰写了一篇小小数学论文呢.

点睛 本文把学生参与教学的形式分成两大类，一类是参与课堂教学过程，另一类是其他参与途径. 第一部分又分成四小节，每小节先阐述理论说明必要性，然后再举实例说明可行性.

2. 多种多样的参与形式和途径

2.1 参与调查研究

《新课程标准》认为，学生对看到用途的知识有比较高的学习兴趣，让他们运用所学知识解决生活中的真实问题，体验数学与日常生活的联系，体验综合运用知识和方法解决实际问题的过程，增强应用意识，有助于激发学生学习数学的兴趣，发展学生的创新精神和实践能力. 例如在讲完集合的运算这一节后，安排同学们对本班全体同学的家庭进行调查并汇总拥有电脑、电视机、冰箱、洗衣机、空调等家电的情况，绘制成统计表，然后分别用A、B、C…表示拥有电脑、电视机、冰箱……的家庭所组成的集合，用A_1、A_2、…、A_n表示有一台、两台、…、n台电脑家庭所组成的集合等等，考虑这些集合之间的关系及其实际意义. 例如A_1、A_2、…、A_n与A的关系；$A\cup B$、$A\cap B$、$\overline{A\cup B}$、$\overline{A\cap B}$、$\overline{A}\cup\overline{B}$、$\overline{A}\cap\overline{B}$的实际意义；探索$\overline{A\cup B}$、$\overline{A\cap B}$、$\overline{A}\cup\overline{B}$、$\overline{A}\cap\overline{B}$之间的关系，考察$A\cup B$、$A\cap B$元素个数与$A$、$B$元素个数之间的关系，进一步考虑能否推广到更一般的情形. 又如在学习函数之前，要求学生利用国庆长假进行调查研究，任选下列一个项目：邮件的邮费，出租车的计价，个人所得税的税率，人均住房面积，人口增长问题，购房贷款问题等，或者自己确定主题，收集相关数据，要求写一篇调查报告，从而为函数的学习提供了丰富的感性材料.

2.2 参与资料的收集和整理

新课程的理念要求学生必须"学会收集数据，制作简单的数据图表，能从统计图表中获取统计信息并做初步分析"、"学会运用现代科技手段获取知识，查阅史料".新课程理念下的数学教育的最终目的,并不只是教会学生如何解决课本中的习题,而是让学生在社会生活中能够进行数学思考和研究,能够走向社会、服务社会,这就对我们数学教学提出了较高的要求.如在讲对称问题之前可放手让学生收集轴对称图形的图片,自己设计几个用简明的轴对称图形或中心对称图形构成的商标,了解轴对称图形的应用及其本质,激发审美情趣和创造意识.在讲解复数概念之前可让学生到因特网上搜索有关数的发展史及三次数学危机,然后在班级里进行交流,同学们深受教育,纷纷表示要向数学家们学习为真理而献身的精神,从而为学习复数增添了无穷的动力.

2.3 参与实验演示

数学中的许多概念、定理、公式都是通过实验而发现的,计算、作图、测量等活动都是数学实验中的重要手段.通过实验可以再现数学概念、定理、公式的形成过程,把握问题的特征,发现解题的思路,使问题获得简捷的解决.因此在平时的教学过程中,教师应根据新教材的特点,结合教学内容,设计出有利于学生主动参与的教学方案,调动学生动手实验的积极性,培养学生学习数学的兴趣,使学生的数学思维能力在实验参与过程中得到提升和发展.譬如立体几何教学时为了培养学生的空间想象能力可让学生自己做教具,然后让他们到讲台上演示教具,和全班同学一起去发现空间点、线、面的位置关系;可利用橡皮泥制成各种各样的多面体,通过统计点、线、面数目从而归纳发现欧拉公式;在学习椭圆时可以让学生分组画出椭圆,并改变两图钉之间的距离或细线的长度,让学生主动探究椭圆的概念,通过折叠椭圆来发现椭圆的范围以及对称性;通过折纸实验来激发学生探究等比数列求和公式的热情;通过对操场弯道的实际测量来熟悉和运用弧长公式等等.

2.4 参与小课件制作

新课程标准对学生如何借助现代教育技术获取数学知识提出了较高的要求,它明确指出高中学生必须运用信息技术手段进行学习和研究.我校高一年级就安排了图形计算器与"几何画板"的选修课程,完全可以放手让学生去实践操作,如在学习二次函数闭区间上的最值问题时,要求每个小组制作一个小课件:作出函数 $y=(x-1)^2+2$ 的图像,再构造一个可在 x 轴上左右移动的区间 $[t,t+1]$,用红色标记该区间上的一段函数的图像,然后拖动区间,观察闭区间上二次函数最值的变化,将研究结果进行交流,同学们通过归纳总结,明白了必须抓住对称轴与区间的三种相对位置关系分类讨论的道理,很快突破了教学的重点和难点.又如在学完二次曲线一章后,我让学生课后运用"几何画板"制作一个小课件,设置一个参数k,画出方程$(k-5)x^2+(3-k)y^2=-1(k\in R)$所对应的曲线,然后让$k$的值从小到大连续变化,观察曲线的形状.上课时让学生走上讲台展示自己的课件,随着k值由小到大的连续变化,曲线形状也在连续变化,由焦点在x轴上的双曲线→两条垂直于x轴的直线→焦点在y轴上的椭圆→圆→焦点在x轴上的椭圆→两条平行于x轴的直线→焦点在y轴上的双曲线,学生对这一过程惊叹不已,原来二次曲线是何等的和谐统一,数学真的好美!

点睛 第二部分列举了四种参与形式,由于篇幅过长,后来发表时被编辑老师删掉了一部分.

总之,在新一轮的教学改革中,教师将由数学知识的传授者逐步转变为教学活动的组织者、指导者、参与者和研究者.而学生应成为数学学习的真正主人.为此,我们数学教师要充分发挥创造性,依据学生年龄特征和认知特点,设计探索性和开放性的数学问题,给学生提供自主探索、积极参与的机会,要向学生提供充分的从事数学实践活动和交流的机会,使学生在自由探索的过程中真正理解一个数学问题是如何提出来的、一个数学概念是如何形成的、一个结论是如何探索和猜测到的以及结论是如何应用的,只有这样才能符合新课程标准的要求,才能确保教改的成功.

点睛 文章结尾部分综述给学生提供自主探究、积极参与教学的机会,让学生在参与过程中增长知识锻炼能力,进一步点明文章的宗旨.

【文脉结构】

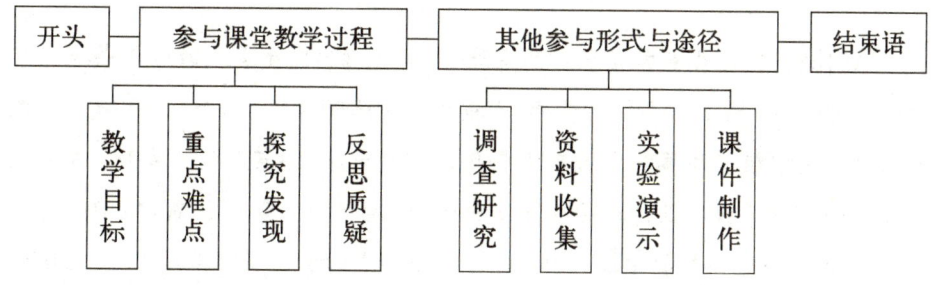

2.3.2 课堂教学研究类

课堂是教学的主阵地,各大核心期刊都设置有"教学园地"、"教学研究"、"论教谈学"、"课例点评"等栏目,主要包括数学课堂教学设计、数学"双基"的教学理论总结、数学课堂教学模式总结、提高数学课堂教学效率研究、数学课堂教学案例分析等方面.我们每天都备课、上课、作业、辅导、评价,对数学课堂教学设计和案例非常熟悉,如何合理地组织教学,突出以生为本的教学理念,提高课堂教学实施的效率,生成新的数学问题,如何处理课堂偶发事件等一系列问题都值得关注.

案例点睛 7

数学课堂教学"六个反思"的实践与思考
——"计数原理 I——乘法原理"的教学实录和点评

写作背景:课堂教学是育人的主阵地,如何调动学生参与教学养成探究问题的习惯,逐步形成学科核心素养,我校提出了课堂教学"六个反思"来规范教学过程.数学组老师参加上海市中青年教学评比,我参与了整个备课、听课活动,觉得无论从教学设计还是具体实施过程,都体现了新课程教学理念,所以就结合这节课的具体教学过程,阐述"六个反思"的教学实践与思考.本文发表于湖北大学《中学数学》.

如何提高数学课堂教学有效性是个比较热门的话题.近年来笔者听了不少数学课,感受最深的是很多年轻老师把数学课上成了"电视讲座"课,缺少师生互动和学生的交流体验过程,被 PPT 课件牵着鼻子走.大容量、快节奏、填鸭式的应试教学模式还大量充斥着课堂,在某种程度上违背了"以学定教"的教学原则.针对这一现状,我校制定了数学课堂教学"六个反思"来规范教学行为.经过两年来的教学实践,数学课堂教学面貌焕然一新,形成了自己的课堂教学特色,大面积提高了课堂教学效率.本文结合上海市二期课改新教材"计数原理 I——乘法原理"一节课的设计与课堂教学,谈谈我们的教学实践与反思,希望对同行们有所启迪.

点睛 开门见山点明文章写作的宗旨,进一步点明题目中"六个反思"的实践意义,引起读者的好奇,到底哪六个反思?它们的作用是什么?如何利用它来规范教学等一系列问题吸引读者进一步读下去.

附:数学课堂教学"六个反思"一览表

1	预设的问题是否引起学生的回应与思考?
2	有没有留给学生思考问题的时间与空间?
3	学生能讲、可以讲的,教师讲了或多讲了吗?
4	有没有对学生学习行为进行科学的评价?
5	有没有对学生的发言引起足够的重视,是顺着学生的思路还是按照自己的思路?
6	有没有发现学生学习的问题或使学生生成新问题,激励学生进一步研究和思考?

点睛 正面回应何为课堂教学"六个反思",从一节课的情境引入、组织活动、学生交流、教师评价、课堂组织、引发思考等几个主要环节对教学行为进行规范要求.

师:同学们,很古以前原始人就会利用结绳计数,早在我国宋代就出现了算盘.计数问题在我们学习生活中随处可见,比如以图 1 中线段为边且包含五角星的矩形有多少个的问题.计数问题是我们进一步学习排列、组合、概率学、统计学的基础.

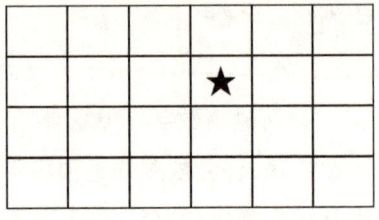

图1

这节课是排列组合这一章的开篇课.简短的几句话,几幅漂亮的图片,把学生带进一个崭新的数学世界,激起学生的求知欲望——到底如何计数?排列组合是个什么东西?概率学、统计学到底学什么?上海市二期课改新教材在每一章的开章篇都有类似的文字,这是新教材的一大特色.

师:到底如何计数呢?它遵循哪些原理呢?今天我们就来探究计数原理之一——乘法原理,它在日常生活中有着广泛的应用,同学们还记得上周我们去劳技中心,你们思考过这样的问题吗?

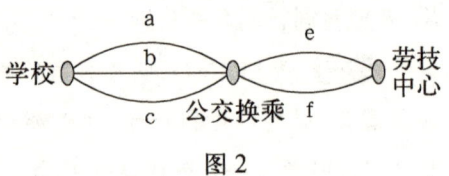

图2

问题1:从学校经公交换乘前往劳技中心有几条不同的行走路线(图2)?

数学就在身边,看你有没有发现的能力.正如牛顿看到苹果掉下来发现了万有引力一样.问题背景非常贴近学生的生活,同学们议论纷纷,预设的问题引起了学生的热烈的回应和思考.

生1:应该是6条不同的行走路线.

师:怎么来的呢?

生1:我是一一数出来的:a-e,a-f,b-e,b-f,c-e,c-f.

师:很好!分类列举也是解决计数问题的基本方法之一,如果数据太大,情况复杂就有点麻烦了.

生2:从学校到劳技中心可分成两个步骤:第一步从学校到公交换乘有3种走法,从公交换乘到劳技中心有2种走法,所以共有3×2=6种不同的走法.

师:非常棒!如果劳技中心有东西两个大门,那么我们从学校出发,经公交换乘再进入劳技中心,共有多少种不同的走法呢?

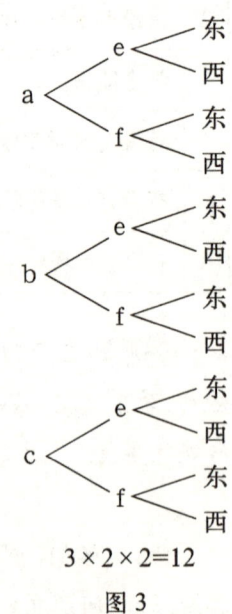

3×2×2=12

图3

生3：应该是3×2×2=12种(图3).

师：有道理，完成这件事需要三个步骤……

乘法原理是人们在大量实践经验的基础上归纳出的基本计数原理.本题设计的目的是从简单问题中体验感悟出乘法原理.这里通过师生互动，教师追问和启发，让学生体验和感悟乘法原理的存在.

点睛 文章通过师生对话的形式记录教学过程，分析点明课堂教学是如何运用"六个反思"教学法的，文章力争做到言之有理，论之有据.

师：能不能举一些生活中类似的实例？(学生活动讨论交流)

生4：早上穿衣服(学生窃笑)，上装有4套，裤子有3条，袜子有2双，共有4×3×2=24种不同的搭配方案；

生5：中午食堂吃饭，冷菜有3种选择，热炒有5种选择，饮料有2种选择，那么共有3×5×2=30种不同的选择；

生6：祖父的遗传基因分为显性和隐性……

一石激起千层浪.这一精彩的设计思路实际上源于反思2和反思3：要留给学生充分的思考问题的时间和空间；学生能讲的、可以讲的教师不要代替，当然要让学生有东西好讲，有感而发，在思维的碰撞下产生灵感，感悟乘法原理的发现过程.

师：看似简单的道理，却蕴藏着深刻的数学计数原理，谁来概括一下？

生7：完成一件事，需要分成n个步骤，第一步有a种不同的方法；第二步有b种不同的方法……

师：那最多就只有$a×b$步了(学生会意地笑).

生7：第一步有a_1种不同的方法，第二步有a_2种不同的方法，……，第n步有a_n种不同的方法.那么完成这件事共有$N=a_1×a_2×\cdots×a_n$种不同的方法.

教师板书：

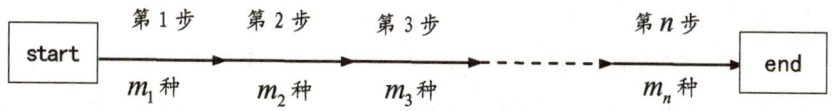

则完成这件事共有$N=m_1×m_2×\cdots×m_n$种不同的方法.

过去的做法往往是用PPT直接打出乘法原理,然后让学生跟着读一遍,接着就是大量的训练来熟悉原理.这里教者放手让学生从实际生活中的大量实例中抽象概括出乘法原理,让学生体会到发现的乐趣.学生表达过程中可能遇到很多困难,老师顺着学生的思路,重视学生的发言,当他遇到困难的时候,经过教师幽默语言的启发,其他学生帮忙,在纠错过程中体会原理表述的艰辛,这正是反思5对老师的要求.

师:完成下列事件的方法总数都是$3×2=6$种吗(图4)?

同学们议论纷纷,争论不休……

生8:它们都违背了乘法原理的分步原则,不符合乘法原理的前提条件,都只有3种不同的方法.

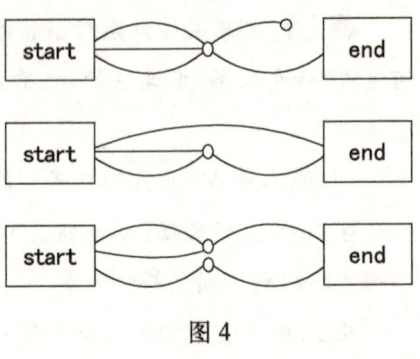

图4

这一设计匠心独到!一个数学概念的理解并不像我们所想象的那样一蹴而就,它有一个螺旋式上升的过程.只有在概念的辨析过程中学生才能真正体会到乘法原理的精髓和本质,纠正错误理解的同时预防机械性的模仿,其实这里还蕴藏着加法原理.

点睛 文章一波三折才具有可读性,这里从生活中的实例出发,组织学生讨论,初步形成数学概念,再让学生举出生活中的实例,深化对概念的理解,然后辨析数学概念.通过说明文字解释在这些活动中是如何利用"六个反思"教学法的,就像电影剧本一样的幕后解说.

师:我们来到了劳技中心的手机组装车间,遇到了新的问题:为统一的机芯设计了2种不同外形同时又有3种不同颜色,还有8G、16G、32G、64G四种不同内存手机配件,该中心共可组装出多少种不同款式的手机?

生10:$2×3×4=24$种.

师:请你对照原理,完成一件什么事,分成几步,每步又分别有几种方法?

生11:完成组装手机这件事,分三个步骤,第一步选外形有2种,第二步选颜色有3种,第三步选内存有4种,所以共有$2×3×4=24$种不同款式的手机.

师:我们又来到手机的测试中心,遇到了第二个问题:手机程序模块中(图5),一条执行路径就是一条遵循着线段的箭头方向、从开始到结束的路径.要测试该程序模块的所有执行路径,共要测试多少次?

生12:$3×7=21$.

师:为何不是$3+7=10$呢?

生13:因为要完成从开始到结束的路径的测试必须经过两个步骤:第一步有3条,第二步有7条,而每一条路径都只是从开始到结束的路径的一个部分,并不能独立完成这件事,所以根据乘法原理共21条不同的测试路径.

这是一道课本例题,教者巧妙利用到劳技中心参加手机研发这一学生非常熟悉的背景故事,把几个问题有机地串联起来,娓娓道来,设计思路实际上源于反思1,让学生真正体会到身边处处是数学.问题设计层层深入,抽象层次逐步提升,让学生体验到灵活运用原理的全部过程.

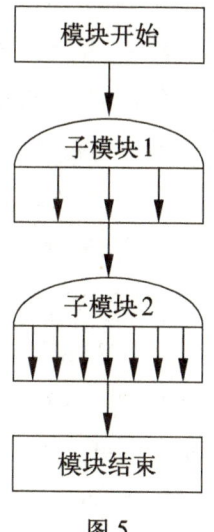

图5

师:我们在使用手机的时候又遇到设计密码的问题:由$0,1,2,……,9$十个数字共可设计出多少个不同的三位密码.

生14:确定三位密码可分三步,第一步确定百位上的数字有10种选择,第二步确定十位上的数字也有10种选择,第三步确定个位上的数字还是10种选择,所以共可设置$10×10×10=1000$种不同的三位密码.

师:如果数字不允许重复呢?

生15:共有$10×9×8=720$种.

师:如果某人设置的密码为720的正约数,请问这样的密码共有多少个呢?

这是课本上的例题,有一定的挑战性,学生陷入了沉思之中,遇到两个困惑:一是不熟悉什么是正约数,这是初中学过的概念;二是确定正约数不知如何分步,这时就离不开老师的正确引导了.

师:同学们,720数据太大,它的正约数也太多,遇到这种问题我们一般怎么办?

生16:退到简单情况摸索规律.

师:很好,不妨我们先来看看12有几个正约数.

生17:12的正约数有1,2,3,4,6,12.

生18:先将12质因数分解成 $2·2·3=2^2·3$,而 $1=2^0·3^0$,$2=2^1·3^0$,$3=2^0·3^1$,$4=2^2·3^0$,$6=2^1·3^1$,$12=2^2·3$;要确定12的正约数,可以分两步,第一步确定因数2的个数有0,1,2三种可能,第二步确定因数3的个数有0和1两种可能,所以12的正约数共有 $3×2=6$ 个(图6).

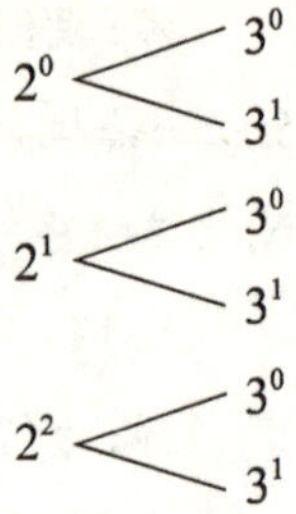

$2^0 < \begin{matrix}3^0\\3^1\end{matrix}$

$2^1 < \begin{matrix}3^0\\3^1\end{matrix}$

$2^2 < \begin{matrix}3^0\\3^1\end{matrix}$

共 $3×2=6$ 种

图6

师:非常好!这一规律可以推广到720吗?

生19:可以,将720质因数分解成 $2^4·3^2·5$,同理可得720的正约数有 $(4+1)×(2+1)×(1+1)=30$ 个.

生20:还可以推广到更一般的结论:如果一个正整数 m 可分解成 $m=P_1^{a_1}·P_2^{a_2}\cdots P_n^{a_n}$,其中 P_1、P_2、$\cdots$、P_n 均为互不相等的素数,a_1、a_2、$\cdots$、a_n 为正整数,那么 m 的不同正约数有 $(1+a_1)·(1+a_2)\cdots(1+a_n)$ 个.

师:你真聪明!回顾刚才解决问题的历程,对你有何启发?

生21:遇到难题先充分地退,退到最简单的情形,通过摸索规律,再推广到一般.

师:非常了不起的想法,这一数学思想方法很重要,它常常是开启难题的金钥匙.

对学生的学习行为进行科学的评价能够起到激励作用.这里教师正是利用科学的评价,激励学生一步一步地把问题进行深化,并让学生在解决问题过程中体会乘法原理发现过程中运用到的从一般到特殊,再从特殊到一般的数学思想方法的精要,实在是难能可贵.

师:谁来给今天这堂课进行小结?

生22:今天学习了乘法原理,完成一件事需要分成若干个步骤,然后确定每个步骤的方法数,最后将它们乘起来,就得到完成这件事的总的方法数.

师:很好,从处理问题的方法角度对你有何启发呢?

生23:从身边具体事例出发,通过抽象概括提炼出乘法原理,再利用原理去处理各种实际问题,学到了从特殊到一般,再从一般到特殊的处理问题的方法.

师:你觉得运用乘法原理最难的是什么呢?

生24：是确定步骤，有时候步骤不是很明显，需要我们去构造和发现.

生25：老师，我很想知道开头提出的一个计数问题：图中含有五角星的矩形有多少个？初中竞赛的时候我们都是数出来的，不数能算出来吗？

生26（非常得意）：这还不简单，要确定一个含五角星的矩形需要四步：确定左边一条边有4种选择，右边有3种，上边有2种，下边有3种，所以共有 $4 \times 3 \times 2 \times 3 = 72$ 个.

全班同学报以热烈的掌声，成功的喜悦溢于言表.

执教老师通过启发学生从知识和能力两个方面对这堂课进行小结，起到提纲挈领、画龙点睛之效.让学生知道40分钟到底学到了哪些知识，领悟到哪些数学思想方法，学得清清楚楚明明白白是非常重要的.这一点往往被年轻老师所忽视.

点睛 利用去农场劳动，把一系列枯燥无味的问题串联起来，形成了一个完整的故节事情，不仅让学生觉得数学问题就在身边，同时也让读者感觉好像在读一篇叙事小说.

【教学感悟】

乘法原理是人们在大量实践经验的基础上归纳出的基本计数原理之一.同时乘法原理又是学习"排列组合"的理论基础.乘法原理体现的有序思考方法，是把一个复杂问题的解决过程分解为若干"步骤"，先对每个步骤进行细致分析、再整合，最终达到解决问题的目的.

教者通过带领学生去劳技中心组装手机这一学生熟知的背景故事，将几个典型的例子巧妙地串联起来，以归纳、概括、理解、应用原理为明线，以特殊到一般又从一般到特殊这一数学思想方法为暗线，通过对特殊事例的归纳、推理，凸显乘法原理发现的过程，在知识的发生发展过程中培养学生的有序思维和归纳概括能力；教师通过精心设计，遵循由简单到复杂，由"有步"到"无步"的循序渐进的教学原则，让学生亲历数学探究苦与乐，分享发现新知和解决问题的乐趣，提高数学学习的兴趣，及时发现学生学习的问题或使学生生成新问题，激励学生进一步研究和思考.

特别值得一提的是，教师在教学设计和教学实施过程中，自觉不自觉地利用"六个反思"规范教学行为.通过巧妙地设计问题背景，放低门槛，引导学生积极参与教学活动,体验数学知识的发生发展过程,激发学生学习数学知识的热情.同时留给学生足够的思考问题的时间和空间,一改教师一言堂、满堂灌、填鸭式的教学模式.通过组织学生讨论,在交流过程中进行思维的碰撞,在不断纠错过程中加深对数学知识的理解和升华,从而锻炼学生的口头表达能力、团队协作以及发现数学真理抽象概括真理的能力.教师应跟随学生的思维,通过对学生的发言的科学评价,激发学生参与课堂讨论的热情,促成学生生成新的数学问题,从课内探讨延伸到课外思考,一改以课件PPT内容为主导的课堂教学模式,真正体现了"以生为本"的课改新理念,大大提高了课堂教学效率,切实减轻学生过重的负担和学习压力.

可见,利用"六个反思"来规范我们的数学课堂教学,使全体老师体会到在课堂教学过程中调动学生积极性,激发学生参与教学全过程,在数学概念的发生发展过程中提出问题、遇到困难、解决问题、最后获得成功喜悦,在发生新问题的循环过程中体会到数学学习的乐趣,真正把"以学生发展为本"的课改新理念融入数学课堂教学的每一个环节,从根本上改变我们的课堂教学面貌,给数学课堂增添绿色.

点睛 通过教学感悟的形式,从总体上进一步结合这节课的设计思路,分析如何运用"六个反思"来规范教学行为,以达到"以生为本"的教学新理念的落实,使得文章更有深度和说服力.

【文脉结构】

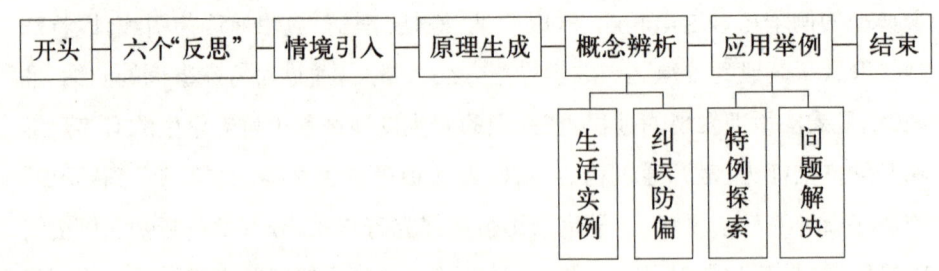

2.3.3 解题教学研究类

解题教学研究类是最容易上手的一类论文写作,各种数学专业杂志解题教学栏目占有较大篇幅.数学教学离不开解题,教材教辅上的例题、习题、考试试题都可以拿来研究,对一类问题或解法有独到的见解或新的解题方法都可以加以整理.一方面,我们可以对解题方法和技巧加以研究,一题多解或多题一解,通解通法,巧思妙解,或者对错误解法纠正辨析,也有对旧法改进、难题征解的.另一方面也可以对某一数学问题加以深入研究,从问题的背景、来源、实质、解法、引申、类比、推广、创新、教学价值等方面进行研究,提出变式教学、研究性学习新路径,推陈出新.

案例点睛 8

一道初三数学竞赛题的多视角解法探究

写作背景:我参加了2015年上海市初三数学竞赛的阅卷工作,发现有一道平面几何解法多样,很有研究一番的必要.我首先收集了考生的几种不同的解法,然后自己又从不同的角度思考出了几种解法.阅卷结束两周内完成文稿,此类文章一定要注意时效性.本文发表于华东师范大学《数学教学》.

2015年上海市初三数学竞赛刚刚落下帷幕.其中解答题第一题由于其新

颖别致、解法多样引起了笔者的注意,题目是这样的:

【题目】 如图,在△ABC中,BC=a,CA=b, ∠ACB=60°,△ABD是中心为P的正三角形,求CP的长度(图1).

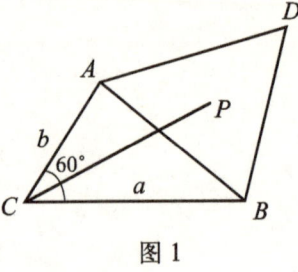

图1

这是一道有关求线段长度的竞赛题,条件简明,形式优美,设计新颖,入口较宽,从不同的视角可以得到求线段长度的多种解法,能够较好地考查学生的分析问题、解决问题的能力.

点睛 开门见山,写明文章的主要意图,就是从多角度去思考这道竞赛题的解法,言简意赅.

视角1:四点共圆

通过充分分析题意,发现四点共圆,然后利用圆的性质,比如相交弦定理、切割线定理、托勒密定理等来解决问题.

1.1 利用托勒密定理

解法1:连接 PA、PB,易知 $\angle APB=120°$.

又∵∠ACB=60°,∴C,B,P,A 四点共圆(图2).

图2

又∵$PA=PB=\dfrac{\sqrt{3}}{3}AB$.由托勒密定理知:

$PA \cdot CB + PB \cdot AC = AB \cdot CP$

即 $\dfrac{\sqrt{3}}{3} \cdot AB \cdot (a+b) = AB \cdot CP \Rightarrow CP = \dfrac{\sqrt{3}}{3}(a+b)$.

这里利用托勒密定理列出方程求得线段 CP 的长度.其实不利用托勒密定理也是可行的.

1.2 利用角平分线定理

解法2:由 C、B、P、A 四点共圆得 $\angle PCB = \angle PAB = \angle PCA = 30°$(图2).

∴△APE 与 △CPA 相似,得到 $\dfrac{CP}{AP} = \dfrac{CA}{EA}$,又由角平分线定理知:

$\dfrac{EA}{EB} = \dfrac{b}{a} \Rightarrow EA = \dfrac{b}{a+b}AB$.所以 $CP = \dfrac{b}{\dfrac{b}{a+b}AB} \cdot \dfrac{\sqrt{3}}{3}AB = \dfrac{\sqrt{3}}{3}(a+b)$.

这里在发现四点共圆的基础上利用角平分线定理,非常简洁地列出了等

1.3 利用面积法

解法3：利用余弦定理得 $AB=\sqrt{a^2+b^2-2ab\cos 60°}=\sqrt{a^2+b^2-ab}$. 又由

$S_{四边形PACB}=\dfrac{1}{2}ab\cdot\sin C+\dfrac{1}{2}PA\cdot PB\cdot\sin 120°=\dfrac{1}{2}CP\cdot a\cdot\sin 30°+\dfrac{1}{2}CP\cdot b\cdot\sin 30°$. 得到

$\dfrac{\sqrt{3}}{2}ab+\dfrac{\sqrt{3}}{2}(\dfrac{a^2+b^2-ab}{3})=\dfrac{1}{2}CP(a+b)$. 从而 $CP=\dfrac{\sqrt{3}}{3}(a+b)$.

此处利用面积的两个视角的不同表示列出等量关系，从而求得线段 CP 的长度，简洁明了.

点睛 文章从4种不同的视角得到12种不同的解法. 起初先有解法，后进行了分类，使得文章结构更加清晰.

视角2：构造补形

2.1 构造正三角形

解法4：延长 CB 至 B_1 使得 $BB_1=b$，延长 CA 至 A_1 使得 $AA_1=a$（图3）∵ $\angle ACB=60°$，∴ $\triangle A_1CB_1$ 为正三角形, 且它与正 $\triangle ABD$ 有相同的中心 P.

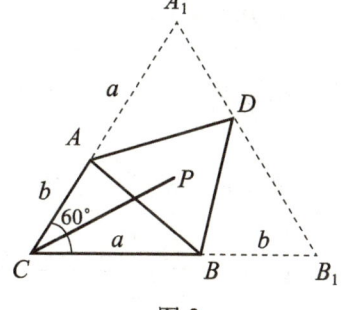

图3

$\therefore PA=\dfrac{2}{3}\cdot\dfrac{\sqrt{3}}{2}CB_1=\dfrac{\sqrt{3}}{3}(a+b)$.

由于已知条件是一个夹角为60°的三角形加一个正三角形组成，通过补形，构造一个大的相似正三角形，从而非常巧妙地求得所求线段的长.

2.2 构造全等三角形

解法5：连接 PA、PB，延长 CB 至 B_1 使得 $BB_1=b$（图4），连接 DB_1、PB_1.

∵$\angle ACB=60°$，∴$\angle CAB+\angle ABC=120°$.

又∵$\angle DBB_1+\angle ABC=120°$，∴$\angle DBB_1=\angle CAB$.

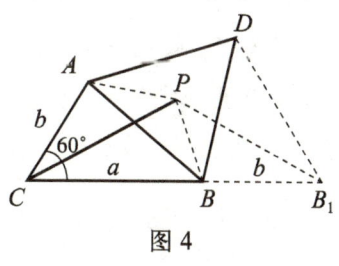

图4

∴$\triangle ACB\cong\triangle BB_1D$. 得到 $\angle CAB=\angle DBB_1$, 从而 $\angle PAC=\angle PBB_1$，∴$\triangle PAC\cong\triangle PBB_1$.

∴$PC=PB_1$，∴$\angle PCB=\angle PB_1B=\angle PCA=30°$.

$$\therefore \frac{PC}{\sin 30°} = \frac{a+b}{\sin 120°}, \therefore PC = \frac{\sqrt{3}}{3}(a+b).$$

由正三角形组成的平面几何问题,往往可以通过旋转的办法,构造一个全等三角形,比如这里可以考虑把 △ACB 旋转到 △BB_1D 位置.

2.3 构造直角三角形

通过构造直角三角形,然后利用个勾股定理,不失为一种简便易行的方法.

解法6:构造直角三角形 PCE (图5),设 $AB = \sqrt{a^2+b^2-ab} = m$(以下各种解法中的 m 均指线段 AB 的长度,不再赘述).

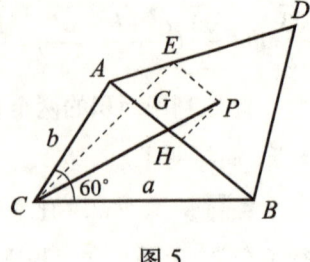

图 5

则 $PH = EG = \frac{\sqrt{3}}{6}m$.

由 $\frac{1}{2}AB \cdot CG = \frac{1}{2}ab\sin 60°$ 得 $CG = \frac{\sqrt{3}}{2} \cdot \frac{ab}{m}$.

又 $\because PE^2 = GH^2 = \left(\frac{1}{2}AB - AG\right)^2 = \left(\frac{1}{2}m - \sqrt{b^2 - CG^2}\right)^2 = \frac{1}{4}(a^2+b^2+ab) - \frac{3}{4} \cdot \frac{a^2b^2}{m^2}$.

又 $(CG+GE)^2 = \left(\frac{\sqrt{3}}{2}\frac{ab}{m} + \frac{\sqrt{3}}{6}m\right)^2 = \frac{1}{12}(a^2+5ab+b^2) + \frac{3}{4} \cdot \frac{a^2b^2}{m^2}$.

所以 $PC = \sqrt{PE^2 + (CG+GE)^2} = \sqrt{\frac{a^2+2ab+b^2}{3}} = \frac{\sqrt{3}}{3}(a+b)$.

点睛 这三种方法都是通过构图补形完成,从不同的视角得到这些不同的方法,可谓巧夺天工.使得文章有了一定的深度和可读性.

视角3:解三角形

利用正弦定理和余弦定理进行边角互化,来计算线段的长度,虽然运算较繁,但可省去添辅助线的麻烦.

解法7:如图6,$PB = \frac{\sqrt{3}}{3}AB = \frac{\sqrt{3}}{3}m$.

设 $\angle ABC = \alpha$,由 $\frac{b}{\sin \alpha} = \frac{AB}{\sin 60°}$,

$\therefore \sin \alpha = \frac{\sqrt{3}}{2} \cdot \frac{b}{m}$.

$\therefore \cos \alpha = \sqrt{1 - \sin^2 \alpha} = \frac{2a-b}{2m}$.

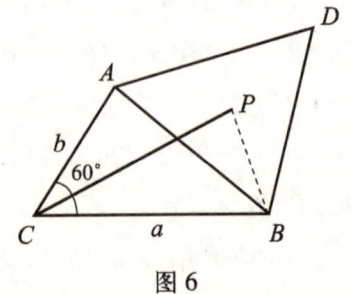

图 6

$$\cos(\alpha+30°)=\cos 30°\cos\alpha-\sin 30°\sin\alpha=\frac{\sqrt{3}}{2}\cos\alpha-\frac{1}{2}\sin\alpha=\frac{\sqrt{3}}{2}\cdot\frac{a-b}{m}.$$

$$\therefore PC^2=BC^2+PB^2-2BC\cdot PB\cdot\cos(\alpha+30°)=\frac{a^2+2ab+b^2}{3},$$

$$\therefore PC=\frac{\sqrt{3}}{3}(a+b).$$

亦可回避两角和的余弦公式得到如下更为简洁的解法(图7):

解法8：$PA=PB=\frac{\sqrt{3}}{3}m$.

$\because \angle APB=120°$, $\angle ACB=60°$, $\therefore \angle PAC+\angle PBC=180°$.

设 $\angle PAC=\theta$, 则 $\cos\angle PBC=-\cos\theta$.

在 $\triangle PAC$ 中, $PC^2=b^2+PA^2-2PA\cdot b\cos\theta$,

在 $\triangle PBC$ 中, $PC^2=a^2+PB^2-2PB\cdot a\cos(\pi-\theta)$.

两式相加消去 θ 得 $PC^2=\frac{a^2+2ab+b^2}{3}$, $\therefore PC=\frac{\sqrt{3}}{3}(a+b)$.

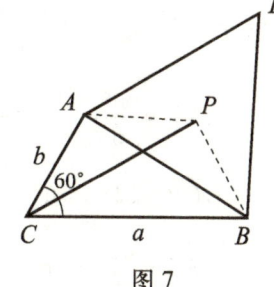

图7

点睛 每种解法的表述做到规范清晰,再配一个漂亮的图形,使得文章显得更加科学严谨,对数学解题具有较为深入的研究.

视角4：坐标解析法

4.1 利用复数旋转

也可以通过建立直角坐标系,利用两点间的距离公式求线段的长度.这里要求 P 点坐标,牵涉到向量的旋转,可以利用复数方法处理旋转问题.

解法9：建立直角坐标系(图8).

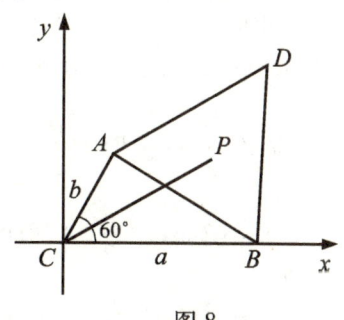

图8

$\overrightarrow{CB}=(a,0)$, $\overrightarrow{CA}=(b\cos 60°,b\sin 60°)=(\frac{b}{2},\frac{\sqrt{3}}{2}b)$.

$\overrightarrow{BA}=\overrightarrow{CA}-\overrightarrow{CB}=(\frac{b}{2}-a,\frac{\sqrt{3}}{2}b)$.

$\overrightarrow{BD}=\overrightarrow{BA}\cdot[\cos(-60°)+i\sin(-60°)]=(\frac{b}{2}-a+\frac{\sqrt{3}}{2}bi)(\frac{1}{2}-\frac{\sqrt{3}}{2}i)=b-\frac{a}{2}+\frac{\sqrt{3}}{2}ai$.

$\overrightarrow{CD}=\overrightarrow{CB}+\overrightarrow{BD}=b+\frac{a}{2}+\frac{\sqrt{3}}{2}ai$ 得 $D(\frac{a}{2}+b,\frac{\sqrt{3}}{2}a)$ 从而 $P(\frac{a+b}{2},\frac{\sqrt{3}}{6}(a+b))$,

$\therefore PC = \dfrac{\sqrt{3}}{3}(a+b)$.

4.2 利用垂直向量

能不能避免利用复数乘法来解决旋转问题呢？其实是可以的，将解法9作如下改进：

解法10：作 $PM \perp AB$（图9）垂足为 M，
则 $MP = \dfrac{\sqrt{3}}{6}AB$，$\because \overrightarrow{BA} = (\dfrac{b}{2}-a, \dfrac{\sqrt{3}}{2}b)$，

$\therefore \overrightarrow{MP} = \dfrac{\sqrt{3}}{6}(\dfrac{\sqrt{3}}{2}b, a-\dfrac{b}{2}) = (\dfrac{b}{4}, \dfrac{\sqrt{3}}{6}(a-\dfrac{b}{2}))$，

$\therefore \overrightarrow{CP} = \overrightarrow{CM} + \overrightarrow{MP} = \dfrac{1}{2}(\overrightarrow{CA}+\overrightarrow{CB}) + \overrightarrow{MP} = (\dfrac{a+b}{2}, \dfrac{\sqrt{3}}{6}(a+b))$.

$\therefore PC = \dfrac{\sqrt{3}}{3}(a+b)$.

图9

4.3 利用解几圆的知识

通过建立适当的直角坐标系，充分利用四点共圆（图10），又作如下探索：

解法11：如图建立直角坐标系，设 $\triangle ABC$ 的外接圆半径为 R，则有

$\dfrac{AB}{\sin 60°} = 2R \Rightarrow R^2 = \dfrac{1}{3}(a^2+b^2-ab)$.

设 $P(0,-R), C(R\cos\theta, R\sin\theta)$，

则 $A(-\dfrac{R}{2}, -\dfrac{\sqrt{3}}{2}R), B(\dfrac{R}{2}, -\dfrac{\sqrt{3}}{2}R)$.

$\begin{cases} a^2 = (R\cos\theta + \dfrac{R}{2})^2 + (R\sin\theta + \dfrac{\sqrt{3}}{2}R)^2, \\ b^2 = (R\cos\theta - \dfrac{R}{2})^2 + (R\sin\theta + \dfrac{\sqrt{3}}{2}R)^2. \end{cases}$

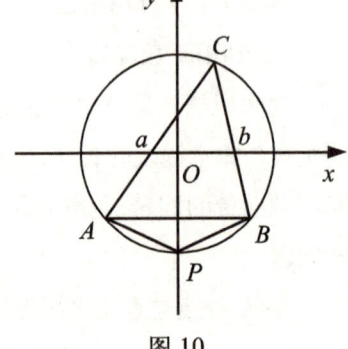

图10

两式相加得 $a^2+b^2 = 2R^2(2+\sin\theta)$.

又 $\because PC^2 = (R\cos\theta)^2 + (R\sin\theta+R)^2 = 2R^2(1+\sin\theta)$.

所以 $PC^2 = (a^2+b^2) - 2R^2 = [a^2+b^2 - \dfrac{2}{3}(a^2+b^2-ab)] = \dfrac{a^2+2ab+b^2}{3}$.

$\therefore PC = \dfrac{\sqrt{3}}{3}(a+b)$.

视角5：自由向量法

向量法也是处理平面几何问题的常用方法，向量法具有灵活机动的特点，

对处理线段长度和角度问题较为方便易行.

解法 12：设 $\overrightarrow{CB}=a\vec{x},\overrightarrow{CA}=b\vec{y}$ 且 $|\vec{x}|=1,|\vec{y}|=1$.

$\therefore \vec{x}\cdot\vec{y}=\dfrac{1}{2}$. 在原图的右边镶一个与 $\triangle ACB$ 全等的 $\triangle BB_1D$（图 11）.

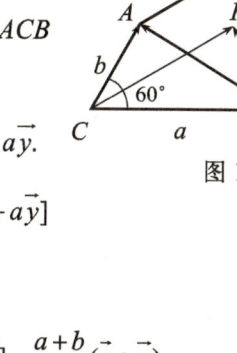

图 11

$\overrightarrow{BD}=\overrightarrow{BB_1}+\overrightarrow{B_1D}=b\vec{x}+a(\vec{y}-\vec{x})=(b-a)\vec{x}+a\vec{y}.$

$\overrightarrow{BP}=\dfrac{1}{3}(\overrightarrow{BA}+\overrightarrow{BD})=\dfrac{1}{3}[(b\vec{y}-a\vec{x})+(b-a)\vec{x}+a\vec{y}]$

$=\dfrac{1}{3}[(b-2a)\vec{x}+(a+b)\vec{y}].$

$\overrightarrow{CP}=\overrightarrow{CB}+\overrightarrow{BP}=a\vec{x}+\dfrac{1}{3}[(b-2a)\vec{x}+(a+b)\vec{y}]=\dfrac{a+b}{3}(\vec{x}+\vec{y}).$

$\therefore \overrightarrow{CP}^2=\dfrac{1}{9}(a+b)^2(\vec{x}^2+2\vec{x}\cdot\vec{y}+\vec{y}^2)=\dfrac{1}{3}(a+b)^2$

所以 $PC=\dfrac{\sqrt{3}}{3}(a+b)$.

解决平面几何问题无外乎从几何法和代数法两个大的角度去思考，几何法需要添加辅助线，构造转化成常见的几何问题去解决，思维量大，但运算较为简单；代数法需要建立适当的直角坐标系，利用点或向量的坐标运算来解决，回避了作辅助线的麻烦，但运算量较大. 这道初三数学竞赛题解法很多，令人目不暇接，千姿百态，各领风骚，真可谓："横看成岭侧成峰，远近高低各不同；不同视角来探究，几何解析显神通."

点睛 本文将 12 中不同的解法分成 5 个不同的角度，分门别类地进行了描述，每种解法在规范表达的同时配置一张清晰合理的图形，增加了文章的可读性.

【文脉结构】

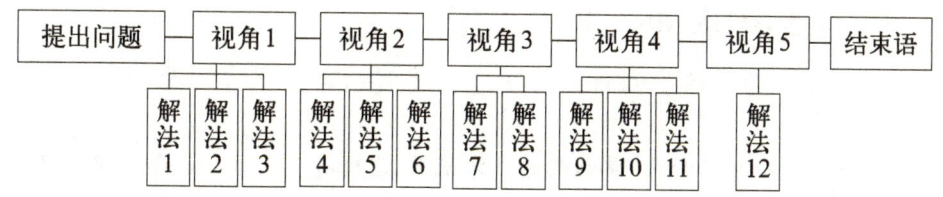

2.3.4 考试评价研究类

考试评价研究类针对中考、高考数学试卷,进行科学,合理的评价.单纯的考试命题评价往往由命题专家、教育考试院给出,一线教师更多的是从中学教学实践出发,研究命题对复习的指导意义,从而调整教学策略,提高教学效率;也可就一道新题进行别解、巧解研究,通过类比、推广挖掘它的教学功能;也可把近几年同类问题进行对比,得出命题的一般趋势或解决这类问题的一般技巧和方法.撰写这类文章首先要注意时效性,一般考试后一周内完成写作,加上审稿流程,大概3个月后才能发表.同时还要注意文章的针对性和指导性,应符合当前教育教学改革的需要,选择考试中的重点、难点、热点问题,选择广大教师共同关心而又未能很好解决的问题,为教育教学、科学备考提供新的有价值的指导意见.

案例点睛 9

稳中求变　变中出新

——2013年上海市高考数学试卷赏析与高三复习建议

写作背景: 高考结束,看到高考数学试卷,发现有不少很有新意的题目,同时也发现一些小的瑕疵,触发了写作的灵感.正好当时《新民晚报》记者采访,要求对高考试卷做一个简单的评析.后来我在试卷评析的基础上增加了高三复习建议. 本文发表于华东师范大学《数学教学》.

2013年上海市高考数学命题遵循《考试说明》的要求,坚持"考查基础知识的同时注重考查能力"的原则,充分体现"以能力立意"的指导思想,将知识、能力融为一体,全面检测考生的数学素养,试题的题型和结构保持相对稳定,注重对思维能力和数学思想方法的考查,具有较高的信度和效度,适当的难度和区分度,保持了命题的连续性、稳定性、创新性,稳中求变,变中出新,有利于引领新课程改革,有利于高校选拔新生,有利于引导中学实施素质教育和对学生创新精神与实践能力的培养.

点睛 注意作者的身份,一个普通教师对高考试卷进行评价,这样的文章一般很难发表.所以我在副标题上加上了"赏析"和"高三复习建议",普通老师对高考题进行赏析并提出一些高三复习建议,名正言顺.

一、稳中求变,变中出新

1. 立足基础知识,力求推陈出新

不难发现今年的试卷结构、题型、分值分布均延续了前几年的形式,保持稳定的基础上对考试要求内容进行了全面的考查. 全卷23道题30小问,每一问看起来都非常亲切,没有偏题、难题、怪题,更没有超过《考试说明》要求的题目. 很多题目直接来自课本例题、习题和配套练习题的变形,例如第1、2、3、4、5、6、8、9、10、11、15、19、20题等;试卷从课程标准的基本内容和教学课时分配两个方面较好地呼应了中学教学实际. 在前两年的基础上进一步加大了对向量、矩阵、行列式、概率统计等教材新增内容的考查力度,并注意把握适当的难度,体现了"高考支持课程改革"的命题思路,同时又照顾到其他各主要教学内容的平衡.

很多试题似曾相识,但又很难在各区统考和全国各地高考卷(包括模拟卷)中找到原题,每道题都经过了精心设计和包装,题型常规但又不缺新颖,体现了命题者的良苦用心,在保证了考试的公平公正的基础上,确保了试题的区分度,是今年试卷的一个最为鲜明的特点.

2. 强调能力考查,淡化特殊技巧

全卷对数学思想方法的考查如绵绵细雨,贯穿始终,而又不露声色,意在

检查考生对数学本质的理解与感悟．真正做到了"重点内容重点考"，层次要求恰当，全卷试题均可用通性通法来解决，淡化特殊技巧．对于数学概念清楚的同学，第1～11题均能顺利地完成，12、13、14要有一定的分析转化的能力，14、18、21题考查学生数形结合的能力，第13题考查学生空间想象能力，第20题考查学生应用数学知识解决实际问题的能力．又如第2、3、4、5、6、7、11、12、14、15题考查函数、方程、不等式思想，第12、14、15、17、18、22、23题均考查分类讨论的数学思想，第17、18、22、23考查探索问题的方法，尤其值得一提的是22、23题的巧妙构思，具有一定的灵活性和创新性，对考生有较大的挑战，具有较高要求．

3. 突出理性思维，体现"多思少算"

数学学科的特点之一就是理性思维，要求考生运用所学的基本知识和基本概念，进行演绎、归纳和类比推理，合乎逻辑地、准确地阐述自己的思想和观点，会正确而简明地表述推理过程．今年试题延续了上海高考长期形成的特点，体现了"多思少算"的思想．只要对基本概念理解准确，不少题是可以迅速解决的．如理科第7题，涉及极坐标的基本概念，如果注意到ρ的几何意义即为动点到极点的距离，则问题不攻自破；又如第17题钱大妈"好货不便宜"的问题，更是通过其逆否命题不难得出结论；还有理科1、2、3、4、5、6、8、9、13、14、15、16、17、18、19题及很多文科题都不需要过多的计算就可通过推理直接得出结论．不少考生感觉题目难度大，一方面是因为题型新且思考容量大，另一方面也反映了平时教学过程中，教师忽视在知识的发生、发展过程中培养学生观察、思考问题的能力，死记题型和结论，急功近利，缺少理性思维的训练，第13题利用祖暅原理构造性解题，学生普遍感觉较难，尤其突出地说明了这一问题．

4. 考查创新意识，文理区分得当

在数学学习和考试中怎样培养和考查学生的创新意识和创新能力？怎样避免过多地考查死记硬背的内容？如何阻击题海战术？本卷作了新的探索．第13题的"祖暅原理"的构造，第14题函数性质的推理，第17题数列矩阵元素个数统计，第18题向量点积的分类列举等问题构思新颖，检验学生在新的问题情境中实现知识迁移的能力，体现考生的基本数学素养，有利于实现高考的选拔功能;第23题题型新颖,构思独到,数学味浓,考查学生探究问题和推理论证的能力.

本卷重点突出,难点分散,从统计表中可以看出易、中、难题比例大概3:1:1,比例恰当,且分散在填空、选择、解答三种题型当中,配置比较合理.全市理科均分88.76(比去年稍低),文科均分92.39,都在可控范围之内.

对照文理卷不难发现,命题者在理科卷的基础上,在数字运算、概念理解、抽象程度等方面均适当降低了难度要求,有的较难问题直接换掉,较好的体现了文科教学要求和内容,与去年均分(90.70)保持相对稳定,体现了一定的人文关怀.

点睛 文章共分两个主要部分,第一部分是高考试题赏析,从四个方面充分肯定命题的科学性,作正面科学合理的评价,做到有理有据.

2013年上海高考数学理科试题分析表

题型	题号	占分	考查知识内容	所属部分						新增	考试要求		
				代数				几何			基础	中等	较难
				函数	三角	数列	其他	立几	解几				
填空题	1	4	数列极限			✓					✓		
	2	4	复数概念				✓				✓		
	3	4	行列式求值							✓	✓		
	4	4	余弦定理、反三角		✓						✓		
	5	4	二项式定理				✓				✓		
	6	4	指对数方程	✓							✓		
	7	4	极坐标						✓			✓	
	8	4	概率						✓		✓		
	9	4	圆锥曲线						✓		✓		
	10	4	统计							✓	✓		
	11	4	三角比		✓						✓		
	12	4	函数、不等式	2			2				✓		
	13	4	立体几何					✓					✓
	14	4	函数	4									✓

（续表）

题型	题号		占分	考查知识内容	所属部分						新增	考试要求		
					代数				几何			基础	中等	较难
					函数	三角	数列	其他	立几	解几				
选择题	15		5	集合、不等式	2			3				✓		
	16		5	充要条件					✓			✓		
	17		5	矩阵、数列			2				3			✓
	18		5	向量							✓			
解答题	19	1	6	线面平行证明					✓			✓		
		2	6	线面距离					✓			✓		
	20	1	6	解不等式	2			4				✓		
		2	8	函数最值	✓							✓		
	21	1	6	函数单调性		2		4						
		2	8	三角函数图像		✓							✓	
	22	1	4	直线方程						✓		✓		
		2	6	直线与双曲线						✓			✓	
		3	6	双曲线、圆						✓				✓
	23	1	4	函数、数列	2		2							
		2	6	不等式证明			3	3					✓	
		3	8	探索、证明	2		2	4						✓
合计	23大 30小		150	40多个知识点	26	18	13	28	21	24	20	82	36	32
去年	23大 30小		150	40多个知识点	30	14	14	29	18	30	15	90	31	29

点睛 通过表格统计的办法，让读者一目了然地看出知识点的分布情况，用数据说话，不仅突出试卷知识点考查全面的优点，同时也是对高三复习指导的一个数据支撑．

二、瑕不掩瑜　促进提高

当然，没有最好只有更好，试卷同样具有一些小问题，如果加以改进可能更好. 一家之言, 仅供参考.

1. 由于理科加大了新增知识点的考查, 传统的教学重点内容比如指、对数函数图像和性质, 等差、等比数列通项与求和及其性质的应用等重要知识点的考查力度略显单薄, 课程标准安排 10 课时的算法初步没有涉及, 文科的三视图、线性规划也没有涉及, 小题的综合度仍可进一步提高.

2. 个别题目的文字表述仍需进一步推敲. 例如第 13 题, 从整个题目来看, 命题者是花了很大的功夫的, 可以说是费尽心机. 通过给出水平截面面积 $4\pi\sqrt{1-y^2}+8\pi$ (为了减

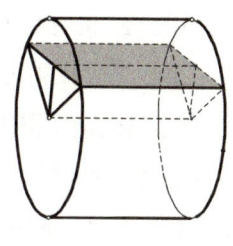

$S_{截}=2\sqrt{1-y^2}\cdot 2\pi$

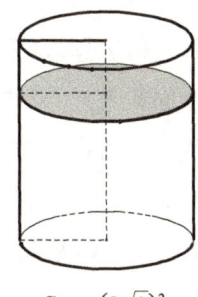

$S_{截}=\pi(2\sqrt{2})^2$

少运算), 引导考生"试利用祖暅原理、一个平放的圆柱和一个长方体……"(见《上海卷试题及答案要点汇编》, 这里顿号运用不恰当, 应改为"试利用祖暅原理, 构造一个平放的圆柱和一个长方体……"), 命题者的意图实际上是为了降低难度, 引导考生去构造, 而且指明了构造的对象. 但表达不够准确, 比如什么叫"平放"? 平稳地放叫不叫平放? 建议改为"横着放的圆柱"可能更形象直观(建议给出图形直接降低难度). 根据截面面积第二项 8π 这一信息, 也可构造一个底面半径为 $2\sqrt{2}$, 高为 2 的圆柱, 构造一个长方体改为构造一个柱体更为恰切.

3. 为了保证考试公平公正, 保持一定的区分度, 命题者往往绞尽脑汁地设计一些创新型题, 回避各区模拟考出现过的题型, 尽量回避"考熟练". 在有限的时间内要准确解决从来没有做过的"新题", 当然有一定的难度. 比如第 7 题的极坐标, 第 11 题的和差化积公式的运用, 第 13 题的祖暅原理的构造, 第 14 题的函数与反函数的关系, 第 17 题的矩阵运算, 第 18 题的向量点积, 包括第 16 题利用逆否命题判断充要条件的问题, 得分率较低, 花费不少时间, 直接导致最后几道大题来不及解, 可能是今年理科均分较低的主要原因.

点睛 该部分内容略写, 注意分寸, 体现作者是通过认真研究得出的结论, 以引发读者对这些问题的关注.

三、高三复习　策略调整

1. 夯实基础，遵循学习认知规律

与以往一样，今年的数学试卷以现行课程标准为依据，关注数学核心知识，注重考查基础知识和能力．有很多试题直接源于课本和习题改编，分值在90分左右，占全卷的三分之二，比如试卷对数列极限的运算、纯虚数的概念、行列式的运算、余弦定理、二项式定理、指对数方程、概率统计等基础知识进行了全面的考查．又如第11题的三角运算，如果利用和差化积公式，就非常简单，如果不用公式，确实有点难度，而和差化积、积化和差公式是高三拓展，属于考试要求内容．又如前几年有人认为数学归纳法不会考，因为试卷批改起来比较困难，而去年高考最后一道偏偏就考到了，说明《考试说明》规定的考试内容全部要认真系统地进行复习，不要怀侥幸心理．

因此我们应该认真研究"课程标准"，重视课本知识，制定一个切实可行的高三复习计划，加强基础知识和基本技能的教学，遵循学生的认知规律，坚持以学生为本，避免超前教学和盲目拔高的做法，合理安排复习计划和复习内容，构建完整的知识体系，完善学生的知识网络，切切实实夯实基础．

2. 弄清概念，注重知识内在联系

试题非常注重概念和数学知识的内在联系的考查，往往在知识交汇处命题．例如第4题考查余弦定理和反三角表示．第22题考查直线与圆，直线与双曲线，直线与曲线$|y|=|x|+1$的位置关系的判定等；又如第23题考查绝对值函数的分类讨论、不等式的证明、等差数列的概念、探索存在性问题的解法；这种综合性问题由于考查的知识点众多，如果考生的"知识链"不健全，在一个概念上模糊，就可能导致这一题的全军覆没．最近几年由于自主招生的提前，高三教学出现一个怪现象：三年课程压缩成两年甚至更短的时间内完成，忽视知识形成过程的教学，死记硬背题型结论、反复训练解题技巧，直接造成学生对数学概念理解不深，一知半解．比如极坐标的复习，有些老师只要求学生记住把极坐标化成直角坐标就万事大吉了．其实不然，如果不理解极坐标的概念，不清楚ρ和θ的几何意义，就无法应对千变万化的题目，今年高考第7题就是一个例子，如果按照传统方法，将极坐标问题化为直角坐标方程，学生无法认识曲线类型，只能半途而废．

可见,我们高三复习课一定要关注学生对知识的理解以及对知识与知识内在联系的认识,不断完善学生的知识网络,强化知识与知识之间的联系,指导学生构建数学知识与解题方法体系,掌握数学概念的本质,在知识的发生、发展过程中培养学生分析问题、解决问题的能力,避免死记硬背题型和僵化的解题方法,力争做到由此及彼、由表及里、举一反三.

3. 纲举目张,突出核心知识教学

从本质上来看,所有数学问题均可分成三类:一类是列方程求值问题,一类是解不等式求取值范围问题,另一类就是求最值问题,这就是我们通常所说的方程、不等式、函数思想,它们之间又是相互转化,密切联系着的.解题能力又可分成两个方面:一是转化为以上三类问题的能力,另一个是解方程、解不等式、求最值的能力,前者就是分析问题的能力,后者是解决问题的能力,也就是我们通常所说的解题基本功,不少学生对数学问题一看就懂、一听就会,但一做就错,实际上就是解题基本功有问题.例如第20题应用题,考查学生分析问题、解决问题的能力,通过阅读理解转化为解不等式、通过换元法转化为二次函数配方求最值的问题,如果没有较强的解分式不等式的基本功,如果缺少快速准确配方的能力,即使题目读懂,也无法正确解决这一实际问题.

所以,纲举才能目张,在高考复习过程中,把提高学生解题基本功放在首位,系统复习解方程、解不等式、求最值的基本方法,提高考生解题基本功的同时提升学生转化化归能力,把千变万化的数学问题转化为常规熟悉的问题,然后利用基本的数学思想与方法快速地加以解决.

4. 思想渗透,提升学生学习品质

数学思想方法的渗透是数学解题的灵魂,在今年的高考试题里表现得尤为突出.比如第14、15、18、21、22、23题如果心中有图,灵活地运用数形结合的思想方法,既准确又直观,从而快速准确地解决问题.很多问题直接利用方程、函数、不等式思想直接转化为解方程、求最值、求取值范围的基本问题.又如第12、15、22、23题对分类讨论思想方法的考查,第23题探索问题的基本方法的考查,无不体现了对学生学习品质的检测.

由此可见,在平时教学过程中,不仅要教会学生怎么做,更重要的是让学生体会为什么要这样做,充分揭示隐藏在知识和内容背后的数学思想和方法.

题目是千变万化永远做不完的，只有学会分析问题、解决问题的思考方法，淡化题型和特技，教会学生在题海里自由遨游的本领，以不变应万变，从而达到阻击题海的目的．

点睛 结合第一部分命题的分析，从四个方面对高三复习进行指导建议，突出高考命题赏析的目的和意义，这两个部分浑然一体，使得文章成为一个不可分割的整体．

【文脉结构】

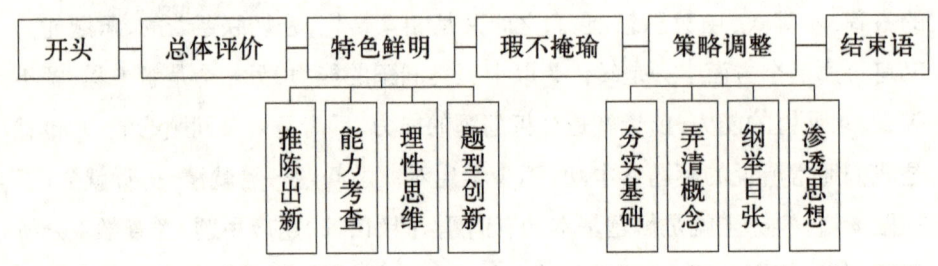

2.3.5 现代技术研究类

现代教育技术应用越来越广泛,"几何画板"、"TI—Nspire 无线交互"、"GeoGebra"等数学应用软件层出不穷,如何恰当选择利用现代教学技术提高课堂教学效率大有文章可做.现代教育技术手段的运用,使教学内容由文字到声音图像,由平面到立体,由静止到运动,极大地增强了课堂教学的主动性和趣味性.使学生对学习材料产生浓厚的兴趣,并在情感和行动上积极参与媒体活动,从而增加学习兴趣.使学生对所学的知识呈现感性化、直观化、艺术化,从而创造出超时空的课堂,有利于发展学生的观察能力,想象能力和创新思维能力.我们可以围绕某一种软件介绍其功能,方便教师学习研究,为教师制作数学课件进行技术指导;也可以研究如何适当利用多媒体提高课堂教学效率,研究利用多媒体教学的原则和方法;也可利用某一软件促进学生进行探究性、研究性学习等等,当然必须结合数学专业杂志上的文章格式要求.

案例点睛 10

瞄准"要害"让数学课堂教学更高效

——TI 手持技术支持下的数学课堂教学感悟

写作背景:当时我参加顾鸿达、李大元名师基地学习,结业时让我上一节展示课,展示名师工作室的研究成果.我利用TI—Nspire无线交互课堂教学系统,利用TI图形计算器,进行数学探究性教学,受到听课专家的高度评价.我把这节课整理出来,作为学员结业作业.后来正好看到《数学教学》教育随笔《从清兵"放枪不瞄准"的毛病说起》一文,觉得课堂教学就是要瞄准要害,所以我对这节课进行了重新整理,给文章取了个好听的名字,详细阐述数学课堂教学如何瞄准教学目标.本文发表在华东师范大学《数学教学》2014年第11期上,被评为"2014年TI手持技术论文评比"全国一等奖第一名.

张奠宙和赵小平两位老师在2008年《数学教学》教育随笔《从清兵"放枪不瞄准"的毛病说起》一文中提到,1894年甲午兵败与"放枪不瞄准"有关,当时清兵每仗争先恐后放枪,放完就撤退.原来,清兵只管朝天放枪,把子弹打完算数,好像在放炮仗.这段历史,现在读来,仍然令人哭笑不得.若是此景发生在我们的数学课堂,不免让人产生忧虑.现在有些数学课堂,教师忽视学生能力培养,淡化数学知识体系的形成过程,无限制地缩短新知的教学时间,直奔解题技巧的传授而去,甚至要求学生死记硬背一些所谓"有用的结论",东一榔头西一棒,把基础年级的新授课上成高三复习课.仔细想想,这种急功近利的做法和"放枪不瞄准"很有相通之处.本文结合一节公开课的教学实录,谈谈在数学课堂教学过程中如何适时地调整"瞄准"镜,提高课堂教学的有效性.

点睛 文章开头把故事和课堂教学紧紧联系在一起,指出不瞄准的危害,从而突出瞄准的重要性,那么数学课堂教学如何瞄准呢?瞄准的目标在哪儿呢?读者自然迫不及待地想知道详情.

1. 瞄准"兴趣热点" 激发参与热情

一个好的开头等于成功了一半,瞄准学生习得知识的最近发展区,精心设计课堂教学情境,激发学生学习兴趣,调动学生参与教学活动的激情是一堂好课的重要环节.

师:同学们,伟大的数学家开普勒发现了行星运行的三大规律,他是怎样在瞬息万变的天体运动中发现这些永恒不变的规律的呢?后人在他的著作里找到这样一段话:"我珍惜类比胜过一切,他是我最信赖的主人,他了解自然的所有秘密,他可能在几何中被忽略了."可见,类比在探索发现中的地位.今天我们就学过的圆锥曲线,通过类比联想,在变化中发现一些不变的规律,体验数学家的发现之旅.

刚学完圆锥曲线的基础知识,朦胧地感觉到这些圆锥曲线间存在着某种联系,却又不清楚到底有哪些联系.而开普勒是如何发现行星运行的

开普勒 kepler(1571-1630),德国天文学家、数学家. 他发现的行星运行的三大定律都与椭圆有关.

我珍爱类比胜过一切,他是我最可信赖的主人,他了解自然的所有秘密,他可能在几何中被忽略了.

图 1

三大规律,一下吸引住了学生.简短的几句话,把学生带入一种跃跃欲试的状态.

2. 瞄准"数学思想" 培育思维习惯

一堂好课,不只是你教会了一个多么精彩的数学问题,也不在于你传授了一种多么好的解题方法或技巧,更重要的在于引导学生了解你是如何想到的,也就是我们所说的数学思想与方法.教会学生解决一千道题,考试之后很快就会烟消云散,而渗透给学生一种数学思想,会让他终身受益.

师:AB是圆O的直径,P是圆上除A、B外任一点,点P在圆上运动过程中(演示),你能发现哪些元素是不变的吗?

生1:圆的半径不变,P点运动的轨迹不变,$\angle APB$始终是直角.

师:可以从哪几个不同的角度来刻画$\angle APB$是直角?

生2:$\overrightarrow{PA} \cdot \overrightarrow{PB} = 0$或$k_{PA} \cdot k_{PB} = -1$.

师:很好! 在变化中找到不变的元素实际上就是掌握了运动变化的规律,纵观人类历史,人们就是这样通过不断实践观察发现规律从而征服自然的.

师:能提出新的问题吗?

生3:老师,我想知道如果把圆变成椭圆,这些元素还是不变的吗?

师:要类比椭圆,我们首先要解决一个问题:圆的直径类比到椭圆成为什么元素?

生4:当然是过中心的一条弦.

师:很好,我把你的问题整理一下就是:AB是过椭圆$\dfrac{x^2}{a^2}+\dfrac{y^2}{b^2}=1(a>b>0)$中心的弦,$P$是椭圆上除$A$、$B$外任一点,则_____.

从一个大家熟知的问题出发,引导学生发现运动变化中的不变量,启发学

生尝试将此命题进行类比联想,探索发现其他圆锥曲线相应的性质,由此及彼得到新的结论.这种运动变化和类比联想的数学思想方法,渗透在每一堂课的各个环节,随时随地培养学生形成良好的思维习惯.

3. 瞄准"能力形成" 引领探索发现

培养学生能力是课堂教学的核心内容,学生能力包含表达能力、推理能力、运算能力、动手实验能力、探索发现获取新知的能力、空间想象能力等多个方面,而不应该片面理解为单纯的解题能力.

教师将探索文件(图2)发送给学生.

实验1:当 P 在椭圆上运动时,探究哪些量是不变的.

实验2:改变 m、n 的值,观察变化并提出猜想.

学生汇报实验结果:

生5:拖动 P 点发现 $\angle APB$ 是变化的,但 $k_{PA} \cdot k_{PB}$ 为定值,当 PA 和 PB 斜率均存在的时候,有 $k_{PA} \cdot k_{PB} = -\dfrac{n^2}{m^2}$.

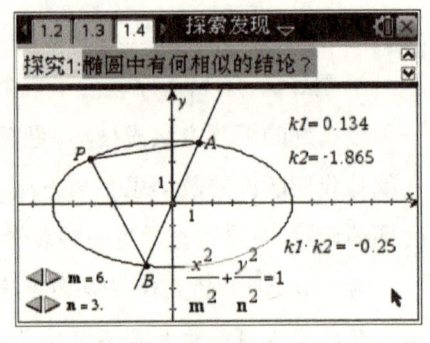

图2

师:你是怎么得出这个定值的?

生6:令 $m=1$,改变 n 的值通过观察猜想得到.

师:如果没有TI图形计算器,你能猜出这个定值吗?

生7:取特殊点.比如取 $A(-a,0)$、$B(a,0)$、$P(0,b)$,可以求出 $k_{PA} \cdot k_{PB} = -\dfrac{b^2}{a^2}$.

师:很好!探究定值问题可以取特殊位置来猜测这个定值,这个定值与椭圆的焦点位置有关吗?

生8:实验中通过观察这个定值始终是 $-\dfrac{n^2}{m^2}$,不管焦点在哪个轴上.

师:也就是说对于椭圆 $\dfrac{x^2}{b^2}+\dfrac{y^2}{a^2}=1(a>b>0)$,这个定值应该是多少?

生9:$k_{PA} \cdot k_{PB} = -\dfrac{a^2}{b^2}$.

师:非常好!通过我们的探索研究发现了椭圆中 P 点变化时的一个不变的规律.

这里借助 TI 的实验功能,放手让学生操作,自己探索思考得出结论.在探讨过程中培养学生动手操作、动脑思考、动口表达、大胆猜想、实践反思的能力.如果直接告知他们这一结论,然后利用大量的练习熟练运用这一结论解题,虽然看起来课堂效率提高了,学生的解题技巧也掌握了,但这些方法和技巧来得快去得更快,显然不利于学生素质的全面提高和创新人才的培养.

4. 瞄准"逻辑推理"　锤炼论证能力

培养学生严谨的逻辑论证能力是数学教学的一大任务.无论是类比联想,还是实验猜测,得到的命题都必须进行严格的文字表达和严密的理论论证,以提高学生的文字表达和逻辑论证能力.

学生黑板板书,师生共同完善类比得到的命题.

已知:AB 为过椭圆 $\dfrac{x^2}{b^2}+\dfrac{y^2}{a^2}=1(a>b>0)$ 中心的弦,P 为椭圆上异于 A、B 两点的任一点,且 PA、PB 斜率存在.

求证:$k_{PA} \cdot k_{PB} = -\dfrac{a^2}{b^2}$.

证明:设 $P(x_0, y_0), A(x_1, y_1), B(-x_1, -y_1)$.

则 $k_{PA} \cdot k_{PB} = \dfrac{y_1 - y_0}{x_1 - x_0} \cdot \dfrac{-y_1 - y_0}{-x_1 - x_0} = \dfrac{y_1^2 - y_0^2}{x_1^2 - x_0^2}$.

由 $\dfrac{x_0^2}{b^2}+\dfrac{y_0^2}{a^2}=1$ 且 $\dfrac{x_1^2}{b^2}+\dfrac{y_1^2}{a^2}=1$,

两式相减得 $\dfrac{x_1^2 - x_0^2}{b^2}+\dfrac{y_1^2 - y_0^2}{a^2}=0$,

即 $k_{PA} \cdot k_{PB} = \dfrac{y_1^2 - y_0^2}{x_1^2 - x_0^2} = -\dfrac{a^2}{b^2}$.

这样的训练是非常必要的,有同学往往对数学问题一看就会、一说就错、一写就乱,实际上是缺少这方面的严格训练和科学严谨的态度.培养学生对科学严谨治学态度,数学老师责无旁贷.

5. 瞄准"认识误区"　挖掘错误根源

课堂教学反馈环节往往被我们老师所忽视,有些课堂索性一讲到底,教师包办代替.对于新授知识,学生看似懂了,课堂反应也很热闹,实质浅尝辄止,对知识的掌握浮于表面.教师应该随时掌控学生的认识误区,挖掘学生错误认识的根源,根据学生掌握的情况即时调整我们的教学进程.

学生实验：类比双曲线（图3），留给学生充分的实验活动时间.

即时调查：AB 为过双曲线 $\dfrac{y^2}{25}-\dfrac{x^2}{16}=1$ 中心的弦，P 为椭圆上异于 A、B 两点的任一点，且 PA、PB 斜率存在. 那么 $k_{PA}\cdot k_{PB}$ 的值是（　　）

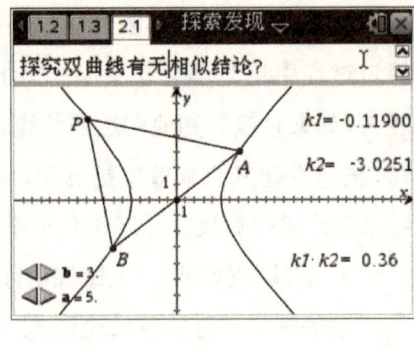

图3

A. $-\dfrac{16}{25}$　　B. $\dfrac{16}{25}$　　C. $\dfrac{25}{16}$　　D. 不确定

我们利用 TI 无线交互系统提供的即时调查功能把题目发给全班24名同学，结果发现有15名同学选择了正确答案 C，而另外9名同学均选择了错误答案 B. 同学们争论不休. 经过激烈的讨论，相互校对，发现9名同学属于省题出错，由于类比探究的是焦点在 y 轴上的双曲线，没有认真省题，毫不犹豫地选择了 B. 同学们充分认识到类比不仅仅是简单形式的比较，更重要的是问题的实质性变化.

同学们经过对错误原因的分析研讨，发现改变双曲线的方程形式为 $\dfrac{x^2}{m}+\dfrac{y^2}{n}=1(m\cdot n<0)$，也有 $k_{PA}\cdot k_{PB}=-\dfrac{n}{m}$，与椭圆的结论完全相同！实际上对于圆、椭圆、双曲线（称为有心二次曲线）上述结论都是成立的，理不辩不明，通过合作探究，进一步促进学生的思维升华.

6. 瞄准"问题生成"　搭建创新平台

发明千千万，关键在一问. 仔细观察我们现在的数学课堂，往往习惯于教师问学生答，教师问题很多，学生一个问题没有. 如何在数学课堂上培养学生提出问题的能力，搭建一个学生能够提出新问题的平台，成为我们数学教师的一个新的课题.

师：我们的研究是不是到此就结束了呢？能不能逆过来，把条件作为结论，结论作为条件，提出新的问题？

同学们激情高涨，跃跃欲试，提出了很多有价值的新的问题.

问题1：从圆 $x^2+y^2=r^2$ 上一点 P 出发的两条相互垂直的弦 PA 和 PB，则直线 AB 过圆心.

问题2：平面上到两个定点$A(-a,0)$，$B(a,0)$斜率乘积为-1的动点P的轨迹是以AB为直径的圆（除A、B两点）．

问题3：从椭圆$\dfrac{x^2}{a^2}+\dfrac{y^2}{b^2}=1(a>b>0)$上一点$P$出发的两条弦$PA$和$PB$的斜率乘积为$-\dfrac{b^2}{a^2}$，则直线$AB$过椭圆中心．

问题4：平面上到两个定点$A(-a,0)$，$B(a,0)$斜率乘积为$-\dfrac{b^2}{a^2}$的动点P的轨迹是以AB为长轴的椭圆（除A、B两点）．

问题5：从双曲线$\dfrac{x^2}{a^2}-\dfrac{y^2}{b^2}=1$上一点$P$出发的两条弦$PA$和$PB$的斜率乘积为$\dfrac{b^2}{a^2}$，则直线$AB$过双曲线中心．

问题6：平面上到两个定点$A(-a,0)$，$B(a,0)$斜率乘积为$\dfrac{b^2}{a^2}$的动点P的轨迹是以AB为实轴的双曲线（除A、B两点）．

问题7：过椭圆$\dfrac{x^2}{a^2}+\dfrac{y^2}{b^2}=1(a>b>0)$左顶点$A(-a,0)$作两条相互垂直的弦$AP$和$AQ$，则直线$PQ$过定点（图4）．

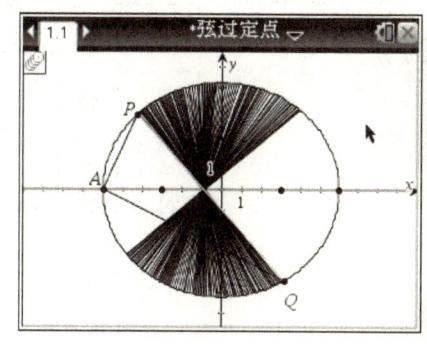

图4

问题8：过椭圆$\dfrac{x^2}{a^2}+\dfrac{y^2}{b^2}=1(a>b>0)$上任意一点$A$作两条相互垂直的弦$AP$和$AQ$，则直线$PQ$过定点．

……

学生的思维像脱缰的野马．有的提出的命题是假命题，彼此争论不休，纠正补充完善；有的提出了自我得意的命题却不知如何证明，场面相当热烈．这正说明了教师搭建平台的高度决定学生思维的深度．

点睛 文章的主论部分结合教学流程，从六个不同的瞄准目标，谈数学课堂教学如何调整瞄准镜，提升学生学习兴趣，渗透数学思想，形成数学能力．

由此可见，教师在进行数学课堂教学设计的时候，就要充分考虑如何瞄准学生能力培养这个重要的教学目标，不遗余力地搭建学生活动的思维平台，在各种探究活动中培养学生能力，放手让学生大胆去猜、去想、去表达、去证明；鼓励学生勇于表达，不怕犯错，学会合作探究；激发学生勇于实践并在实践过程中不断反思,引导学生通过类比联想提出新问题,解决新问题.同时教师借助现代教学技术,全面掌控学生知识的掌握情况,及时找出错误认识的根源,不断调整瞄准镜头,精准地击中"要害",方能真正做到培养学生能力,让数学课堂教学更加高效.

点睛 文章结尾进一步总结提升主题——为什么要瞄准?目标在哪里?如何瞄准?

【文脉结构】

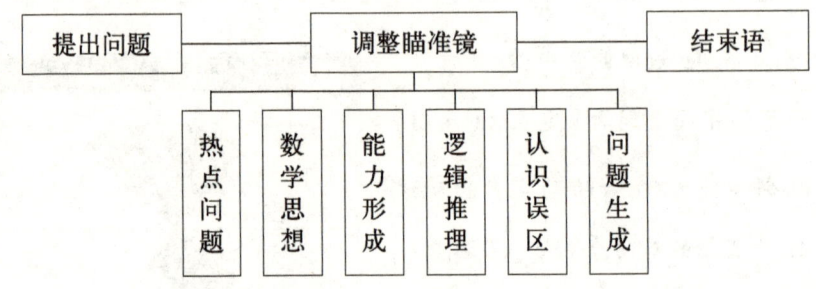

2.3.6 学科竞赛辅导类

数学竞赛活动能激发学生学习数学的兴趣,培养学生的创新思维,提高学生的学习效率,有利于人才培养与选拔.《中等数学》是数学竞赛专业类杂志,《中学数学教学参考》上有关于数学竞赛辅导专题讲座的栏目,其他杂志也有关于数学竞赛题的研究和竞赛辅导类文章.这类文章通常包括三类:一是竞赛辅导专题讲座,二是竞赛题解法研究,三是竞赛命题研究.竞赛辅导专题讲座要注意各种专业杂志上的格式要求,参考前面几期上的文章格式非常重要.竞赛题解法研究一定要注意时效性,过时的试题研究意义不大,可以研究这道题的多种解法,可以联系同类型的问题,可以对问题进行改造得到新的问题.竞赛命题研究可以直接给编辑老师提供某次竞赛活动试题,也可单独的制一套竞赛试题,当然要参考杂志上同类文章的格式要求.

案例点睛 11
与自主招生有关的裂项法求和问题

写作背景: 看到《中等数学》2012年第3期上有关通项拆分法解初中竞赛题一文,联想到历年清华、北大、复旦、交大高考自主招生试题中有很多裂项法求和问题,所以就指导女儿(女儿当时就读于上海中学数学竞赛班)写了这篇文章,对各种裂项方法进行归类,并按杂志格式增加了相应训练题和答案.本文发表于天津师范大学《中等数学》.

读了贵刊2012年第3期《运用通项拆分法解初中竞赛题》一文深受启发，这一方法在高中数学中有着更为广泛的应用.通项拆分法又称裂项法，它是数列求和的常用方法之一，通过将通项分拆成两项之差，然后两两相消从而达到求和的目的.此法可以很好地考查考生分析问题、解决问题的能力，在历年来的自主招生和竞赛试题中多有触及，且形式各异.本文分类列举几题，与大家共赏.

点睛 开头从杂志上一篇文章的阅读开始，让编辑老师感到欣慰，杂志的文章不仅有人读，还能引发读者的思考，同时也让读者感觉杂志上的文章非常实用，拉近了作者、编者、读者的感情距离.

1.以数列为背景的求和问题

例1. 设 $\{a_n\}$ 是等比数列，且每一项均大于1，则 $\lg a_1 \cdot \lg a_{2012} \sum_{i=1}^{2011} \dfrac{1}{\lg a_i \cdot \lg a_{i+1}}$
= _____ (2012，浙江省高中数学竞赛).

解：当公比 $q=1$ 时 $a_n=a_1$, $\lg a_1 \cdot \lg a_{2012} \sum_{i=1}^{2011} \dfrac{1}{\lg a_i \cdot \lg a_{i+1}} = 2011$.

当公比 $q \neq 1$ 时, $\lg a_1 \cdot \lg a_{2012} \sum_{i=1}^{2011} \dfrac{1}{\lg a_i \cdot \lg a_{i+1}} = \dfrac{\lg a_1 \cdot \lg a_{2012}}{\lg q} \sum_{i=1}^{2011} \left(\dfrac{1}{\lg a_i} - \dfrac{1}{\lg a_{i+1}} \right)$

$= \dfrac{\lg a_1 \cdot \lg a_{2012}}{\lg q} \left(\dfrac{1}{\lg a_1} - \dfrac{1}{\lg a_{2012}} \right) = 2011$.

分式求和通常运用裂项法，又如 $\dfrac{1}{n(n+1)} = \dfrac{1}{n} - \dfrac{1}{n+1}$, $\dfrac{1}{n(n+1)(n+2)} = \dfrac{1}{2}\left[\dfrac{1}{n(n+1)} - \dfrac{1}{(n+1)(n+2)}\right]$, …同样还有 $n(n+1) = \dfrac{1}{3}[n(n+1)(n+2) - (n-1)n(n+1)]$, …

2.以函数为背景的求和问题

例2. 定义在 $(-1,1)$ 上的函数 $f(x)$ 满足 ①对任意的 $x, y \in (-1,1)$ 都有 $f(x) + f(y) = f\left(\dfrac{x+y}{1+xy}\right)$; ②当 $x \in (-1,0)$ 时，$f(x) > 0$. 求证 $f(x)$ 是奇函数，并证明：

$f\left(\dfrac{1}{11}\right) + f\left(\dfrac{1}{19}\right) + \cdots + f\left(\dfrac{1}{n^2+5n+5}\right) > f\left(\dfrac{1}{3}\right)$.

证：令 $x=y=0$ 得 $f(0)=0$. 令 $y=-x$，则 $f(x)+f(-x)=f(0)=0$ 所以 $f(x)$ 是奇

函数.

又 $f(\frac{1}{n^2+5n+5}) = f(\frac{1}{(n+2)(n+3)-1}) = f\left(\frac{\frac{1}{n+2}+(-\frac{1}{n+3})}{1+\frac{1}{n+2}(-\frac{1}{n+3})}\right) = f(\frac{1}{n+2}) + f(-\frac{1}{n+3}) = f(\frac{1}{n+2}) - f(\frac{1}{n+3})$.

所以 $f(\frac{1}{11}) + f(\frac{1}{19}) + \cdots + f(\frac{1}{n^2+5n+5}) = f(\frac{1}{3}) - f(\frac{1}{n+3}) = f(\frac{1}{3}) + f(-\frac{1}{n+3}) > f(\frac{1}{3})$.

3. 以三角为背景的求和问题

例3. 求和 $\sin\alpha + \sin 3\alpha + \cdots + \sin(2n-1)\alpha$(2006,法国工程预科大学招生).

解: 因为 $\sin\alpha \sin(2k-1)\alpha = -\frac{1}{2}[\cos 2k\alpha - \cos 2(k-1)\alpha]$.

所以 $\dfrac{\sin\alpha(\sin\alpha + \sin 3\alpha + \cdots + \sin(2n-1)\alpha)}{\sin\alpha}$

$= \dfrac{1}{\sin\alpha}[\sin\alpha \cdot \sin\alpha + \sin\alpha \cdot \sin 3\alpha + \cdots + \sin\alpha \cdot \sin(2n-1)\alpha)$

$= -\dfrac{1}{2\sin\alpha}[(\cos 2\alpha - \cos 0) + (\cos 4\alpha - \cos 2\alpha) + \cdots + (\cos 2n\alpha - \cos 2(n-1)\alpha)]$

$= -\dfrac{1}{2\sin\alpha}(\cos 2n\alpha - 1) = \dfrac{\sin^2 n\alpha}{\sin\alpha}$.

$\{a_n\}$ 是公差为 d 的等差数列,则 $\sum\limits_{i=1}^{n}\sin\alpha_i$ 型与 $\sum\limits_{i=1}^{n}\cos\alpha_i$ 型求和问题,只要分子、分母同乘除 $\sin\dfrac{d}{2}$ 即可通过积化和差转化为裂项法求和.

4. 以组合为背景的求和问题

例4. 已知 $a_k = \dfrac{k+2}{k!+(k+1)!+(k+2)!}$,则数列 $\{a_n\}$ 前100项和为_____(2006,交大自主招生).

解: $a_k = \dfrac{k+2}{k!+(k+1)!+(k+2)!} = \dfrac{k+2}{k![1+(k+1)+(k+2)(k+1)]}$

$= \dfrac{k+2}{k!(k+2)^2} = \dfrac{1}{k!(k+2)} = \dfrac{k+1}{(k+2)!} = \dfrac{1}{(k+1)!} - \dfrac{1}{(k+2)!}$.

所以 $\sum\limits_{k=1}^{100} a_k = \dfrac{1}{2} - \dfrac{1}{102!}$.

与排列组合有关的通常还有 $n \cdot n! = (n+1)! - n!$, $\dfrac{1-k}{k!} = \dfrac{1}{k!} - \dfrac{1}{(k-1)!}$, $C_n^k = C_{n+1}^{k+1} - C_n^{k+1}$ 等裂项类型.

5. 以方程为背景的求和问题

例 5. 设 p、q 是一元二次方程 $x^2 + 2ax - 1 = 0$ ($a > 0$) 的两个根,其中 $p > 0$,令 $y_1 = p - q, y_{n+1} = y_n^2 - 2, n = 1, 2, \cdots$,证明: $\lim\limits_{n \to \infty} \left(\dfrac{1}{y_1} + \dfrac{1}{y_1 y_2} + \cdots + \dfrac{1}{y_1 y_2 \cdots y_n} \right) = p$ (2010,清华、交大五校联考).

证: 由韦达定理知 $pq = -1$, $y_1 = p - q = p + \dfrac{1}{p}$, $y_2 = y_1^2 - 2 = p^2 + \dfrac{1}{p^2}$, $y_3 = y_2^2 - 2 = p^4 + \dfrac{1}{p^4}$, ……, 由数学归纳法可证明: $y_n = p^{2^{n-1}} + \dfrac{1}{p^{2^{n-1}}}$, 所以 $\dfrac{1}{y_1} + \dfrac{1}{y_1 y_2} + \cdots + \dfrac{1}{y_1 y_2 \cdots y_n}$

$= \dfrac{p}{1+p^2} + \dfrac{p^3}{(1+p^2)(1+p^4)} + \cdots + \dfrac{p^{2^n - 1}}{(1+p^2)(1+p^4)\cdots(1+p^{2^n})} = \dfrac{1}{p}\left[\left(1 - \dfrac{1}{1+p^2}\right) + \dfrac{1}{1+p^2}\left(1 - \dfrac{1}{1+p^4}\right) + \cdots + \dfrac{1}{(1+p^2)(1+p^4)\cdots(1+p^{2^{n-1}})}\left(1 - \dfrac{1}{1+p^{2^n}}\right) \right] = \dfrac{1}{p}\left[\left(1 - \dfrac{1}{(1+p^2)(1+p^4)\cdots(1+p^{2^{n-1}})(1+p^{2^n})}\right) \right] = \dfrac{1}{p}\left(1 - \dfrac{1 - p^2}{1 - p^{2^{n+1}}}\right).$

由 $p > 0$ 得 $p = \dfrac{-2a + \sqrt{4a^2 + 4}}{2} = \sqrt{a^2 + 1} - a = \dfrac{1}{\sqrt{a^2 + 1} + a} < 1$.

所以 $\lim\limits_{n \to \infty} \left(\dfrac{1}{y_1} + \dfrac{1}{y_1 y_2} + \cdots + \dfrac{1}{y_1 y_2 \cdots y_n} \right) = p$.

6. 以不等式为背景的求和问题

通过不等式的放缩并结合裂项法求和可以证明不等式.

例 6. 已知 $a > 0, b > 0$, 求证: $\dfrac{1}{a+b} + \dfrac{1}{a+2b} + \cdots + \dfrac{1}{a+nb} < \dfrac{n}{\sqrt{(a + \frac{1}{2}b)(a + \frac{n+1}{2}b)}}$

(2007,北大自主招生).

证:由柯西不等式得:

$\left(\dfrac{1}{a+b} + \dfrac{1}{a+2b} + \cdots + \dfrac{1}{a+nb} \right)^2 \leqslant n\left[\dfrac{1}{(a+b)^2} + \dfrac{1}{(a+2b)^2} + \cdots + \dfrac{1}{(1+nb)^2} \right],$

所以只需证：$\dfrac{1}{(a+b)^2}+\dfrac{1}{(a+2b)^2}+\cdots+\dfrac{1}{(a+nb)^2}<\dfrac{n}{(a+\frac{1}{2}b)(a+\frac{n+1}{2}b)}$.

又因为 $\dfrac{1}{(a+nb)^2}<\dfrac{1}{(a+\frac{2n-1}{2}b)(a+\frac{2n+1}{2}b)}=\dfrac{1}{b}\left(\dfrac{1}{a+\frac{2n-1}{2}b}-\dfrac{1}{a+\frac{2n+1}{2}b}\right)$,

所以 $\dfrac{1}{(a+b)^2}+\dfrac{1}{(a+2b)^2}+\cdots+\dfrac{1}{(a+nb)^2}<\dfrac{1}{b}\left(\dfrac{1}{a+\frac{1}{2}b}-\dfrac{1}{a+\frac{2n+1}{2}b}\right)$

$=\dfrac{n}{(a+\frac{1}{2}b)(a+\frac{2n+1}{2}b)}<\dfrac{n}{(a+\frac{1}{2}b)(a+\frac{n+1}{2}b)}$.

例7. 设 n 是正整数，$a_i(i=1,2,\cdots,n)$ 是非负实数. 证明：
$\dfrac{1}{1+a_1}+\dfrac{a_1}{(1+a_1)(1+a_2)}+\cdots+\dfrac{a_1a_2\cdots a_{n-1}}{(1+a_1)(1+a_2)\cdots(1+a_n)}\leqslant 1$ (2012，女子数学奥林匹克).

证： 注意到 $\dfrac{1}{1+a_1}=1-\dfrac{a_1}{1+a_1}$. $\dfrac{a_1}{(1+a_1)(1+a_2)}=\dfrac{a_1}{1+a_1}-\dfrac{a_1a_2}{(1+a_1)(1+a_2)}$.

……

$\dfrac{a_1a_2\cdots a_{n-1}}{(1+a_1)(1+a_2)\cdots(1+a_n)}=\dfrac{a_1a_2\cdots a_{n-1}}{(1+a_1)(1+a_2)\cdots(1+a_{n-1})}-\dfrac{a_1a_2\cdots a_n}{(1+a_1)(1+a_2)\cdots(1+a_n)}$.

对所有这些式子相加求和得：

$\dfrac{1}{1+a_1}+\dfrac{a_1}{(1+a_1)(1+a_2)}+\cdots+\dfrac{a_1a_2\cdots a_{n-1}}{(1+a_1)(1+a_2)\cdots(1+a_n)}$

$=1-\dfrac{a_1a_2\cdots a_n}{(1+a_1)(1+a_2)\cdots(1+a_n)}\leqslant 1$.

点睛 按照问题背景，将例题分成六类，从易到难，层层深入，使得文章更加具有层次性和可读性，有的加上说明性文字，引发读者的思考.

练习题

1. 已知 $a_n=\dfrac{1}{n\sqrt{n+1}+(n+1)\sqrt{n}}$，则 $a_1+a_2+\cdots+a_{99}=$ _____ (2008，交大冬令营).

答案：$\dfrac{9}{10}$.

提示：$a_n = \dfrac{1}{n\sqrt{n+1}+(n+1)\sqrt{n}} = \dfrac{1}{\sqrt{n}\sqrt{n+1}(\sqrt{n}+\sqrt{n+1})} = \dfrac{\sqrt{n+1}-\sqrt{n}}{\sqrt{n}\sqrt{n+1}}$
$= \dfrac{1}{\sqrt{n}} - \dfrac{1}{\sqrt{n+1}}.$

2. $1 \cdot 1! + 2 \cdot 2! + 3 \cdot 3! + \cdots + n \cdot n! = $ _____（2007，交大自主招生）.

答案：$(n+1)! - 1$.

提示：$n \cdot n! = (n+1)n! - n! = (n+1)! - n!$

3. 计算 $\dfrac{1}{\sin 45° \sin 46°} + \dfrac{1}{\sin 46° \sin 47°} + \cdots + \dfrac{1}{\sin 89° \sin 90°} = $ _____

（2011，广东省高中数学竞赛）.

答案：$\csc 1°$.

提示：$\dfrac{1}{\sin k° \sin(k+1)°} = \dfrac{\sin[(k+1)° - k°]}{\sin 1° \sin k° \sin(k+1)°} = \dfrac{1}{\sin 1°}(\cot k° - \cot(k+1)°).$

4. 下列正确的不等式是 （ ）

A. $16 < \sum_{k=1}^{120} \dfrac{1}{\sqrt{k}} < 17$；   B. $18 < \sum_{k=1}^{120} \dfrac{1}{\sqrt{k}} < 19$；

C. $20 < \sum_{k=1}^{120} \dfrac{1}{\sqrt{k}} < 21$；   D. $22 < \sum_{k=1}^{120} \dfrac{1}{\sqrt{k}} < 23$.

（2006，复旦千分考）

答案：选 C.

提示：$2(\sqrt{k+1}-\sqrt{k}) < \dfrac{2}{\sqrt{k}+\sqrt{k+1}} < \dfrac{1}{\sqrt{k}} = \dfrac{2}{\sqrt{k}+\sqrt{k}} < \dfrac{2}{\sqrt{k}+\sqrt{k-1}} = 2(\sqrt{k} - \sqrt{k-1}).$

5. 已知数列 $\{a_n\}$ 的前 n 项和为 S_n，$a_n = \dfrac{1}{(\sqrt{n-1}+\sqrt{n})(\sqrt{n-1}+\sqrt{n+1})(\sqrt{n}+\sqrt{n+1})}$，求 S_{2003}（2003，复旦保送生考试）.

答案：$S_{2003} = \dfrac{1}{2}[1 + \sqrt{2003} - \sqrt{2004}]$.

提示：$a_n = \dfrac{1}{(\sqrt{n-1}+\sqrt{n}) \cdot (\sqrt{n}+\sqrt{n+1}) \cdot (\sqrt{n-1}+\sqrt{n+1})}$

$= \dfrac{(\sqrt{n-1}-\sqrt{n})(\sqrt{n}-\sqrt{n+1})}{\sqrt{n-1}+\sqrt{n+1}} = \sqrt{n} - \dfrac{\sqrt{n+1}+\sqrt{n-1}}{2}.$

6. 求证：$1 + \dfrac{1}{\sqrt{2^3}} + \dfrac{1}{\sqrt{3^3}} + \cdots + \dfrac{1}{\sqrt{n^3}} < 3$（2004，复旦保送生考试，2011，河北

省高中数学竞赛).

提示：$\dfrac{1}{\sqrt{k^3}} < \dfrac{(\sqrt{k}+\sqrt{k-1})}{\sqrt{k}} \cdot \dfrac{(\sqrt{k}-\sqrt{k-1})}{\sqrt{k}\sqrt{k-1}} < 2\dfrac{\sqrt{k}-\sqrt{k-1}}{\sqrt{k}\sqrt{k-1}} = 2\left(\dfrac{1}{\sqrt{k-1}}-\dfrac{1}{\sqrt{k}}\right)$.

左边 $<1+2\left(\dfrac{1}{\sqrt{1}}-\dfrac{1}{\sqrt{n}}\right)=3-\dfrac{2}{\sqrt{n}}<3$.

7. 若 $a_1,a_2,\cdots,a_n$ 是互不相等的正整数，$a\geqslant 2$ 时证明：$\left(\dfrac{1}{a_1}\right)^\alpha+\left(\dfrac{1}{a_2}\right)^\alpha+\cdots+\left(\dfrac{1}{a_n}\right)^\alpha<2$ (2003，复旦保送生考试).

提示：不妨设 $1<a_1<a_2<\cdots<a_n$，则 $0<\dfrac{1}{a_i}\leqslant 1$，又 $a\geqslant 2$.

所以 $(\dfrac{1}{a_i})^\alpha \leqslant (\dfrac{1}{a_i})^2$，所以左边 $\leqslant \left(\dfrac{1}{a_1}\right)^2+\left(\dfrac{1}{a_2}\right)^2+\cdots+\left(\dfrac{1}{a_n}\right)^2 \leqslant \dfrac{1}{1^2}+\dfrac{1}{2^2}+\cdots+\dfrac{1}{n^2}$

$<1+\dfrac{1}{1\cdot 2}+\cdots+\dfrac{1}{(n-1)\cdot n}=1+\dfrac{1}{1}-\dfrac{1}{n}<2$.

点睛 按照《中等数学》上同栏目文章的格式在正文后面配有一定的练习和参考答案或必要的提示，这一点非常重要，文章投递之前必须认真研读欲投杂志文章格式要求，以提高投稿的命中率.

【文脉结构】

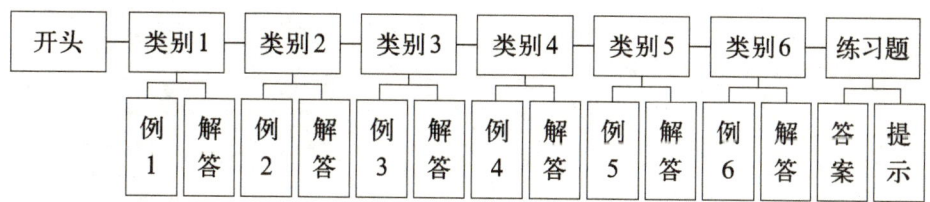

参考文献

[1] 张亚东.新课程标准强调学生的全面参与[J].中学数学,2005(4).

[2] 张亚东,李幸,李红.数学课堂教学"六个反思"的实践与思考[J].中学数学,2013(9).

[3] 张亚东.一道初三数学竞赛题的多视角解法探究[J].数学教学,2016(7).

[4] 张亚东.稳中求变　变中出新[J].数学教学,2014(3).

[5] 张亚东.瞄准"要害"让数学课堂教学更高效[J].数学教学,2014(11).

[6] 张雨亭,张亚东.与自主招生有关的裂项法求和题[J].中等数学,2013(4).

第三章 数学科研论文的结构

数学科研论文的结构一般由标题、作者单位姓名、摘要、关键词、前言、正文、结论、参考文献、致谢、作者介绍等部分组成;目前在学报上发表的数学教育论文往往比较严格,上述各个部分都有要求,而在一般的数学专业杂志上发表的论文,往往采取简化的结构,只需保留标题、作者姓名、正文和参考文献四个部分.

3.1　论文的标题

　　写作是很痛苦的事情，但是如果把它当作一种艺术，就会在写作的过程中体会到无穷的乐趣.

　　标题是论文的窗口，是对论文内容的高度概括，论文通过它传神韵、见水平，从而吸引读者的眼球.标题应以简练、概括、明确的语句反映出论文的主要内容和研究的意义，使读者一目了然.标题也可以是文章的中心论点，提出论述问题的范围，揭示论题的本质，说明论述的对象.论文的标题是文章给读者的第一印象，有人形象地形容标题是文章的眼睛，它是论文精髓的集中体现.因此应反复考虑、反复斟酌.一方面既能反映论文主要内容，又能凸显作者的思想；另一方面既要简洁明了，又要新颖别致，具有吸引力，令人眼前一亮，同时还要便于读记、摘要和检索，不宜过分冗长.

　　由此可见给文章确定一个标题必须注意以下几点：第一要恰如其分，不大不小，太大显得文章太空，过小则涵盖不了文章内容，显得文不对题；第二要讲究语法，表述清晰，层次分明，逻辑严谨，凸显核心；第三要控制字数，紧扣主题，一般不超过20字为宜；第四要注意新颖别致，具有新意，让读者浏览目录的时候就有阅读的冲动，一下子抓住编辑和读者的眼球，激发起仔细阅读的兴趣.

　　有时也需要给论文加个副标题，在破折号后面进一步说明文章的具体内容,体现文章的主要探索的问题或需解决的问题,是对正标题的解释和说明.

在着手撰写论文之前,可以先根据题目拟出写作提纲.提纲可以从整体上把握所要表达的中心思想,突出重点,明确如何开头,如何分段,如何过渡,如何结尾等问题,这就是我们所谓的文章构思阶段.应思考如何提出问题、分析问题、解决问题.提出问题就是点明论文产生的背景和论文观点产生的原因;问题提出后要对问题从不同侧面、不同角度进行分析;解决问题是指在正确分析问题的基础上得出结论性的见解.构思清楚、巧妙,写出来的论文才能条例清晰,论点鲜明,论证有力,逻辑性强,见解深刻.

在标题和副标题正下方写上作者的邮编、学校、姓名,各个杂志文章要求有所不同,注意按照编辑要求去做,统一格式.如果作者来自两个不同单位,可另起一行.

案例点睛 12

数学课堂教学如何适时"抖包袱"

——"椭圆的性质"的数学设计与感悟

写作背景:本文是作者2006年参加上海市青年教师教学评比以后,将教学过程进行加工、修饰、整理而成.通过巧妙的设计问题,突出教学重点,突破教学难点,给文章取了个好听的名字寄出去,两个月后就收到湖北大学《中学数学》的用稿通知,后被人民大学复印资料《中学数学教与学》转载.发表于《中学数学教与学》2007年第8期.

"抖包袱"是喜剧艺术里的一个专用术语,是指为了逗听众开心,事先埋下伏笔,最后揭示谜底,从而达到意想不到的艺术效果.数学课堂教学是一门高深的艺术,艺术与艺术是相通的,在数学课堂教学中如果能设置好"包袱",再通过教师高超的"表演"艺术,引导学生通过合作交流,自主探索,找到揭示"谜底"的方法,同样会达到较高的艺术境界.本文结合"椭圆的性质"一节课的教学谈谈我个人的做法和感悟,与大家分享.

点睛 标题新颖别致,能够激起编辑老师和读者的兴趣,到底数学课堂教学如何适时"抖包袱"？它和相声艺术中的"抖包袱"有什么不同？文章开门见山地揭示了标题的谜底：数学课堂教学如何提出问题.

1. 情境引入时"抖包袱"

本节课是在学习了椭圆标准方程的基础上，进一步探究椭圆性质的第一节课，采用的教材是上海市二期课改新教材.我想利用研究性学习的方式，组织学生自主学习，通过小组讨论交流发现椭圆的性质.数学课堂的首要任务，就是造就学生的创新能力，而创新能力的培养需要有创新冲动，设计好的问题情境是产生冲动的必要条件.这就需要我们精心设计"包袱"，激起学生探索的欲望.我是这样"抖包袱"的：

同学们，这座雄伟壮观的椭球形建筑，是咱们的国家大剧院，它的室内地面和轮廓线都是椭圆形的.为什么国家大剧院最终选择椭球形设计呢？其根本原因是椭球是非常美观的，这源于椭圆的美！那么椭圆

到底美在何处？它具有哪些特性？这就是我们今天要研究的课题——椭圆的性质.

短短的几句话，开门见山，激起了同学们对椭圆性质探索的欲望，为椭圆性质的研究埋下了伏笔.

点睛 紧扣文章的主题：利用一节课堂教学实例来说明情境引入是如何提出问题，引发学生的思考.

2. 突出重点时"抖包袱"

本节课的教学重点当然是椭圆性质的发现.传统教法有多种，较早的是通过教师的启发、归纳椭圆的性质，把现成的知识传授给学生，这一方法盛行于20世纪80年代；到了20世纪90年代则通过引导学生自学，从课本上发现椭圆的性质，然后利用性质去解大量的习题，这就是所谓的自学发现法，带着明显的应试教育的痕迹；而新课程强调以学生为主体，想方设法让学生自己去发

现、去归纳椭圆的性质,让学生体验知识的发生、发展过程,对培养学生的创新意识和创新精神起着不可替代的作用.要求教师精心设计,抖好"包袱",构建学生参与的研究平台.我是这样做的:

师:请同学们拿出课前自己剪好的椭圆纸板,小组讨论交流椭圆纸板的制作过程,从中发现椭圆有哪些性质.

同学们热情高涨,争相发言.有的利用描点法画椭圆;有的用图钉和绳子,根据椭圆定义画椭圆.有同学提出改进意见,只要描出第一象限的点,然后通过折叠剪出椭圆,场面非常热烈.

师:你能找到椭圆纸板的中心吗?

生:把椭圆纸板折叠,使两部分完全重合,有两种折法,两条折痕的交点,即为椭圆纸板的中心,两条折痕为对称轴.

师:给你一张矩形纸,能不能剪出比矩形纸更大的椭圆?这说明了什么呢?

生:不能,说明了椭圆是有范围的.

"包袱"的设计与运用,实质上就是设计恰当的问题系列,引导学生的思维不断地深入,体现教师的主导作用,教学过程中教师始终是一个组织者和参与者,和学生一道去寻找和发现.

点睛 设计一个教学活动,详细叙述教学过程,提出一个问题情境,引发学生思考,说明"抖包袱"形式多样,不仅仅是提出问题.

3. 突破难点时"抖包袱"

本节课的难点是利用椭圆的标准方程去发现和证明椭圆的性质,把从具体实物中的发现上升到理论证明,由感性认识到理性思考,这是进行科学研究的必经之路,同时也体现了解析几何的本质:利用代数方法证明几何问题.

师:有没有同学剪的椭圆纸板是不对称的?

生:没有!

师:是不是可以说任意的椭圆都是对称的呢?

生:必须证明.

师:用什么来表示任意一个椭圆?

生:椭圆的标准方程.

学生口述老师板书：求证椭圆 $\dfrac{x^2}{a^2}+\dfrac{y^2}{b^2}=1$ 关于 x 轴对称.

证明：在椭圆上任取一点 $P(x_0,y_0)$，它关于 x 轴的对称点 $Q(x_0,-y_0)$，有 $\dfrac{x_0^2}{a^2}+\dfrac{(-y_0)^2}{b^2}=\dfrac{x_0^2}{a^2}+\dfrac{y_0^2}{b^2}=1$，则点 $Q(x_0,-y_0)$ 也在椭圆上，

所以椭圆关于 x 轴对称.同样方法可证椭圆关于 y 轴和原点对称.

师：从这一证明过程，你能根据曲线方程的形式快速判别曲线关于 x 轴、y 轴和原点对称吗？

生：用 $-y$ 代 y 方程不变曲线关于 x 轴对称；用 $-x$ 代 x 方程不变，曲线关于 y 轴对称；用 $-x$ 代 x，$-y$ 代 y 方程都不变，曲线关于原点对称.

师：如果一个曲线不关于 y 轴对称，如何判别？

生：举反例！

这里通过教师的引导，精心设计一个个小"包袱"，不断把学生的思维引向深入，把目光从具体的椭圆形状转移到它的方程上来，从直观判断到理性思考，找到了三种对称的本质.这样，不作出曲线同样能从它的方程判断其对称性，对曲线对称性的认识上升到一个新的高度，掌握了问题的本质特性.

师：我们从椭圆标准方程 $\dfrac{x^2}{a^2}+\dfrac{y^2}{b^2}=1$ 的角度还能看出椭圆具有哪些性质？大家讨论一下，然后小组交流.

生：椭圆有四个顶点……

生：椭圆上所有点的横纵坐标有范围……

生：存在一个大圆和一个小圆分别与椭圆外切和内切……

学生的思维像脱缰的野马，课堂气氛热烈，掀起了一个又一个高潮.可以说刚才设置的"包袱"系列在这里终于有了谜底：应该从曲线的方程去研究曲线的性质，这正是解析几何的本质所在.

点睛 通过详细的教学过程的描述，强调如何通过提出恰当合理的问题，引导学生发现椭圆性质，从而很好地突破教学难点.

4. 知识应用时"抖包袱"

过去我们太过强调应用而忽视了知识产生的过程，新课程要把这一状况改变过来.但这并不等于说知识应用这一环节不重要，知识只有在应用中才能得到升华，才能加深对知识的正确理解，才能达到熟练掌握的程度.这一环节

我是这样设计的:

师:请同座左边的同学随便写一个焦点在 y 轴上的椭圆标准方程,右边的同学说出它的焦点、顶点坐标,长轴长与短轴长和焦距,并判断是否正确(学生活动).

师:如果把甲同学的椭圆方程 $\frac{x^2}{9}+\frac{y^2}{16}=1$ 中的 16 改成 $k(k>0)$,情况如何?

这一"包袱"是经过精心设计的,通过出题、答题、纠错,搭建了一个互相学习、协同研究问题的平台,培养学生的团队精神;把椭圆方程中的 16 改成 k,在变化过程中锤炼学生的思维品质,让学生进一步认识到求焦点、顶点坐标首先确定焦点位置的必要性.如果没法确定,必须分类讨论.而长轴长、短轴长、焦距是椭圆本身所固有的性质,只与椭圆形状有关而与坐标系无关;当 $k=9$ 时对应的曲线是圆而不是椭圆,深化了学生对这一知识的理解.

师:如果实数 x,y 满足 $\frac{x^2}{4}+y^2=1$,试求 $\mu=x^2+y^2-16x$ 的最小值.有人这样解你认为对不对?(幻灯片显示: $\mu=x^2+(1-\frac{x^2}{4})-16x=\frac{3}{4}(x-\frac{32}{3})^2-\frac{253}{3}$,所以当 $x=\frac{32}{3}$ 时,μ 有最小值 $-\frac{253}{3}$.)

这一"包袱"抖得独具匠心!此题解法通常有三种:二次函数配方法、数形结合法和三角换元法.而抖这一"包袱"的真正目的并不是一题多解发散思维,而是强调椭圆上点的横坐标 x 是有范围的,突出椭圆范围这一性质的应用.

点睛 文章层层递进,不断深入,课堂教学过程中切不可随心所欲地"抖包袱",必须为教学目标服务,离开教学目标的"包袱"再精彩也是多余的.

5. 总结提高时"抖包袱"

课堂小结往往被人忽视,实际上这一环节相当重要,总结得好可起到画龙点睛的作用.通过一节课的学习,必须掌握哪些知识和能力,学习了哪些研究问题的方法,探究过程中存在哪些成功的经验和失败的教训都必须一一交待清楚,让学生学得清清楚楚、明明白白.所以同样必须精心设计,抖好"包袱".

生:这节课我们发现了椭圆的性质:对称性、顶点、范围,突出强调了椭圆具有一个中心,两个焦点、四个顶点、矩形范围.

师:从研究方法看,我们首先通过几何直观看出几何性质,又通过建立直角坐标系,从曲线方程的角度,利用代数方法,得到代数结论,最后再回到曲线的几何性质,这正揭示了解析几何的本质:利用代数方法研究几何问题.

师:实际上人们对椭圆的几何性质的研究从来就没有停止过,国家大剧院目前已进入内部安装阶段,设计人员打算将舞台安装在椭圆的一个焦点处,贵宾席安装在另一个焦点处,这是为什么呢?原来光线或者声波从椭圆的一个焦点射出经椭圆表面反射,反射线经过另一个焦点,在另一个焦点处观看效果是最好的.这实质就是利用了椭圆的光学性质,请同学们课后探索椭圆的光学性质.

这一"包袱"抖出来想达到两个目的:一是使这节课首尾呼应,相得益彰,揭示谜底;二是从课内探索延伸到课外探索,不断培养学生的问题意识,在探索过程中享受数学研究的乐趣,激发学习热情.

点睛 文章通篇按教学流畅的顺序安排小标题,使人读起来自然流畅,一气呵成,每段的最后小结就像电影旁白,起到画龙点睛的作用.

总之,数学课堂教学是一门高深的艺术,教师必须精心设计好每一个"包袱",选择适当的时机抖好每一个"包袱",构建学生参与探索新知的研究平台,让学生真正成为学习的主人,积极参与教学的每一个环节,情绪高昂,切身感受数学学习的乐趣,品尝成功的喜悦,培养创新意识与创新精神.让我们的数学课堂"包袱"不断,精彩纷呈,掀起一个又一个高潮,从而达到较高的教学境界.

点睛 文章结尾简洁明了,对全篇文章进行总结提炼,突出课堂教学"抖包袱"重要现实意义.

【文脉结构】

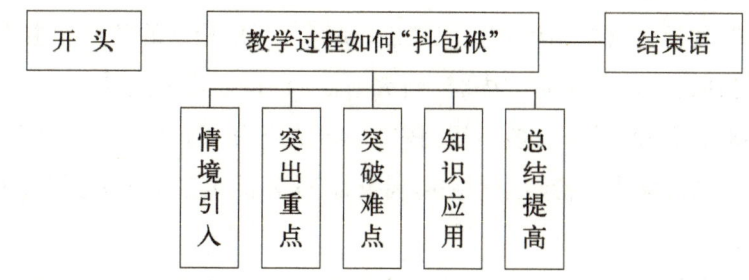

3.2 论文的引论

学术论文一般采取议论文的形式,议论文的基本结构由"引论、本论、结论"组成.文章力求做到"虎头、熊腰、豹尾",实际上就是指这三部分.

引论,也叫"绪论",就是论文的开头部分,是提出问题部分,提出自己的论点或提出论题.作者把所要议论的观点、主张、见解、道理,介绍给读者,这一部分回答的是"是什么"的问题.文章开头力求精练,简洁,有特点.如果说文章的开头没有特点,像一杯白开水一样,读了乏味.虽说文无定法,但议论文写作中,不同的写作题材还是有一定的规律可循的,而材料议论文在引论部分,如何让自己的文章有吸引力,重要一点就在文章开头上下功夫.

有的学术类杂志需要在文章开头的前面加上摘要和关键词.摘要是论文内容的简要陈述,是一篇具有独立性和完整性的短文,一般以100字左右为宜,写作时要做到文字简练和重点突出,使读者了解论文的结构和主要论点.摘要应包括论文的基本研究内容、研究方法、创造性成果及其理论与实际意义.摘要应具有独立性,一般不用图表和抽象的术语,让人一目了然写这篇文章的意图.关键词是供检索用的主题词条,应采用能覆盖论文主要内容的通用技术词条.

关键词是从题目、标题和正文内容选取出来的,是反映论文主题概念、对表达论文中心内容有实质意义的关键性术语,关键词一般列3~8个,按词条的概念外延层次从大到小排列，也可按照文章中出现的先后排列，中间一般用分号分隔．关键词对文献的检索分类有重要作用，也有个别杂志要求摘要和关键词同时翻译成英文，按照要求去办即可．

文章开头可以开门见山，直接提出我们要讨论的主要问题，有时也以某个名人名言引入讨论，或者讲一个故事引入，增强文章的趣味性，最后提出自己的论点．引论部分提出自己的论点大概只能控制在三、四句话中，必须高度概括．找最简洁的话作开头，鲜明地亮出自己的观点，不仅给人一目了然、清楚明白的感觉，而且有助于下一步本论的展开．

对于课题研究类论文在绪论部分一般需要指明本研究课题的背景及其理论与实际意义；国内外文献综述；相关领域的研究进展及成果、存在的不足或有待深入研究的问题；本研究课题的来源及主要研究内容等等．

案例点睛 13
诗一般的数学美

写作背景：作者被邀参加教师论坛，论坛主题为课堂教学如何激发学生学习兴趣．考虑到听众各个学科的老师都有，于是我通过收集古诗词中与数学有关的部分诗句，串联改写而成，取得非常好的现场演讲效果，使人耳目一新，本文就是按照讲话稿改编而成的．发表在上海市特级教师微信平台2017年11月3日的【书屋】栏目，转载于《上海特级教师报》第48期上．

走进语文老师的课堂，看着他们眉飞色舞地介绍着文学作品，作为一名数学老师，我非常羡慕他们丰富的拥有，能跟学生一起徜徉在文学的殿堂里，欣赏感人的诗篇，产生心灵的共鸣，营造着激情飞扬、诗意流淌的意境！于是，我常常思考：数学课上，我用什么来吸引、感染我

```
诗一般美的数学

数学的美，非美不胜收不足以表达；
数学的巧，非巧夺天工不足以描述；
数学的妙，非妙不可言不足以形容；
数学的奇，非叹为观止不足以体现．
```

图1

的学生,数学课堂究竟应该做些什么?是让学生去熟记一些公式,还是只教会他们如何解题,应付考试?不,数学教学应有更广阔的天地!

数学是科学,数学是艺术,数学是语言,数学蕴含着人类文化的美!给学生营造的数学课堂应该是充满生命活力、促进智慧生成、洋溢生活气息的课堂,这样的课堂才是魅力无穷的!我想,我们也可以让数学课堂融入一点文学气息,好让学生迷上数学,让他们体会数学美,深切地感受数学的巧,理解数学的妙,把学生带进一个奇妙的数学世界,展示数学思维的魅力,我认为这才是数学教学所追求的最高境界!这也正是本文的主题:诗一般的数学美.

点睛 本文的引论部分用了两个自然段,第一段提出问题:数学课堂如何激发学生学习兴趣?第二段点出主题:利用古典诗歌.

```
    "不识数"的诗人
        ——张伯行

    一丝一粒,我之名节;
    一厘一毫,民之脂膏.
    宽一分,民受赐不止一分;
    取一文,我为人不值一文.
```

图2

```
    "不识数"的诗人
        ——纪晓岚

    一篙一橹一渔舟,
    一个渔翁一钓钩,
    一俯一仰一场笑,
    一人独占一江秋.
```

图3

我国古代大诗人中不会数数的诗人有没有?据我观察,至少有这样两位:一位是被康熙皇帝称为"操守为天下第一"的清官张伯行,他的一首《禁止馈送檄文》一连八个一,阐明了他的廉政自律观(图2).

另一位是被乾隆皇帝称为"天下奇才"的纪晓岚,连数十个一也数不出二三四五来,可见两位大诗人的数学水平仅相当于幼儿园小班,存在着严重"偏科"现象(图3).

宋代政治家、文学家、思想家王安石的一首《麻雀》,他眼看着北宋王朝很多官员饱食终日,贪污腐败,反对变法,故把他们比作麻雀,数量词生动地描述了麻雀之多(图4)!

大诗人苏轼从十倒数到一,不仅数字使用巧妙得当,而且将莘莘学子寒窗苦读,赴京赶考的艰难表现得淋漓尽致(图5).

```
┌─────────────────────────┐   ┌─────────────────────────┐
│   "只识"十个数的诗人      │   │  会"倒数"十个数的诗人     │
│      ——王安石           │   │      ——苏东坡          │
│                         │   │                         │
│   一个二个三四个,        │   │  十年寒窗,进九八家书院,抛却│
│   五六七八九十个,        │   │  七情六欲,苦读五经四书,考了│
│   食尽皇家千种粟,        │   │  三番两次,今天一定要中!   │
│   凤凰何少尔何多?        │   │                         │
└─────────────────────────┘   └─────────────────────────┘
         图 4                            图 5
```

明代林和靖的《雪梅诗》用表示雪花片数的数量词写成,读后好像身临雪境,飞下的雪花由少到多,飞入梅林就分不清是雪花还是梅花了(图6).

```
┌─────────────────────────┐   ┌─────────────────────────┐
│   "识数"最多的诗人        │   │  对数字最有"研究"的诗人   │
│      ——林和靖           │   │      ——郑板桥          │
│                         │   │    ┌─────┬─────┐        │
│   一片二片三四片,        │   │    │ 南  │ 北  │        │
│   五片六片七八片;        │   │    ├─────┼─────┤        │
│   千片万片无数片,        │   │    │ 二  │ 六  │        │
│   飞入梅花总不见.        │   │    │ 三  │ 七  │        │
│                         │   │    │ 四  │ 八  │        │
│                         │   │    │ 五  │ 九  │        │
│                         │   │    └─────┴─────┘        │
└─────────────────────────┘   └─────────────────────────┘
         图 6                            图 7
```

相传,郑板桥在山东任知县的时候,看见一个破旧的大门上贴了一幅春联,郑板桥看后立即派人送去衣服和食品,众人不解,板桥笑答:上联缺"一",下联少"十",横幅没有"东西".可见郑板桥对数字有相当深的研究(图7).

点睛 利用风趣幽默的语言,阐述古诗词中的数字诗,数字由小到大,直到无穷大,体现了诗人对数字的挚爱,把数字利用得淋漓尽致,体现了文字与数字的统一美.

孤帆远影碧空尽,看着朋友的孤船帆影在蓝天的尽头消失,哪儿是蓝天的尽头?100米?200米?500米?10万米?让学生体会极限概念中的一个变量趋向于无穷大的动态意境,真是传神!遥望海天成一色,海天的距离看上去无限逼近于0(图8).

函数的最大值即为函数图像上最高点的纵坐标,每见此景就会情不自禁的想起杜甫的诗句:会当凌绝顶,一览众山小(图9).

```
"极限"概念的数学意境
        ——李白

故人西辞黄鹤楼,
烟花三月下扬州.
孤帆远影碧空尽,
唯见长江天际流.
```

图 8

```
"领悟"最大值的诗人
        ——杜甫

荡胸生层云,
决眦入归鸟.
会当凌绝顶,
一览众山小.
```

图 9

归纳、猜想、证明是数学里非常重要的一种思想方法,比如数列2,4,8,…从第二项起,每个数都是前一个数的两倍,可以归纳得出结论:第四项是16,接下去32,64,128,….苏轼是喜欢幻想的诗人,他在大醉后欲乘风归去,居然懂得那天上宫阙,高处不胜寒! 诗人怎么知道高处一定是寒的呢?他一定是根据自己爬山登高的生活体验得到的猜想,山顶总是比山底冷,于是他通过归纳,猜想月亮上一定是冷的,现代科技证实了他的猜想(图10).

```
"领悟"归纳、猜想的诗人
        ——苏轼

明月几时有? 把酒问青天.不
知天上宫阙,今夕是何年.我欲
乘风归去,又恐琼楼玉宇,高处
不胜寒.
```

图 10

```
"谙熟"三角的诗人
        ——李白

床前明月光,
疑是地上霜.
举头望明月,
低头思故乡.
```

图 11

床前明月光是从哪儿射进来呢? 当然是从窗户射进来的,你看月光与地面就有一个入射角吧.举头视线与水平视线就有一个仰角,同样低头就有一个俯角(图11).

点睛 利用具体的诗歌实例,体现数学中的极限概念、归纳猜想,强化诗歌中蕴含着的数学思想,虽然诗人当初并没有学过今天的数学,却暗合了数学中的某些原理,诗一般的数学美进一步得到验证.

《古草原》是白居易写的一首送别诗,明写草的顽强的生命力,暗喻友情的热烈永恒.一岁一枯荣,你看小草生长的周期就是一年,16岁的白居易就懂得周期为何物了(图12).

也有不懂周期循环的诗人,李白就是其中一位,有诗为证.其实奔流到海变成水蒸气之后还是复回了,依旧从天上来,落进黄河,再奔流到海,如此周期循环不已(图13)!

```
"知晓"周期概念的诗人
　　　　——白居易

　　离离原上草,
　　一岁一枯荣.
　　野火烧不尽,
　　春风吹又生.
```

图12

```
"不懂"周期循环的诗人
　　　　——李白

　　君不见黄河之水天上来,奔流
　　到海不复回.
```

图13

直线和圆是解析几何研究的主要对象,这里的孤烟直、落日圆使画面富有立体美,你看加进了几何元素,使诗歌增色不少,形成了浑然一体的壮阔意境,看来文学家也要学点数学(图14).

```
对几何有"研究"的诗人
　　　　——王维

　　单车欲问边,属国过居延.
　　征蓬出汉塞,归雁入胡天.
　　大漠孤烟直,长河落日圆.
　　萧关逢候骑,都护在燕然.
```

图14

```
"精通"几何的诗人
　　　　——曹操

　　对酒当歌,人生几何?
　　譬如朝露,去日苦多.
　　慨当以慷,忧思难忘.
　　何以解忧?唯有杜康.
```

图15

"人生几何"在数学老师读来,人生就像几何曲线一样:曲曲弯弯,有起有落;荣辱不惊,任潮起潮落,顺其自然,看花开花落!可见文学家与数学家有时是可以彼此互通的(图15).

点睛 此段讲述古诗词中蕴含着数学概念和数学意境,雅俗共赏,风趣幽默.

立体几何强调的是空间概念,比如正方体,上、下、左、右、前、后六个面,浑然一体.你看这里:横、侧、远、近、高、低不正好与正方体的六个面相对应吗?怎一个妙字了得?可见诗人的空间概念是非常清楚的(图16).

"领悟"立体几何的诗人
——苏轼

横看成岭侧成峰,
远近高低各不同.
不识庐山真面目,
只缘身在此山中.

图 16

空间想象力"丰富"的诗人
——杜甫

两个黄鹂鸣翠柳,
一行白鹭上青天.
窗含西岭千秋雪,
门泊东吴万里船.

图 17

立体几何主要研究的对象是点、线、面、体,你看杜甫的诗:两个黄鹂是特写镜头,可以看成两个点,一行白鹭是远镜头,可以看成一条直线,窗可以看成正方体正对着我们一个面,透过这个面,可以看到千秋雪.千秋雪给人一种平面的感觉,万里船当然是立体画面,好一幅立体的山水风景画(图17)!

立体几何主要是培养学生的空间想象能力,空间想象能力特强的诗人要数李贺,这是李贺充满幻想色彩的《梦天》.诗人做起了南柯之梦,翩翩然在太空遨游,他回头下望人寰处,看到什么景色呢?原来他看到了中国九州就像九个烟点似的,而大海仿佛是杯中洒出来的一汪清水,此情此景,仿佛杨利伟在太空中所看到的一样真切!不能不佩服这位年轻诗人那惊人的空间想象力(图18)!

空间想象力特强的诗人
——李贺

黄尘清水三山下,
更变千年如走马.
遥望齐州九点烟,
一泓海水杯中泻.

图 18

"感悟"思维空间的诗人
——陈子昂

前不见古人,
后不见来者;
念天地之悠悠,
独怆然而涕下.

图 19

从数学角度讲,陈子昂的《登幽州台歌》阐发的是时间和空间感知的佳句.

前两句表示时间可以看成是一条直线,陈老先生以自己为原点,前不见古人,是指时间可以追溯到负无穷大,后不见来者,则意味着未来的时间是正无穷大.后两句则描写三维的现实空间:天地是两个平面,悠悠地张成三维立体几何环境,全诗将时间和空间放在一起考虑,感到大自然之博大,产生了敬畏之心,以至怆然而涕下(图19)!

点睛 阐述古诗词中诗人的空间,暗合数学立体几何中的数学概念,说明诗人的想象力有多么丰富.

陈景润痴迷于歌德巴赫猜想几十年如一日,长久地沉醉于对数学真理的追求之中,乐此不疲!这真是:

衣带渐宽终不悔,为伊消得人憔悴.

遇到数学难题一愁莫展,心情无比的沉重,饭吃不香,觉睡不着,又不肯轻易放弃,这可怎么得了?这真是:

昨夜西风凋碧树,独上高楼,望尽天涯路.

解决数学难题要讲究方法,要不断摸索,经过苦思冥想,最终找到合理的解题途径,此时的心境那真是:

山重水复疑无路,柳暗花明又一村,踏破铁鞋无觅处,得来全不费功夫!

数学研究和学习需要解题,而解题过程需要反复思索,终于在某一时刻出现顿悟.例如,做一道几何题,百思不得其解,突发灵感,添了一条辅助线,问题豁然开朗,欣喜万分,这真是:

众里寻她千百度,蓦然回首,那人却在灯火阑珊处.

点睛 数学教师可在自己的课堂中学习运用这些经典的诗句,来丰富自己的课堂语言,激发学生学习兴趣,把注意力全部投入数学问题的探究过程中来.

【文脉结构】

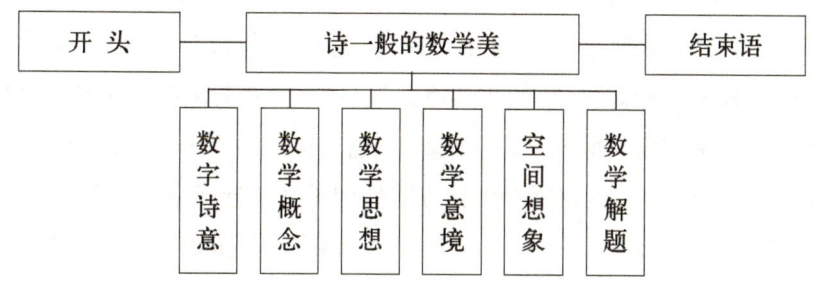

3.3 论文的本论

论文的本论是展开论题和表达作者研究成果的部分,是论文的主体,应当做到概念清晰、论点明确、论证严密、论据充实、数据准确、层次分明,还应具有科学性和严谨性.

写好本论的关键在于论证,即论述提出的论题,包括论题的提出、对解决问题的设想、论据的选用,逻辑推理过程及导出的结论等.作者要用尽一切办法(例证、引证、反证、比喻论证、类比论证、对比论证、分层论证)来证明文章观点.这一部分回答的是"为什么"的问题和怎么办的问题.

本论部分写作时一定要注意所选材料的真实性和科学性,并且所选材料要能紧紧围绕文章主题,为我所用.行文的字里行间要仔细推敲,用词力求科学准确,图文并茂,层次清晰,从而使读者赏心悦目,爱不释手.为了便于读者阅读,一般可把文章本论部分分割成几个小部分去写,这样更显得层次清楚.例如【案例点睛15】阐述数学课堂如何进行德育渗透,分成创设问题情境、巧用名人史话、铺设思维阶梯、弘扬学生个性、搭建参与平台、揭示数学美学六种方法和途径,分别举例说明,并阐述具体做法,使得问题的结构层次更加清晰明了.也有不少课例记录型论文,可以按照一堂课的教学流畅分成若干个层次,这样使得教学流程更加流畅清晰,让读者感到看文章就好像看话剧一样,开幕式——第一场——第二场——第三场……闭幕式.又如【案例点睛12】中主论部分分成情境引入时抖"包袱"、突出重点时抖"包袱"、突破难点时抖"包袱"、知识应用时抖"包袱"、总结提高时抖"包袱"五个阶段,分别阐述这五个阶段如何提出问题,引导学生分析问题,最终达到解决问题的目的.

本论部分不落俗套,大胆创新.不少老师在本论部分习惯用实例论证和对比论证的方法来表述自己的观点,但由于平时积累的鲜活的教学实例不多,专业知识面窄的原因,要讲述的道理往往只有那么几个干巴巴的实例支撑,自己写起来都感到没劲,更谈何吸引人呢?而要加强这方面能力和水平的唯一途径就是平时教学实践中及时抓住课堂教学的热点和偶发事件,及时记录反思,多做读书笔记,多向专家请教,向同事学习,多参加教学研究活动,听专家点评课,阅读数学书籍和杂志,日积月累,并习惯从生活中收集信息,以丰富自己的写作素材.

关于论文的正文格式目前尚无统一规定,若字数较多,篇幅较大,可辅助以小标题.若想在数学专业杂志上发表,论文最好控制在6000字以内,正文宋体5号字,1.5行间距,A4纸打印5至6页为宜,长篇大论式的论文在杂志上发表的可能性不大.

案例点睛 14
试题新活　拒绝题海

写作背景:2015年高考结束后,文汇报记者采访我,让我写一篇3000字左右的评论性文章,对今年高考数学试题作科学的评价.后来正式见报时发现文章的标题被编辑改为《探究能力"拉差距",题海战将逐渐失效》.

2015年上海高考数学试卷给人一个总体的感觉:具有较高的区分度.试卷的基础题、中档题、能力题梯度清晰,有利于考生现场发挥,使不同层次考生的数学水平都能得到合理公正的评价.

今年的命题遵循"有利于推进素质教育、有利于高校选拔、有利于引领教学改革"的原则,着重高中数学的基础知识、基本方法和基本能力的考查,对今后的中学数学教学有着较好的引领作用.

不难发现,今年的试题内容整体上体现了新课标的要求,较好地呼应了中学教学实际.文理卷都是23道题,29小问,每一问看起来都非常亲切,没有偏题、难题、怪题,更没有超过考试说明(考纲)要求的题目.很多直接来自课本例、习题和配套练习题的变形;题型常规但又不缺新颖和创新,例如理科9、12、13、14、16、17、20、22、23等;这些题目活而不难,新而不偏,难、中、易比例恰当,立足"双基",贴近考生.

点睛 进行总体评价,充分肯定命题的成功之处,主导正确的舆论导向.

如何培养和考查学生的创新意识和思维能力?如何避免过多地考查死记硬背的内容?命题者在试题结构和解法设计上作了一些新的尝试.如理科第9题考查方程思想,第12题考查阅读理解能力,第14、21题考查对多变量问题转化能力,第20题考查解决实际问题的能力,第13、18考查数形结合思想方法,第20、22、23题考查分类讨论思想方法,第19、22、23题考查逻辑论证能力.这些问题的巧妙构思,要求考生既要有扎实的基本功,又要有一定的思维灵活性和创新性,体现考生的基本数学素养,有利于实现高考的选拔功能,更好地体现新课标中倡导的对学生创新能力的培养.

今年的数学试卷,主观题解答篇幅都不算很长,但又具有一定的思维量,体现了"多思少算"的命题趋势,关注学生分析、思考、解决问题的能力,注重探究能力的考查.有些试题突出基本方法,有些试题体现知识的融合,有些试题涉及概念本质,有些试题具有生活背景,对于有难度的考题都有引导性问题作铺垫,以期减少考生的畏难情绪,发挥出正常水平.

对于难度较大的最后一道压轴题,重返9年前的代数证明,似乎出乎大家的预料.由于较为抽象,逻辑证明的要求较高,平时又缺少这方面的训练,引起考生一定的恐慌,这也是普遍认为今年试卷较难的根本原因.今年,考试院及时对评分标准作了调整,不再以达到哪一步为标准,而是依据考生的论述所反映的想法的合理程度来评分.这是一个大的突破,意在鼓励学生大胆去想,大胆尝试,不怕失败,提升创新意识.

点睛 从命题结构、命题特征、命题难度、考试评价等方向作出评价,强调命题的公平公正原则.

文理完全一样的题目占67分,与去年(105分)相比变化较大,其余题目或在理科题的基础上降低难度,又或为文理分叉内容,因此,文理差别加大.去年文科数学市均分91.28,理科数学市均分102.29呈现文低理高状况,加之今年高考成绩作为自主招生的重要依据,适当提高理数难度,缩短文理差距也在情理之中.今年是文理合卷的倒数第二年,明年可能会逐步缩小文理分叉,文理合卷后估计容易题可能会增多,降低整个试卷的难度,提高压轴题难度,既体现对考生更多的人文关怀,又保证较好的区分度,这也是对命题者的新考验.

点睛 文理分卷,有共同内容,部分分叉试题突出文理差别.

今年试卷另一大特点就是命题中的原创题较多,试题新且活,体现在变量多,证明多,在短短的120分钟时间内破解众多从未见过的新题,对考生的能力要求较高,应对这样的高考试卷,"题海战术"是低效甚至是无效的.

"题海"茫茫,回头是岸.建议教师们在今后教学中要鼓励学生提出问题、分析问题、勇于尝试、不断实践.思考一个问题,得到一种解法,不仅要了解是如何解决的,更重要的是你是如何想到的,变换一种问题情境还能如此轻易地想到吗?跟这个问题相类似的问题还有哪些?通常的处理方法有几种?这个问题蕴含着怎样的数学思想和方法?还有没有更好的解决办法?这就是解题后的反思,我们要引导学生学会反思,把学生的思维引向更深一个层次.

点睛 从原创题的增多到题海战术失效提出教学建议,对一线高三复习提出指导性建议,进一步突显文章的主题.

【文脉结构】

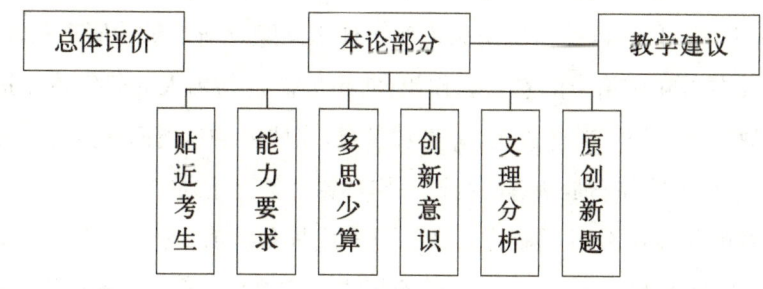

3.4 论文的结论

文章结尾要像豹尾一样有力,简明扼要,当止则止,切不可节外生枝.

结论是对正文中分析论证的问题加以综合,并概括出基本点.是实验结果和理论分析的逻辑发展,是问题解决的答案和论文的归宿.就内容来说,是全文的综合、概括、总结、提高和深化.就结构而言,结论要呼应全篇,使文章首尾圆合.

结论既然不能简单重复研究结果,就必须对研究结果有进一步的认识.结论的内容应着重反映研究结果的理论价值、实用价值及其适用范围,并可提出建议或展望,也可指出有待进一步解决的关键性问题和今后研究的设想.因此,在结论中一般应阐述研究结果说明了什么问题及所揭示的原理和规律(理论价值);在实际应用上的意义和作用(实用价值);与前人的研究成果进行比较,有哪些异同,作了哪些修正、补充和发展,本研究的遗留问题及建议和展望(创新价值).当然并不是所有的结论写作都要具备上述内容.

文章的结论部分可以概述文章的研究成果和价值,对于成果的局限性和尚未解决的问题也应该交待清楚,结论用语一定要精练简洁,避免用抽象和笼统的语言,不能模棱两可,含糊其词,用语应斩钉截铁,数据准确可靠,不用"大概""也许""可能是"这类词语,以免有似是而非的感觉,令人怀疑论文的真正价值;结论不能写成对文中各段小结的简单重复,如果得出的结果的要点在正文没有明确给出，可在结论部分以最简洁易懂的文字写出，不要轻率否定或批评别人的结论，也不必作自我评价，如用"本研究结果填补了国内空白"等语句来作自我评价，成果到底属何种水平，读者自会评说，不必由论文作者把它写在结论里，尽量不要出现"通过上述分析，得出如下结论"这样的套话.

在写作上，有的老师特别喜欢在结尾处大喊口号，大有语不惊人誓不休的架式，可由于自己的功力不够，往往不得要领，或者虚张声势.真正要把尾结好，不一定要喊口号，发号召.结尾可以是很多样的，水到渠成，意味深长的结尾往往最自然，最有力.

案例点睛 15
数学课堂德育渗透途径与方法

写作背景：上海市提出生命教育，强调学科德育渗透，学科育人. 当时我是一名普通的班主任，德育主任布置任务，每人学期结束前要完成一篇德育育人的文章. 我把数学课堂教学过程中如何育人的途径与方法总结成文，德育主任非常喜欢这篇文章，收录在《走进学生心灵》一书中，后来发表于《上海师范大学学报》.

课堂教学是实施德育教育的主渠道. 社会科学的德育内涵比较明显，知识和品德的融合相对较为容易. 而数学以抽象著称，反映的是大自然的客观规律，进行德育的途径比较少，似乎离德育很远. 因此有老师认为在课堂上讲德育是浪费时间，还不如多讲习题，这剥夺了数学的育人功能；也有老师为了应付，人为的给数学贴标签，戴帽子，不仅没有起到德育渗透的作用，反而在学生中造成很差的影响. 我认为数学揭示了客观世界在数和形方面的规律性，存在着丰富的德育因素. 德育应该和数学教学是相伴相随的. 那么我们在课堂教学中应怎样做到既教书又育人呢？

点睛 文章开头开门见山地指出数学虽然以抽象著称，但也蕴含着丰富的育人素材，从而顺利地提出问题，吸引读者注意：数学教学到底如何做到既教书又育人.

1. 创设问题情境

在数学课堂教学过程中,理论联系实际,创设一些具有深远意义的问题情境,引入数学知识与概念,让学生了解到知识的发生发展的同时,进一步体会问题背景中的深刻哲理,关心国家大事,关注社会的长远发展,关注人类的生存环境,主动为社会进步和发展作贡献.

例如:在学习指数、对数内容时,有关于我国人口数的一个统计.通过计算表明,我国人口按1%的年平均增长率递增,到21世纪中叶将达到20.54亿人的惊人数字.为使我国人口在21世纪中叶不超过16亿,就必须年增长率不超过0.45%.但是据统计,目前我国人口已达到13亿,这是一个值得铭记的数字,我要求学生继续演算如下几道习题:

(1) 我国人口在1980年底为10亿,而到2007年底人口达到13亿,求年平均增长率是多少?(答案:$10\times(1+x)^{27}=13$,得 $x\approx 0.98\%$)

(2) 以13亿人口数为基数,按1.0%的年平均增长率计算,到21世纪中叶我国人口将达到多少?(答案:$13\times(1+1.0\%)^{43}=19.94$亿)

(3) 以1969年底8亿人口为基数,按原来的2.34%的年平均增长率计算,到21世纪中叶我国人口将达到多少?(答案:$8\times(1+2.34\%)^{81}\approx 50.468$亿)

人多是我国最大的难题,计划生育是我国的一项基本国策.透过这些触目惊心的数字,无需要老师再做任何的解释,就足以深刻地说明了计划生育作为我国的基本国策的必要性和重要性.学生在学习知识和运用知识的过程中自然体会到了德育的存在,真可谓"此时无声胜有声".

点睛 把德育渗透的途径和方法分成几种不同的形式来写,编上小标题,使人读起来层次清晰,也使文章有了很好的结构感,容易被人理解接受.

2. 巧用名人史话

巧用名人名言,数学史话对学生进行励志教育,让学生对数学充满好奇和热爱,接受数学文化的熏陶,树立学习的榜样,帮助学生培养奉献的精神,顽强钻研的意志等.在数学教学过程中,我们可以结合教学内容,讲一个与本节课知识有关的数学故事,介绍一位数学家的事迹,意境深远,让学生回味无穷.

例如"多面体的欧拉公式"这节课,结束时介绍欧拉的事迹:欧拉是科学史上最多产的杰出的数学家,他从19岁开始发表论文,直到76岁.他在那不倦的一生中共写下了886本书籍和论文,其中在世时发表了700多篇论文.彼得堡科学院为了整理他的著作,整整用了47年.欧拉著作惊人的高产并不是偶然的,在他双目失明后的17年间,也没有停止对数学的研究,口述了好几本书和400余篇论文.当他写出了天王星轨道的计算要领后离开了人世.欧拉说过:"命运是把大锁,而我是一把大铁锤,我要用我这把大铁锤砸碎命运之锁!"当年游戏于"哥尼斯堡七桥"上的达官贵人们,早已灰飞烟灭,而欧拉——这个响亮的名字却永远活在人们的心中!

同学们长久地沉醉在对数学家的崇拜和对科学的憧憬之中,激起了无限的科学探究的欲望!欧拉在如此艰难的情况下是通过孜孜不倦的努力,才成为科学家的,那些伟大的成就都是靠辛勤和汗水换来的.在今天这样的大好环境下,又该如何克服外来诱惑,战胜懒惰心理,勤奋刻苦,以顽强的毅力,拼搏的精神投入到学习中来呢?我想这篇小故事必然会在学生的脑海中留下深刻的烙印.

【点睛】 举出具体教学实例,更加有力地为自己的论点提供论据.文章的每一小节分为三小段,第一小段讲述该小节主题内容,如何进行德育渗透,第二小段举出具体实例,第三小段讲述实例的教学效果,是如何培养学生的品格的.

3. 铺设思维阶梯

学生的学习和成长不可能是一帆风顺的,我们的学生要与各种困难作斗争,要能经受住失败与挫折的考验.在困难面前是缩手无策,还是想方设法寻找各种解决问题的途径和方法?这就需要我们现在在课堂教学中就要有意识地合理铺设思维的台阶,让学生在螺旋式的训练中找到解决问题的突破口,培养他们不畏艰难,勇于探索的精神,激发他们想方设法克服困难的勇气和斗志,引导他们一步步地走向成功.

例如:在复习子集概念时有这样一个问题:集合$A \cup B=\{1,2,3\}$,这样的集合A和B有几对?同学们利用列举法很快得到27的答案.这时我不失时机地提出"包袱":"同学们,有没有更一般的规律?也就是对于集合$A \cup B=\{1,2,3,\cdots,n\}$,这样的集合$A$和$B$有几对?一石击起千层浪,同学们议论纷纷,争论不休,争相发言:"要解决这个问题,可以通过摸索规律,先把问题特殊化."另一名同学站起来发言:"这种关于自然数 n 的问题可从简单情形摸索规律:对于集合 $A \cup B = \{1\}$,这样的集合 A 和 B 有3对.""对于集合 $A \cup B = \{1, 2\}$,这样的集合 A 和 B 有9对.""由规律可以得知对于集合 $A \cup B = \{1, 2, \cdots, n\}$,这样的集合 A 和 B 有 3^n 对."我不失时机地追问,到底怎么回事呢?大家不妨讨论讨论.这时课堂气氛非常热闹,都在开通脑筋.有个同学非常惊喜地报告:"以 $n=2$ 的情况为例,两个集合 A 和 B 相交成三个部分,将元素1投进去有三种可能,将2投进去同样有三种可能,根据乘法原理共有 3^2 种可能,其他以此类推."通过从特例出发,摸索规律,发现了推广的途径,从而找到问题的突破口,同学们沉浸在长久的成功喜悦当中.

通过问题的精心设计与知识的合理运用,引领学生积极参与思考问题,教师通过提出问题、分析问题、解决问题一系列的阶梯,提高了学生的思维品质,坚定了他们战胜困难的勇气和信心,为学生将来走向社会,学会生存奠定了基础.

点睛 培养学生的思维能力是与培养学生的思想品德分不开的,学生在寻找问题解决的突破口上提高了思维品质,树立了必胜的信心.

4. 弘扬学生个性

在思维的各种品质中,创造性最为宝贵.在学生的各种能力中,创造能力的培养发展最为困难.而很多数学教师在实际教学中一讲到底,包办代替,扼杀了学生的思维的火花,培养出了很多高分低能的"解题能手".学生成为学习的机器,失去了创新的欲望.我们在课堂上应大胆放手,让学生真正成为学习的主人,让他们大胆猜想,不怕失败,勇于探索.我们应充分弘扬学生的个性,激发他们的奇思妙想,这对培养学生的创新思维与创新意识是大有好处的.

例如:在学完二次曲线方程之后,结合学校组织参观上海市复兴东路隧道博物馆,我安排了这样一节习题课:请设计一海底隧道的横截面图,要求通行的车辆限高为3米,限宽为1.6米,并且可以两辆车对开,对开时两车之间的横向安全距离为0.6米.

这一问题的设计,充分给予学生思考的时间和空间,学生的思维像脱缰的野马，课堂气氛热烈，掀起了一个又一个高潮，同学们踊跃发言，争相交流自己的研究成果，有设计成半圆形的、半椭圆形的、抛物线形的；有矩形、正方形的、等腰梯形的、三角形的，甚至还有同学设计成圆形上下4通道，非常有创意．物理学得好的同学利用力学原理研究隧道受力情况，排除了矩形、正方形、等腰梯形、三角形设计．其余三种通过建立直角坐标系，很快求出它们的方程，完成了海底隧道横截面图纸的设计．

点睛 老师设计探索性和开放性的数学问题，让学生真正充当了一回海底隧道"工程设计师"，课堂成了工程设计研讨会，学生在自由探索的过程中，各抒己见．老师不光有效地完成了教学内容，而且使学生的自我价值得到充分的实现，学生创新成功的喜悦不言而喻．

5. 搭建参与平台

在现代社会里，合作是人与人之间如何相处的一门艺术，社会的和谐发展，国家的繁荣昌盛都以合作精神，团队意识为基点．在数学教学中，师生互动，学生之间的质疑、补充，分组讨论都是合作，教师应巧妙搭建学生参与的平台，让学生体验合作的喜悦，分享成功的价值．

例如："椭圆的性质"一节课，首先让学生自己总结椭圆的性质：对称、顶点、范围以及研究性质时所运用的方法．最后提出问题：国家大剧院目前已进入内部安装阶段，设计人员打算将舞台安装在椭圆的一个焦点处，贵宾席安装在另一个焦点处，这是为什么呢？请同学们分组课后探索，上网搜索有关椭圆光学性质的资料，分析这一设计的科学性，咱们下节课请各组交流自己的研究成果．结果第二天的数学课出乎意料的精彩．

同学们在课后自行分组，落实任务，安排活动的时间和地点，在相互合作中学会了分工、尊重，懂得了责任、包容．学生深刻地意识到在现在这个知识大爆炸，科技高度发达的时代，要有新的发明创造，要高效率地完成一件事，光靠个人的力量，是远远不够的，必须发挥团队的力量，依靠集体的智慧，凭借大家的分工合作才能取得最后的胜利．

点睛 这段描写学生参与团队协作完成科学探索，这样的教学片断在数学课堂教学过程中处处可见，进一步论证了数学课堂教学德育渗透的途径之广，方法之多．

6. 揭示数学美学

孔子说过:"习之者不如好之者,好之者不如乐之者."德育当然包含美育.数学充满了美:有数学语言的简洁美,有解决数学问题的奇异美,有整个数学体系的和谐美,还有具体内容与形式之间的相似现象所构成的相似美,因此,我们在数学教学中就应该充分揭示数学美,激发学生的学习兴趣,提升他们的内在素质,培养他们的审美观.

例如"对数函数的图像和性质",在最后5分钟,利用多媒体手段,分$0<a<1$和$a>1$两种情况把对数函数的图像和性质与学过的指数函数进行对照比较,加深学生对指数、对数函数互为反函数这一本质的认识和理解.使学生头脑中的知识条理化、系统化.训练学生快速准确地画出对数函数图像的草图.最后我指着同一坐标系中指数、对数函数图像,提问学生画面美不美?美在哪里?同学们异口同声地说对称美.我触景生情,赋诗一首:"对数把镜照,指数镜中笑,你我同根生,何必来比俏!"

通过指数函数和对数函数图像对称美的教学,学生不仅加深理解了这两种函数之间的关系,还能培养他们正确的审美观,联想到现实生活中的对称美,更能让学生带着美的眼光,体会和欣赏王维的诗句"明月松间照,清泉石上流",感受它所具有的自然意境美和文字对仗工整之美.正如苏联教育家苏霍姆林斯基说过:"美是一种心灵的体操——它使人们的精神正直、心地纯洁和信念端正."

点睛 对学生进行数学美学熏陶,提升学生的修养,纯洁他们的心灵,培养他们的学习兴趣,提升他们的审美情趣.

总之,数学课堂中的德育教学不是刻意的,人为的,它本身就在数学当中,与数学课堂教学相伴相随,不可分割.教师必须用心挖掘每一个德育点,有目的,有计划,有组织地运用各种手段,把德育内容有机地贯穿于数学教学活动之中,努力做到德育内容与知识传授融为一体,"随风潜入",育人无声,使学生在自然轻松的氛围中接受思想教育,以达到德育、智育的双重教育目的.

点睛 文章小结画龙点睛,回归文章主题:数学课堂教学德育渗透的途径和方法不是刻意和人为的,教师应该做到德育渗透润物无声,清新自然.

【文脉结构】

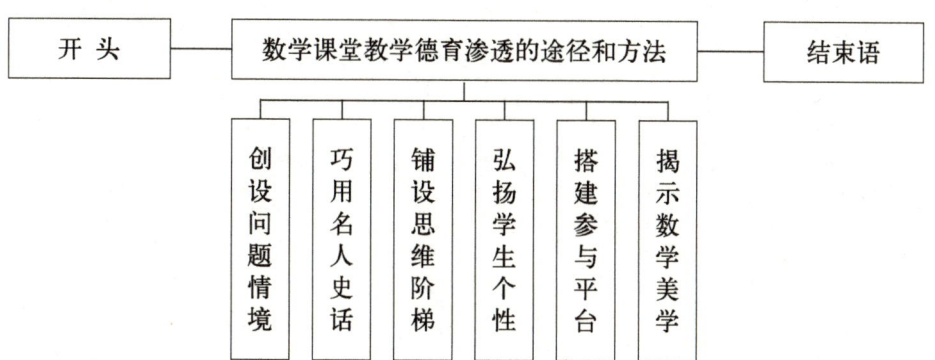

3.5 论文的参考文献

我们在撰写一篇文章的时候,往往经历选定主题、确定标题、拟定提纲、撰写初稿、修改文稿等四个阶段.在撰写初稿之前往往先要通过查阅参考资料,这一过程是不可或缺的,这就牵涉到资料的查阅问题,可以通过查阅身边的书籍和专业期刊,也可以网上搜索相关条目.查阅书籍和期刊比较繁琐,难度较大,比较方便的就是网上搜索.常用的期刊文献数据库有中国期刊全文数据库(http://www.cnkie.net/)、维普资讯网中文期刊数据库(http://www.cqvip.com)、中国知网(http://cnki.ltugx.pw/)、百度文库(https://wenku.baidu.com/)等很多种,有的是免费的,也有的需要收费.

查阅资料不等于就是抄袭别人,目的是为了了解前人在这方面到底做了哪些工作,做到什么程度,如果发现前人已经解决了这方面的问题,那我们就得转换主题;如果发现前人在研究这一问题过程中存在某些漏洞,或还有未能完全解决的问题,我们也可以与某人商榷和讨论,使得讨论进一步深入.

查阅资料的过程中必须做好笔记,记录众多论文中共性的东西,再结合日常教学工作中的思考,往往就能发现值得研究的素材,为研究做好准备工作;同时也是搜集所要研究的课题的理论依据,现实意义和教学实例,值得借鉴的某些观点或者论述,可以将这些关键性的文字和段落摘录下来加以保持,为教学研究所用.比较传统的摘录方法是抄在卡片上,并在卡片上注明时间,就是通常所说的文摘卡,如果觉得麻烦也可以复制粘贴到 Word 文档保存,作为每天的学习笔记,发表在自己的网络教学日记(博客)上.

在完成论文的写作之后,在论文的末尾一般都要列出论文写作过程中参考和引用的现成论点、数据、事实的文献依据,如实地列举出参考文献,表明论文作者对他人的劳动成果的尊重和严肃认真的科学态度.当然参考文献没必要列入与本文无关的信息,那种哗众取宠、显示渊博的做法也是不可取的.这一点往往被初学写作者所忽视.

参考文献规范应有如下要求:引文应以原始文献和第一手资料为原则.凡引用他人观点、方案、资料和数据等,无论是发表过的还是未曾发表过的,均应详加注释.凡转载或引用文献资料,都应如实说明.学术论著应合理地使用引文,对已有的学术成果的介绍、评论、引用和注释,应力求客观、公允、准确.参考文献的著录规格有明确的要求,太略了不便于他人查阅.一般规格如下:

参考书籍:作者.书名、出版社所在地、出版社、出版时间、版次、页次.

例:张亚东.数学教学设计案例点睛[M].上海:上海教育出版社,2017.103.

参考期刊:作者.文章名称、刊物名称、年份、期次、页次.

例:鲍建生,黄荣金,易凌峰等.变式教学研究(续)[J].数学教学.2003,2.

注:方括号标出的是文献类型,如:A 为论文集中的论文,C 为论文集,D 为学位论文;J 为期刊论文;M 为专著;N 为报纸论文.

当然,内部资料不宜作为参考文献列出.各个期刊还有他们自己的特别要求,最好参考所投期刊最近几期文末的参考文献格式.

案例点睛 16

空间的距离

写作背景:当时我在江苏海安高级中学执教理科试验班,带领孩子们搞数学竞赛,发现杂志上开辟了一个数学竞赛讲座的新栏目,就查阅参考了很多竞赛书籍,按照杂志的要求写了一篇竞赛辅导讲座,发表于《中学数学教学参考》.

空间的距离分为点点、点线、点面、线线、线面、面面以及曲面上两点的距离等几种,其中线线、线面、面面的距离往往相互转化,最终转化为点面间的距离.

一、基础知识

1. 对于空间距离,我们主要研究异面直线的距离、点到平面的距离、直线和平面的距离以及两个平行平面间的距离.其中核心问题是点到直线、点到平面的距离.

2. 对于点面、线面、面面距离的计算,既要掌握其概念,又要能进行它们之间的转化,还要能通过作辅助图形及应用解三角形知识求出这些距离.

3. 对于异面直线的距离,常用的方法有直接法、转化法、极值法等.

4. 体积法是求距离的一种间接方法,也是一种常用方法,要灵活运用.

点睛 文章的格式完全参照《中学数学教学参考》前几期竞赛讲座的格式.

例1 已知正方体 $ABCD-A_1B_1C_1D_1$ 的棱长为 a,求异面直线 BD 与 B_1C 的距离(1991年北京市数学竞赛复赛题).

导析1(直接法):如何作出两异面直线的公垂线呢?直接找到与它们同时垂直且相交的直线似乎很困难,能不能先找出与它们同时垂直的直线呢? AC_1 显然就是.接下来将它平移到 OM 位置(M 为 CC_1 的中点),使其与 BD 相交,再平移到 EF 位置使之与 BD、B_1C 都相交,所以,EF 就是它们的公垂线(图1).利用比例关系,得

$$EF = \frac{2}{3}OM = \frac{1}{3}AC_1 = \frac{\sqrt{3}}{3}a.$$

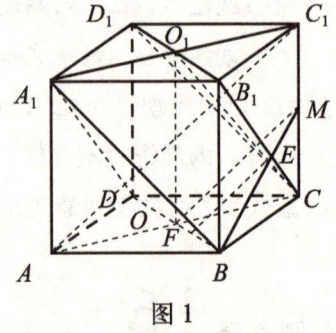

图1

导析2(转化为直线到平面的距离):找公垂线确实不易,能不能不找公垂线而求出它们的距离呢?方法是有的,可找出过其中一条直线 B_1C 且与另一条直线 BD 平行的平面.显然,平面 B_1D_1C 符合要求.而直线 BD 上任一点到此平面的距离都相等,当然要找一个恰当的点便于求距离,由面 $A_1ACC_1 \perp$ 面 B_1D_1C 知过点 O 向平面 B_1D_1C 作垂线,垂足必落在两平面的交线 O_1C 上,则

$$h = \frac{OC \cdot OO_1}{O_1C} = \frac{\sqrt{3}}{3}a.$$

亦可用体积法求点 B 到平面 B_1D_1C 的距离.

导析3（转化为两平行平面间的距离）：也可进行如下转化：构造分别过这两条异面直线的两平行平面，两平行平面之间的距离就等于这两条异面直线的距离．易证平面 B_1D_1C // 平面 A_1BD，∵ $C_1B_1=C_1C=C_1D_1$，∴ C_1 在平面 B_1D_1C 上的射影是 $\triangle B_1D_1C$ 的外心（即中心），易得点 C_1 到平面 B_1D_1C 的距离为 $\frac{\sqrt{3}}{3}a$，同理可知点 A 到面 A_1BD 的距离为 $\frac{\sqrt{3}}{3}a$，由 $AC_1 \perp$ 平面 B_1D_1C，知两平面的距离为 $\sqrt{3}a - \frac{\sqrt{3}}{3}a - \frac{\sqrt{3}}{3}a = \frac{\sqrt{3}}{3}a$．

把线线距离转化为线面（或面面）距离，再转化为点面距离是求空间距离问题的常用转化思想．

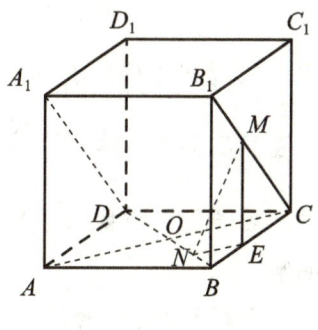

图2

导析4（极值法）：我们知道，公垂线段是异面直线上任意两点所连线段中最短者，所以，求两异面直线间的距离可转化为求函数最值（图2）．在 B_1C 上任取一点 M，过 M 作 $ME \perp BC$，垂足为 E，过点 E 作 $EN \perp BD$，垂足为 N，连接 MN，设 $BE=x$，则 $MN = \sqrt{\frac{1}{2}x^2 + (a-x)^2} = \sqrt{\frac{3}{2}(x-\frac{2}{3}a)^2 + \frac{a^2}{3}}$，∴当 $x=\frac{2}{3}a$ 时，$MN_{min} = \frac{\sqrt{3}}{3}a$．

求空间距离主要有以上四种方法，在解题时，注意它们之间的相互转化，同时还应选择适当而又简洁的方法，例如，运用异面直线上两点间的距离公式 $EF = \sqrt{d^2 + m^2 + n^2 \pm 2mn\cos\theta}$ 来解本题显然就不合适．

例2 线段 AB 与平面 α 平行，平面 α 的斜线 A_1A、B_1B 与平面 α 所成的角分别为30°和60°，且 $\angle A_1AB = \angle B_1BA = 90°$，$AB=a$，$A_1B_1=b(b>a)$，求 AB 与平面 α 的距离．

导析：作 $AC \perp \alpha$，垂足为 C，则 AC 即为所求距离．作 $BD \perp \alpha$，垂足为 D，∵ AB // α，∴ AB // CD，由已知可证 $AB \perp$ 面 A_1AC，同理可证 $AB \perp$ 面 B_1BD，∴面 A_1AC // 面 B_1BD，由面面平行的性质定理可知 A_1C // B_1D，考虑到 A_1、B_1 在 CD 的同侧或在 CD 的异侧，所以要分两种情况讨论：

（1）如图3（1），A_1、B_1 在 CD 的同侧时，过点 B_1 作 $B_1E \perp A_1C$，垂足为 E，由已知 $\angle AA_1C=30°$，$\angle BB_1D=60°$，设 $AC=x$，则 A_1E 可用 x 表示，在 $Rt\triangle A_1EB_1$ 中，

利用勾股定理列方程,解得 $x=\dfrac{\sqrt{3}}{2}\sqrt{b^2-a^2}$.

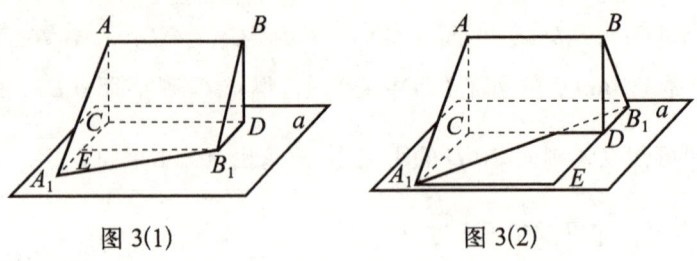

图 3(1)   图 3(2)

(2)如图 3(2),A_1、B_1 在 CD 的异侧时,在平面 α 内作 $A_1E \perp B_1D$,交其延长线于 E,同理可得 $AC=\dfrac{\sqrt{3}}{4}\sqrt{b^2-a^2}$.

思考问题时要考虑到点、线、面的各种位置关系,注意分类讨论,防止漏解.

点睛 例 1 从四种不同的角度得到求异面直线距离的常用方法. 例 2 是线面距离的求法,例题选择具有代表性.

二、综合运用

例 3 一根长为 a 的木梁,它的两端悬挂在两条互相平行的长度都是 b 的绳索下,木梁处于水平位置,如果把木梁绕通过它的中点的铅垂轴转动一个角度 φ,那么木梁升高多少(波兰数学奥林匹克三试题)?

导析:如图 4,设 M、N 为悬挂点,AB 为木梁的初始位置,设 S 为木梁的中点,l 为过 S 的铅垂线,木梁绕 l 转动角度 φ 后位于 CD 位置,T 为 CD 的中点,那么木梁上升的高度为异面直线 AB、CD 之间的距离 ST. 作 $TK \parallel AB$ 交 MA 于 K,则 $AK=ST$. 设 $ST=x$,连结 K、C. 在 △KCT 中,$KT=CT=\dfrac{a}{2}$,∠$KTC=\varphi$,因此

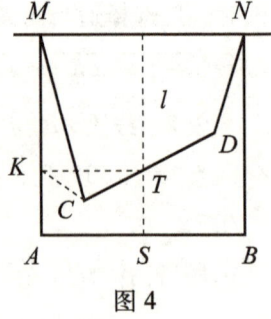

图 4

$KC=a\sin\dfrac{\varphi}{2}$,$KM=\sqrt{b^2-a^2\sin^2\dfrac{\varphi}{2}}$,∴ $x=b-\sqrt{b^2-a^2\sin^2\dfrac{\varphi}{2}}$.

当 $b \leqslant a$ 时,木梁转动的角 φ 不能超过 $2\arcsin\dfrac{b}{a}$. 特别地,当 $b=a$ 时,φ$=180°$,两绳重叠;当 $b>a$ 时,木梁转动角的最大值等于 $180°$,如 φ$=180°$时,悬挂木梁的绳索十字交叉.

例4 三个圆柱侧面两两相切,并且它们的轴也两两互相垂直.如果每个圆柱底面半径都是 r,求与这三个圆柱侧面都相切的最小球的半径.

导析:本题空间结构很复杂,由于三圆柱侧面两两相切且轴相互垂直,联想到一个棱长为 $2r$ 的正方体 $ABCD-A_1B_1C_1D_1$ 的三条相互垂直且异面的棱 AA_1、BC、C_1D_1,让三圆柱的轴线与它们重合.由正方体的对称性可知,球心一定为正方体的中心 O,又小球面与圆柱侧面相切,中心到棱的距离等于小球半径与圆柱底面半径之和,所以问题转化为求点 O 到棱 AA_1 的距离,易知球的半径为 $(\sqrt{2}-1)r$.

从空间结构很复杂的几何背景中,抽象概括出数学模型,化难为易.

例5 设地球半径为 R,A、B 两地分别位于北纬45°和南纬45°圈上,且这两地间的经度差为90°,求 A、B 两地间的球面距离.

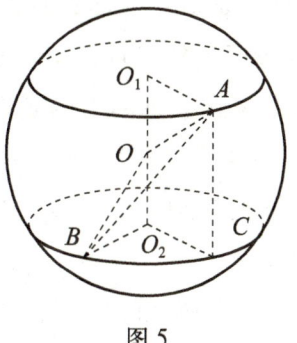

图5

导析:如图5,设球心为 O,北纬45°和南纬45°圈所在圆的圆心分别为 O_1、O_2,则 O_1、O、O_2 三点共线,连接 OB、OA,则 $OA=OB=R$,$\angle O_1AO=\angle O_2BO=45°$,又 $\because O_1O_2 \perp$ 截面⊙O_2,$\therefore \angle BO_2C$ 为二面角 $B-O_1O_2-C$ 的平面角,则 $\angle BO_2C=90°$,$\therefore$ 在 $Rt\triangle BO_2C$ 中 BC 可求,从而在 $Rt\triangle ABC$ 中 AB 可求.又 $\because$ 球面距离等于球心角的弧度数乘以球的半径,$\therefore$ 要求 A、B 两地间的球面距离,关键要求球心角 AOB 的弧度数.在 $\triangle AOB$ 中运用余弦定理即可求得 $\angle AOB=\dfrac{2\pi}{3}$,$\therefore A$、$B$ 两地间的球面距离为 $\dfrac{2\pi}{3}R$.

地球半径为 R,其表面上两点的经度差为 $\theta(0 \le \theta \le \pi)$,它们的纬度分别为 θ_1、θ_2,那么该两点的球面距离为 $R \cdot \arccos(\cos\theta_1\cos\theta_2\cos\theta \pm \sin\theta_1\sin\theta_2)$(点在赤道同侧时取"+",异侧时取"−");其他可展多面体与旋转体表面上两点间距离的求法,可利用侧面展开图,根据平面上两点间直线段最短求解.

例6 证明:正四面体 $ABCD$ 的外接球球心 O 到它的四个顶点距离之和,小于空间中其他任一点 P 到这四个顶点的距离之和(第八届国际数学奥林匹克试题).

导析:正四面体的外接球的球心即为它的中心,联想到平面几何中运用面积法证明正三角形内的任意一点到三边的距离之和为定值,我们可以运用体积法来证明这样一个简单的事实:正四面体内任意一点 P 到四面体各个面的距离之和等于该四面体的高 h. 现构造一正四面体 $A_1B_1C_1D_1$ 外接于已知正四面体 $ABCD$,且使它们的对应面相互平行,点 A、B、C、D 分别为各面的中心,如

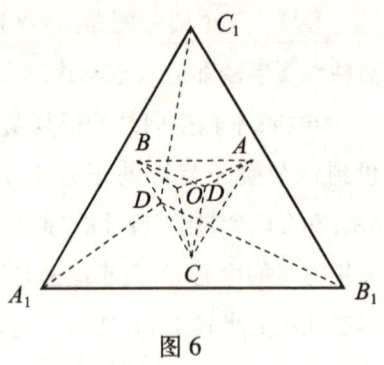

图6

图6. 显然,两正四面体相似,且中心重合,OA、OB、OC、OD 为 O 点到正四面体 $A_1B_1C_1D_1$ 各面的距离,$\therefore OA+OB+OC+OD=h$. 对于正四面体 $A_1B_1C_1D_1$ 内或面上任一点 P,PA、PB、PC、PD 一定不小于它到正四面体 $A_1B_1C_1D_1$ 各面的距离,而点 P 到正四面体 $A_1B_1C_1D_1$ 各面的距离之和也等于 h,则有 $PA+PB+PC+PD \geqslant h=OA+OB+OC+OD$(点 P 与点 O 重合时取"="号). 那么,对于正四面体 $A_1B_1C_1D_1$ 外任一点 P,便有 $PA+PB+PC+PD > OA+OB+OC+OD$ 成立.

与平面几何知识进行类比,有助于得到证明的正确思路.

点睛 例4、例5、例6从不同的角度,举例说明空间的各种距离的求法. 强调转化方法. 提供详细的解题过程,便于读者阅读.

三、强化训练

1. 已知三棱锥 S-ABC 底面是边长为 $4\sqrt{2}$ 的正三角形,棱 SC 的长是2,且垂直于底面,E、D 分别是 BC、AB 的中点,求 CD 与 SE 间的距离.

2. 已知 $ABCD$ 是边长为4的正方形,E、F 分别是 AB、AD 的中点,GC 垂直于 $ABCD$ 所在的平面,且 $GC=2$,求点 B 到平面 GEF 的距离.

3. 直线 $AB \parallel CD$,且 AB、CD 在平面 α 内,AB 与 CD 相距28cm,直线 EF 在平面 α 外,$EF \parallel AB$,且 EF 与 AB 相距17cm,EF 与 α 相距15cm,求 EF 和 CD 间的距离.

4. $\triangle ABC$ 的重心 G 在平面 α 内,三顶点到平面 α 的距离分别为 a、b、c,求证:a、b、c 中必存在两者之和等于第三者.

5. 正四棱锥 S-$ABCD$ 的底面边长为 a,侧棱和底面成60°角,求底面上任

意一点 P 到各侧面的距离之和.

6. 半径均为 r 且两两相切的四个球放在桌面上.

(1) 求最高点到桌面的距离;

(2) 若四个球之间有一体积最大的小球,求该小球半径及球心到桌面的距离.

7. 三个平面两两垂直,空间一点到它们的距离分别为 a、b、c,求该点到三平面公共点的距离.

8. 三棱锥 $ABCD$ 内任一点 P 到顶点 A、B、C、D 相对面的距离分别为 p_a、p_b、p_c、p_d,顶点 A、B、C、D 与其相对面的距离分别为 h_a、h_b、h_c、h_d. 求 $\dfrac{p_a}{h_a}+\dfrac{p_b}{h_b}+\dfrac{p_c}{h_c}+\dfrac{p_d}{h_d}$ 的值.

9. 高为 20,底面直径为 4 的圆柱形容器内,最多能放入半径为 1 的小球多少个?

答案或提示

1. $\dfrac{2\sqrt{3}}{3}$.提示:可试用例 1 的各种方法求解.

2. $\dfrac{2\sqrt{11}}{11}$.提示:可用直接法、体积法、转化法求解.

3. 25cm 或 39cm.提示:分两种情况讨论.

4. 提示:作出合理准确的空间图形是证题的关键.

5. $\dfrac{2\sqrt{42}}{7}a$.提示:以 P 点为顶点,以棱锥侧面为底面的四个小锥体的体积之和等于整个正四棱锥的体积,列方程可解得.

6. (1)$(\dfrac{2\sqrt{6}}{3}+2)r$;(2)$(\dfrac{\sqrt{6}}{2}-1)r$,$(\dfrac{\sqrt{6}}{6}+1)r$.提示:四球的球心连线构成棱长为 $2r$ 的正四面体,球心是正四面体的中心,小球半径与 r 的和为中心到顶点的距离.

7. $\sqrt{a^2+b^2+c^2}$.提示:构造长方体,转化成求长方体的体对角线长.

8. 1.提示:四个比例分别转化为部分与整体的体积之比.

9. 26.提示:每一层只能放两个球,每相邻两层的四个球的球心连线构成边长为 2 的正四面体,其相对棱之距即为相邻两层之距.

点睛 文末提供 9 道强化训练题及答案提示是杂志上竞赛讲座的格式要求.

【文脉结构】

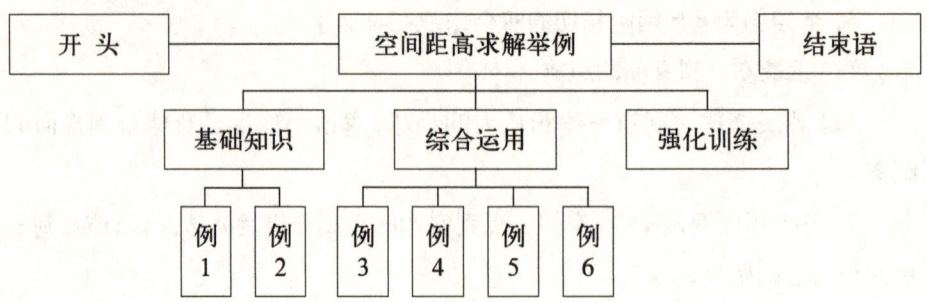

参考文献

[1] 张亚东.数学课堂教学如何适时抖"包袱"[J].中学数学,2007(4).

[2] 张亚东.数学课堂教学如何适时抖"包袱"[J].中学数学教与学,2007(8).

[3] 张亚东.试题新活拒绝题海——2015年高考题评价.文汇报,2015年6月19日文汇教育.

[4] 张亚东.空间的距离[J].中学数学教学参考,2001(1).

[5] 张亚东.数学课堂德育渗透途径与方法[J].上海师范大学学报,2008(2).

第四章

数学科研论文的包装

人靠衣装马靠鞍,明星靠包装,文章更要有好的包装。除了文章选题准确之外,还要注意给文章取一个响亮的名字,同时给文章划分好几个结构层次,让读者一目了然你从哪几个方面论证,再给文章找到理论依据,证明是在理论指导下的实践,对文中的文字、图表应认真修饰,让编辑老师一看作者就是行家里手,对文章内容进行深度发掘,想别人所未想,发别人所未发。

4.1 给文章取个响亮名字

  一个新颖的标题，给人以清新脱俗、耳目一新的感觉，能一下子抓住编辑和读者的眼球，激发起认真阅读的兴趣.

  读者在阅读一本期刊的时候一般先浏览目录，新颖的标题就会有很大的吸引力.可见，文章的标题是文章的眼睛，是论文精髓的集中体现，给论文取一个响亮的名字是论文写作成功的关键，透过标题可以让人凝视论文的中心，揭示论文的主题，让人读起来很有激情，打动读者的心扉.论文的题目，必须字斟句酌，要用最恰当最简明的词句组合以概括全篇的内容，并能引人注目.
  标题的形式多种多样，可以明确点明题意，也可以仅指出研究的问题范畴，还可以用提问的形式.对研究的问题要一目了然，让读者读后有爱不释手之感.一是要实事求是，恰如其分，不能过大也不能过小.过大使人读后感到太空，而过小则涵盖不了所写的内容；二是要讲究语法，叙述清晰明了，逻辑严谨，突显论文核心；三是要控制字数，直奔主题，不绕弯子，一般不超过20字为宜.
  我写文章的时候非常注重标题的拟定，有时候要反复斟酌.比如《数学课堂教学如何适时"抖包袱"》一文说穿了就是课堂如何提问，但通过借助说相声的抖包袱一词就非常形象生动；《数学课堂教学如何讲好"中国故事"》一文到底讲什么中国故事呢？引导读者不得不继续读下去；《瞄准"要害"方能使课堂教学更高效》一文实际上就是说课堂教学要针对教学目标;《"圈养"与"散养"在传承中创新》一文通过散养与圈养的对比,阐述在传承中创新的具体做法;《课堂教学如何让学生自己找到"回家的路"》一文通过故事引入如何讲解数学问题;《不要一次泄露所有的"秘诀"——波利亚"教师十诫"给我们的启示》一文标题中"秘诀"和"教师十诫"都相当吸人眼球;还有比如《课堂教学如何铺设数学思维"画卷"》、《"变换角色 授生以渔"的教学尝试》、《堆球问题给我们的启示》、《n 刀最多能把西瓜切成多少块?》,这些文章的标题新颖别致,令读者欲罢不能.

我们在教学实践中获得的感性材料的基础上得出理性认识,或者我们在现代教学理论指导下的教学实践体会感悟,通过对教育现象的分析反思,总结出具有操作性的,能提高课堂教学效率,培养学生核心素养的具体做法.这种经验型论文的题目一般可以《……的教学尝试》、《……的例谈》、《……的做法》等,这种实践性、推广性、应用性较强的论文也是非常受欢迎的.

案例点睛 17

课堂教学如何铺设数学思维"画卷"
——"定义法求轨迹"的教学设计与感悟

写作背景:2008 年 8 月 8 日北京奥运会开幕了,观看开幕式的时候,联想到最近一节公开教学示范课,突发奇想,论文标题改为《课堂教学如何铺设数学思维"画卷"》.本文投寄华东师范大学《数学教学》,编辑老师认为所列举例题在前期的编辑过程中遇到过,作为退稿处理.三个月后改投,发表于湖北大学《中学数学》.

奥运会开幕式运用具有我国古代传统特色的画卷,贯穿整个演出过程,成为成功展示中国五千年悠久文化历史的一根主线,更加突出了"同一个世界、同一个梦想"的奥运主题.这让我们联想起数学教学设计,课堂教学同样应该围绕数学思维这根主线,使之贯穿课堂教学的始终,突出教学重点,突破难点.下面就《定义法求轨迹》的教学设计谈谈如何铺设数学思维"画卷".

点睛 借用奥运会开幕式"画卷"一词,给文章取了个响亮的名字,吸引读者的注意.

1. 情境导入 "画卷"展开

本节课是在学习了圆锥曲线定义及其标准方程的基础上,学习运用定义法探究动点运动轨迹的方法,采用上海市二期课改新教材.我想利用变式教学的方式,组织学生讨论交流,领悟定义法求轨迹的精髓.先由简单的问题入手,引入定义法,激发学生思维.

师:前面我们学习了椭圆、双曲线、抛物线的定义及其标准方程,请看下面问题:求圆 $x^2+y^2=1$ 上一点 P 与圆外一点 $A(3,0)$ 连线中点 M 的轨迹及其方程.

生1:设中点 $M(x,y)$,点 $P(x_0,y_0)$,则有 $\begin{cases} \dfrac{x_0+3}{2}=x \\ \dfrac{y_0+0}{2}=y \end{cases}$,解得 $\begin{cases} x_0=2x-3 \\ y_0=2y \end{cases}$,代入 $x_0^2+y_0^2=1$,化简得 $(x-\dfrac{3}{2})^2+y^2=\dfrac{1}{4}$,轨迹是以点 $N(\dfrac{3}{2},0)$ 为圆心,$\dfrac{1}{2}$ 为半径的圆.

师:很好,他运用相关点法解决了问题,还有不同想法吗?

生2:取 OA 的中点 N,$|MN|=\dfrac{1}{2}|OP|=\dfrac{1}{2}$ 为定长,所以中点 M 的轨迹为以点 $N(\dfrac{3}{2},0)$ 为圆心,$\dfrac{1}{2}$ 为半径的圆,其方程为 $(x-\dfrac{3}{2})^2+y^2=\dfrac{1}{4}$.

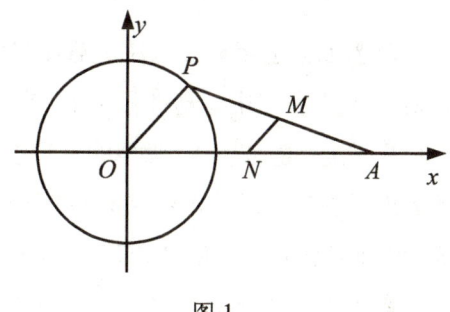

图1

师:两位想法都很好,生1是先求出动点的方程,再由方程求轨迹;而生2从几何角度,观察动点运动过程中的几何不变性,利用圆的定义求出动点的轨迹,然后由轨迹得方程.我们把后一种方法称为定义法.

思维火花是在求异思维的过程中迸发出来的.通过两种解法的对比,事实证明定义法比较简单,必然引起学生的兴趣,激活他们的思维,学生自然会深深地投入,思维"画卷"逐步展开.

师:定义法比较简单明了,那么我们学过哪些曲线定义可作为定义法求轨迹的依据?请同学们回顾一下.

生3:平面上满足$|PF_1|+|PF_2|=2a(2a>|F_1F_2|)$动点$P$的轨迹是椭圆;

生4:平面上满足$||PF_1|-|PF_2||=2a(2a<|F_1F_2|)$动点$P$的轨迹是双曲线;

……

运用定义法求轨迹必须准确把握圆锥曲线的定义,这里组织同学们讨论、回顾曲线定义,准确把握概念是十分必要的,这是成功铺设"画卷"的前提.

点睛 情境引入,紧扣主题,复习圆、椭圆、双曲线的定义,引出下文.

2. 深化应用　翩翩起舞

师:求圆$x^2+y^2=25$上一动点P和点$A(4,0)$连线的垂直平分线与直线PO交点Q的轨迹方程.

生5:连QA,则$|QO|+|QA|=|QO|+|QP|=5>4$所以Q点的轨迹是以O、A为焦点的椭圆.

方程为$\dfrac{(x-2)^2}{\dfrac{25}{4}}+\dfrac{y^2}{\dfrac{9}{4}}=1$.

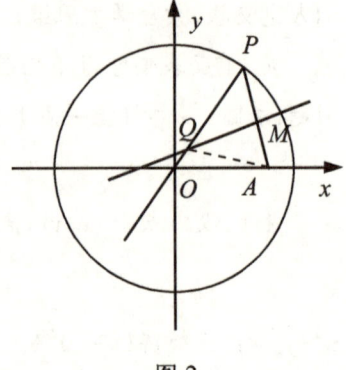

图2

本题如果运用相关点法运算相当麻烦,充分体现了学习定义法求轨迹的必要性.P点在圆上运动过程中$|QO|$与$|QA|$之和始终保持不变,而这种不变性具有一定的隐蔽性,让学生的思维在老师精心辅设的"画卷"上翩翩起舞.教师运用"几何画板"演示动点运动轨迹,必须注意的是,多媒体只能用来探究轨迹和验证结论是否正确,切不可代替学生的思维.

点睛 在熟悉曲线定义的基础上,举出利用定义法求轨迹及方程的具体实例.

3. 发散类比　思维碰撞

师:如果我们把A点坐标改为$(6,0)$,点Q的轨迹如何?

生6:$|QA|-|QO|=|QP|-|QO|=5$为定值,所以Q点的轨迹是以O、A为焦点的双曲线,方程为$\dfrac{(x-3)^2}{\dfrac{25}{4}}-\dfrac{y^2}{\dfrac{11}{4}}=1$(图3).生6的回答引来一片争论:

生7:不一定是双曲线,必须判断定值$2a$与$2c$的大小,当$2a<2c$时轨迹才是双曲线,否则不是.

生8:满足$|QP|-|QO|=2a$且$2a<2c$的点的轨迹只能是双曲线的一支.

生9：当P点运动到图4位置时|QA|-|QO|=5，所以|QA|-|QO|应该加上绝对值，这样才表示整个双曲线（这时"几何画板"起了作用）．

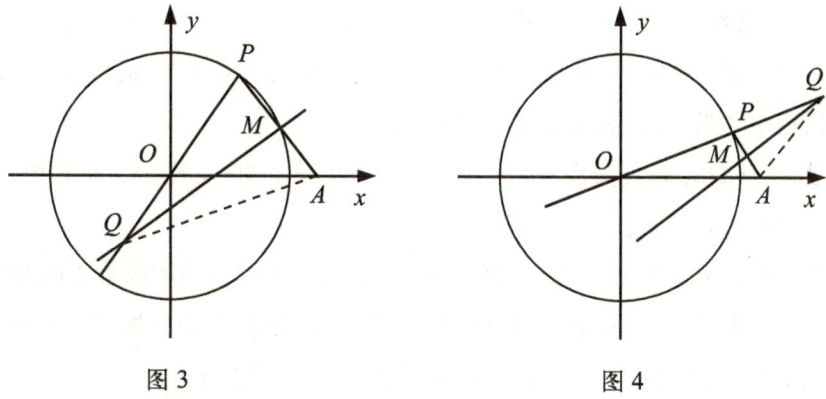

图3　　　　　　　　　　图4

真理不辩不明，充分暴露学生的思维，产生思维碰撞，加深学生对双曲线定义的理解，是培养学生思维深刻性和严密性的大好时机，切不可一带而过，用教师的思维代替学生的思维．只有充分暴露思维，教学系统才能成为真正的开放系统．

【点睛】　文章层次递进，逐步深入，由椭圆类比到双曲线，先根据定义作出猜想，再利用现代教学技术进行验证．

4. 思维拓展　高潮迭起

运用"几何画板"演示当P点绕圆运动一周时Q点轨迹，把A点从圆内拖到圆外，观察运动过程中，Q点轨迹从椭圆逐步变成双曲线的连续变化过程（由图5连续变化到图6）．

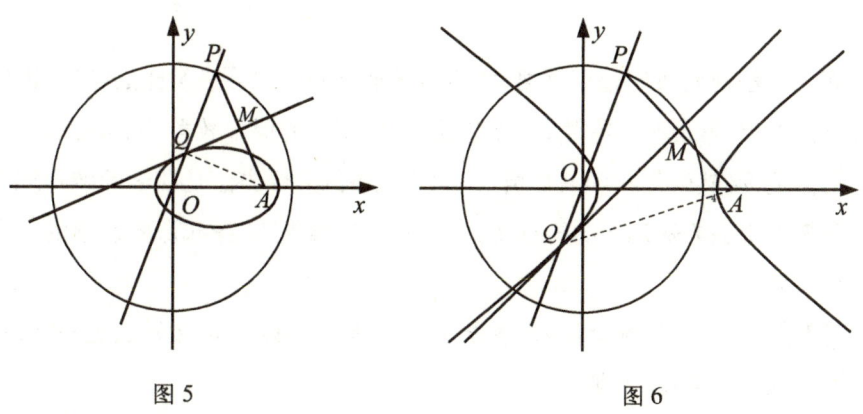

图5　　　　　　　　　　图6

在运动变化过程中体会 A 点的位置对轨迹形状的影响,感悟椭圆与双曲线的统一性,体验数学的运动、统一、和谐之美.而上海新教材缺少圆锥曲线统一定义,有必要拓展学生的思维.

停留在图 5 位置,让学生观察直线 MQ 与椭圆的位置关系,提出问题:当 P 点绕圆运动一周,直线 MQ 扫过的区域是什么?

生 10:MQ 始终与椭圆相切,当 P 点绕圆运动一周,直线 MQ 贴着椭圆滚动一周,扫过的区域是椭圆的外部(图 7).

MQ 扫过的区域实际上是直线上所有点随点 P 的运动所成轨迹的集合.通过对运动曲线的观察、想象、猜想、探索,形成积极进取、勇于探索、不断创新的思维品格,促使思维素质的提升,思维"画卷"进一步打开.

师:类比双曲线,你能提出一个与此类似的结论吗?

生 11:点 A 在圆外时,MQ 与双曲线相切,当 P 点绕圆运动一周时直线 MQ 贴着双曲线滚动一周,扫过的区域是双曲线的外部(图 8).

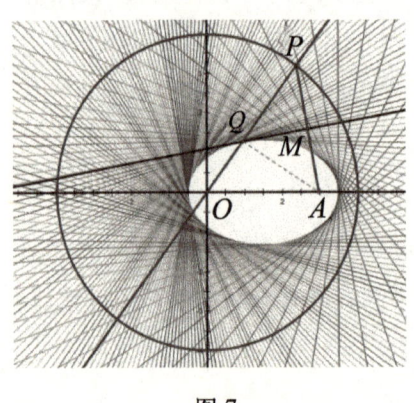

图 7

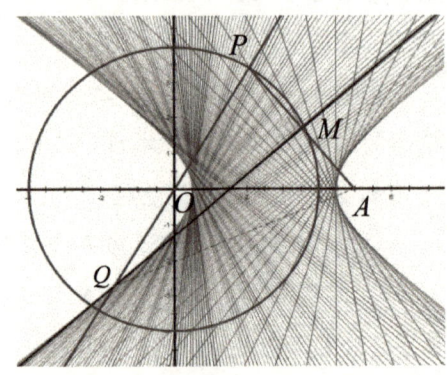

图 8

提出问题比解决问题更重要,学生有前面椭圆与双曲线类比的经历,提出问题水到渠成.常说教学有法,教无定法,一成不变的课堂教学,无法激起学生的学习情趣,必然淡化其学习热情.而超凡脱俗的教学方法是在老师娴熟地掌握一般教学方法的基础上的再创造,具有强烈的感染力,掀起课堂教学的一个又一个高潮.

点睛 利用现代教学技术,展示连续运动变化过程,描述动点运动轨迹,使得文章进一步深入,高潮迭起.

5. 逆向思维　增光添色

师：点 Q 在椭圆 $\dfrac{(x-c)^2}{a^2}+\dfrac{y^2}{b^2}=1$ 上运动，过右焦点 A 作 $\angle OQA$ 的外角平分线的垂线，交直线 OQ 于 P，求 P 点的轨迹方程（图9）.

生12：因为 $|PO|=|PQ|+|QO|=|AQ|+|QO|=2a$，所以 P 点的轨迹为以点 O 为圆心半径为 $2a$ 的圆，方程为 $x^2+y^2=4a^2$.

本题实际是上一问题的逆向问题，对学生进行逆向思维训练，让学生在逆向思维过程中学会抓住问题的本质，理解定义法求轨迹的精髓．数学课堂的首要任务就是造就学生的创新思维能力，而创新思维能力的培养需要有创新冲动，变换思维角度是产生冲动的必要条件．

点睛 通过问题的逆向思维，突出体现文章主题：铺设数学思维画卷.

6. 类比发现　完美收官

师：你有新的发现吗？

生13：类比双曲线，得到类似的结论：点 Q 在双曲线 $\dfrac{(x-c)^2}{a^2}+\dfrac{y^2}{b^2}=1$ 上运动，过右焦点 A 作 $\angle OQA$ 的外角平分线的垂线，交直线 OQ 于 P，可求 P 点的轨迹方程.

数学家波利亚说过，类比是发现的源泉．这时类比已经成为学生的自觉行为．学生通过作图、讨论、探究，发现椭圆换成双曲线之后，曲线定义发生了本质变化，这一结论并不成立．进一步引导学生分析导致类比错误的原因，很快发现只要把外角平分线改为内角平分线就可以了（图10），成功的喜悦溢于言表，学生在类比发现中得到启迪，思维"画卷"得以充分展开.

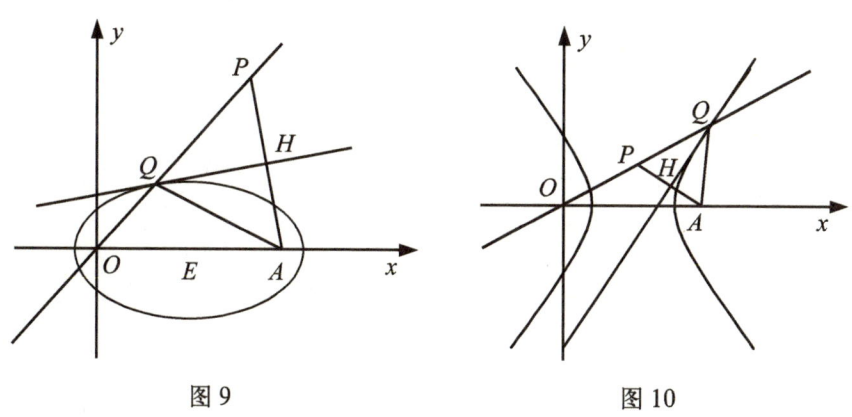

图9　　　　　　　　　　图10

本设计由一道常见题出发，引导学生进行联想、类比、逆向思维，提供探索的空间和时间，创设活动情境，营造活动氛围，鼓励学生敢于、善于运用已有的方法去思考、去发现、去交流、去感受，让课堂成为展示思维过程的平台，达到"授生以渔"的目的. 随着"画卷"的不断展开，学生的思维沿着老师的精心设计拾级而上，仿佛李宁举着火炬，像神话中的夸父般奔跑在"画卷"中，掀起了开幕式的高潮. 所以我们的数学教学要从茫茫的题海中解脱出来，教师要精心设计问题，铺设好思维"画卷"，数学课堂教学必然焕发出勃勃生机，与奥运会开幕式一样令世人瞩目.

点睛　按照课堂教学的流程，把文章分成六个部分论证，结构清晰，层次递进，不断深入. 文章紧扣主题，重点描写教师是如何铺设数学思维画卷的. 所以写文章不仅要给文章取个响亮的名字，更重要的是文章如何紧扣主题，突出体现关键词语.

【文脉结构】

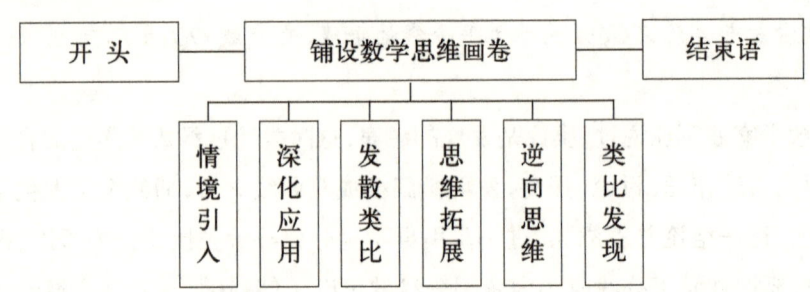

4.2　给文章划分几个层次

　　文章的写作,不但要言之有物、言之成理,而且还必须言之有序,也就是要考虑先写什么、后写什么,如何开头,如何结尾,如何过渡承接,如何详略得当等等.

　　我们写文章首先关注文章的结构.所谓结构,本意是指建筑房屋所立起来的间架,是建筑学的专业术语,我们借用来指文章的组织形式.文章一般分为开头、正文、结尾三个部分,在正文部分为了展开论证,有时要划分为若干层次,让结构更加合理,层次清晰,使读者快速了解文章的大意,有一种赏心悦目的感觉.
　　写文章要学会脉络清晰,层次分明.脉络清晰就是行文要有一条主线,一贯到底,使零散的材料系统化;所谓层次分明,就是指文章的每一段都要合乎逻辑地安排,既有相对的独立性,又有整体上的联系性.例如《"圈养"加"散养"在传承中创新》一文从情境引入、概念形成、类比教学、教学反馈四个方面进行"圈养"与"散养"的教学设计对比,得出结论:"圈养"和"散养"各有各的好处,从而得出"圈养"加"散养",在传承中创新的结论,进一步突出了文章的主题.
　　数学研究类文章一般反映数学教学所固有的规律,按照进程有层次、有条理地加以阐述.记叙体例类的文体可以依据这一逻辑形成开端、发展、高潮、结局的结构过程.例如:《数学课堂教学如何适时"抖包袱"》一文就按照课堂教学流程分成情境引入、突出重点、突破难点、知识应用、总结提高等五个环节展开如何抖"包袱"的描述.

任何问题都有起因、矛盾冲突和解决的完整过程,议论说明类的文章可以依据这一形式,形成提出问题、分析问题和解决问题这一结构形式.例如《数学课堂如何讲好中国故事》一文按照戏"说"起源、精"学"定义、自"造"幻方、赏"玩"性质、"品"味幻方五个递进关系展开全文的论述.

有时我们需要介绍一些教学方法或实践经验,可以把这些内容通过一定的标准,合理地进行分类,分成并列的几个层次,分别论述清楚.例如《数学课堂德育渗透途径与方法》一文就从创设问题情境、巧用名人史话、铺设思维阶梯、弘扬学生个性、搭建参与平台、揭示数学美学六个方面介绍数学课堂如何进行德育渗透的.

文章结构要为突出主题服务,就是要围绕主题剪裁和布局,结构的各个层次都必须围绕文章主题,避免下笔千言,离题万里的论述.例如:《如何让学生自己找到"回家的路"》一文就从指明"去路"、学会"问路"、放手"探路"、寻找"近路"、反思"认路"、辨别"歧路"、开拓"新路"、巧架"天路"八个方面展开论述,层层递进,紧扣找路这个主题.

怎样才能提高结构文章的能力呢?一是要加强思维条理性的训练.首先要使自己思考问题有顺序,符合对数学教学的一般认识规律.其次要锻炼思维的连贯性;再次要锻炼提高分析、综合的能力;同时还要锻炼数学思维的严密性.二是要勤于动笔,养成编写写作提纲的习惯.制定好提纲之后按纲写稿,有很多好处,不仅可以帮助你组织材料,而且可以使思维更加缜密.经常写提纲,可以锻炼逻辑思维能力.

为了进一步增强读者整体谋划论文写作的能力,本书的每一篇案例点睛文后,都附有文章结构脉络图,供读者学习参考.

案例点睛 18

浅谈如何上好高三综合试卷讲评课

写作背景:高三复习课几乎都是试卷讲评课,如何上好综合试卷讲评课深受高三教师的关注,不少老师从试卷第一道讲到最后一道,不得要领,课堂效率低下,针对这一现状,撰写此文.本文发表于苏州大学《中学数学月刊》.

高三数学模拟考试频繁.由"每周一练"发展到"每日一练".甚至有人还将此作为提高数学成绩的"法宝".到处宣扬.如何在不加重学生负担的同时又能较快地提高学生数学应试水平呢？只有"精讲精练,精练精评"才能达到目的.这就需要我们在"精"字上做文章.

1. 充分做好课前准备

讲评课之前、首先必须弄清学生在试卷中暴露出的知识缺陷和漏洞,仔细分析学生的失分情况,找部分学生个别谈心,共同分析错误的原因,探讨对策,是思想问题的端正其学习态度,是学习方法问题的指导学法,是考试经验问题的指导考法,还可以布置适量的辅导巩固题,指导他们重点复习课本某些章节,告诉他们平时要注意培养哪些能力等等,给他们指明努力的方向.

要做到讲评课有较强的针对性,还必须到学生中去了解他们的学习近况、学习兴趣、学习困难,不仅要弄清哪类题目存在问题及其严重程度,还要弄清产生错误的原因,是属于心理的还是审题的,是概念不清、方法不灵、转化不巧还是运算不准,只有这样,才能做到对症下药.

2. 精心安排试卷讲评

试卷讲评是解决学生疑难,突破重点难点的关键.

(1)暴露问题,弄清错因

学生往往由于概念不清、算理不明而产生形形色色错误,只有充分暴露问题才能使学生理清概念,弄清错因.

例如,有这样一道选择题:

下列各式中正确的是 ( )

(A) $\sin[\arcsin(-\frac{\pi}{3})]=-\frac{\pi}{3}$； (B) $\arcsin[\sin(-\frac{\pi}{3})]=\frac{5}{3}\pi$；
(C) $\arccos[\cos(-\frac{\pi}{6})]=-\frac{\pi}{6}$； (D) $\cos[\arccos(-\frac{\pi}{6})]=-\frac{\pi}{6}$.

据统计,全班51人,选A的有6人,选B的有1人,选C的有9人,出错人数达26人之多,可见,学生对反三角函数概念已模糊不清.于是,我先将学生错误展示如下：

错1：选A.错误的原因是没有真正理解反函数的本质,函数 $y=\arcsin x$ 作

为函数 $y=\sin x$ 在 $[-\frac{\pi}{2},\frac{\pi}{2}]$ 上的反函数，它们之间有着互换定义域、值域的关系，所以 $y=\arcsin x$ 的定义域为 $[-1,1]$. 而 $-\frac{\pi}{3}<-1$，所以 $\arcsin(-\frac{\pi}{3})$ 无意义.

错2：选 B. 错误的原因是没弄清反正弦函数的值域，$y=\arcsin x$ 的值域为 $[-\frac{\pi}{2},\frac{\pi}{2}]$，而 $\frac{5}{3}\pi>\frac{\pi}{2}$，显然 B 错.

错3：选 C. 错误的原因是忽视公式 $\arccos(\cos x)=x$ 成立条件 $x\in[0,\pi]$，因为 $-\frac{\pi}{6}\notin[0,\pi]$，所以 C 错.

点睛 选择题四个选项中有且仅有一个是正确的. 不仅要知道正确答案，而且要弄清楚其他选择项错误的原因，只有这样，才能提高准确率.

(2) 理清网络，复习概念

例如，结合上题，我们按反三角函数的图像、定义或、值域、单调性、奇偶性列了一张表格，帮助学生梳理知识网络，并要求学生填写、对比、理解下列重要公式.

① $\sin(\arcsin x)=x, x\in$ _____.

$\cos(\arccos x)=x, x\in$ _____.

$\tan(\arctan x)=x, x\in$ _____.

$\cot(\text{arccot}\, x)=x, x\in$ _____.

② $\arcsin(\sin x)=x, x\in$ _____.

$\arccos(\cos x)=x, x\in$ _____.

$\arctan(\tan x)=x, x\in$ _____.

$\text{arccot}(\cot x)=x, x\in$ _____.

③ $\arcsin(-x)=-\arcsin x, x\in$ _____.

$\arccos(-x)=\pi-\arccos x, x\in$ _____.

$\arctan(-x)=-\arctan x, x\in$ _____.

$\text{arccot}(-x)=\pi-\text{arccot}\, x, x\in$ _____.

④ $\arcsin x+\arccos x=\frac{\pi}{2}, x\in$ _____.

$\arctan x+\text{arccot}\, x=\frac{\pi}{2}, x\in$ _____.

点睛 发现学生在某个知识点上存在问题，不能就题讲题，就错论错，仅给出一个正确答案,而是要帮助他们弄清错误的根源和背景,理清相关知识网络,复习基本概念,以弥补知识结构上的漏洞.

(3)运用变题,强化训练

基本概念清楚并不一定能灵活运用,还必须运用变题(或题组)作为巩固练习.

例如上题,选配以下题目让学生课后练习.

① $\arcsin(\sin 10) = $ _____.

② 求 $y = \sin x$ 在 $[-\frac{3}{2}\pi, -\frac{\pi}{2}]$ 上的反函数.

③ 解方程 $\arcsin x - 2\arccos x = \frac{\pi}{2}$.

④ 在 $\triangle ABC$ 中,$\tan A = t$,则角 A 为 ( ).

(A) $\arctan t$; (B) $\text{arccot}\frac{1}{t}$; (C) $\pm\arctan t$; (D) $\text{arccot}\,t$.

点睛 通过一道选择题,就解决了与反三角函数相关的其他问题,做到由点到面,举一反三,可见试卷讲评必须抓住典型错误,深入挖掘错误原因,通过变式训练从根本上解决问题,切忌面面俱到.

3. 努力提高学生能力

有人埋怨学生:"这个题目已经考过多次,又评讲过多遍,怎么还是出错?"殊不知,问题主要还是出在教师身上. 一道题目不在于讲的次数多少,关键在于学生有没有真懂,能力有没有真正得到提高. 在上讲评课时注意到如下几点:

(1)注重思想方法的渗透

基本数学思想方法作为重点内容进行考查. 如函数与方程、消元、配方、数形结合、逻辑划分、等价转换等重要数学思想在试题中随处可见. 在进行讲评时,必须结合试题随时进行数学思想方法的渗透,讲清这些数学思想的特征及作用,使学生在解题中能自觉地运用这些思想方法,从而提高解题能力.

(2)注重解题方法的归纳

高中数学解题方法灵活多变,往往一道题有多种解法且各有优劣,我们必须在多种解法中重点讲解具有本质特征的解法,多向学生介绍"通法",不要刻意追求"技巧"、"新法",要及时给学生总结各种解题方法及特征. 教会他们如何选择方法快速解题.

例如,有这样一个考题:

已知椭圆以 y 轴为准线,过椭圆左焦点 $F(3,-1)$ 且斜率为 $-\sqrt{3}$ 的直线被椭圆截得的弦长为 $\dfrac{16}{5}$,求椭圆方程.

学生答卷中多用弦长公式 $\sqrt{1+k^2}|x_2-x_1|$,运算繁琐,错误率高.在讲评该题时,我们不急于教给学生简单方法,而是给他们总结弦长问题的常用三种解法及其特征.

解法 1:设直线方程 $y=kx+b$,代入曲线方程,由韦达定理求得 x_1+x_2,$x_1 \cdot x_2$,则弦长 $d=\sqrt{1+k^2}|x_2-x_1|$.

特征:直观,适用范围广,但运算量大.

解法 2:设直线方程为 $\begin{cases} x=x_0+t\cos\theta, \\ y=y_0+t\sin\theta. \end{cases}$ (t 为参数),代入曲线方程,求得 t_1+t_2,$t_1 \cdot t_2$,则弦长 $d=|t_2-t_1|$.

特征:知道弦或其延长线上一点 $P(x_0,y_0)$ 或知其倾斜角时常用此法.形式简单,公式易记.但运算量也较大.

解法 3:建立极坐标系,弦长公式为 $d=\rho_1+\rho_2$.

特征:过椭圆、双曲线、抛物线焦点的弦长问题常用此法以减少运算量.

通过对比分析,学生很快选择了解法 3 得到如下简捷的解法.

解:以左焦点 F 为极点,平行于 OX 的射线为极轴建立极坐标系.

则椭圆方程为 $\rho=\dfrac{3e}{1-e\cos\theta}$.

弦长 $d=\rho_1+\rho_2=\dfrac{3e}{1-e\cos\dfrac{2}{3}\pi}+\dfrac{3e}{1-e\cos\dfrac{5}{3}\pi}=\dfrac{3e}{1-\dfrac{1}{4}e^2}=\dfrac{16}{5}$,

解得 $e=\dfrac{1}{2}$ 或 $e=-8$(舍去).

由 $\dfrac{\sqrt{(x-3)^2+(y+1)^2}}{|x|}=\dfrac{1}{2}$

化简得 $\dfrac{(x-4)^2}{4}+\dfrac{(y+1)^2}{3}=1$.

点睛 以一道考题为例,复习弦长的常用求法,以及各种方法的适用前提从而找到解决问题的最佳途径.

(3)注重应变能力的培养

学生"一错再错"的重要原因还在于应变能力差,抓住典型试题,适当加以改造,包括改变题目的条件、改变结论、改变问法、改变题型,将问题引申或拓广得到一系列题,多方位地让学生对比练习,使他们在训练中真正体会到解题的实质,逐步学会"以不变应万变"的本领.

(4)注重运算能力的提高

近年来,高考对考查运算能力的题目不断加码.主要涉及集合、数、式、方程、不等式有关的运算,学生解题时往往"一看就会,一做就错",其根本原因乃是因为运算能力欠缺.因此,在讲评试卷时,不可忽视运算的错因分析、弄清算理、传授简化运算的技巧,如换元法、因式分解法、待定系数法、设而不求、先化简后代入等等,努力提高学生的解题速度和正确率.

另外,在讲评试卷时,必须注重对学生进行逻辑推理、空间想象、探索化归等能力的培养,但须注意,讲评课切不可平铺直叙,平均用力,企图面面俱到.应该抓住学生在答卷中暴露出的一两个重大缺陷,通过解剖麻雀的方法,从不同角度,弄清相关概念及错因,把培养学生能力贯穿于讲评课教学的始终,逐步使学生养成认真审题、细心演算、耐心检查的良好解题习惯,从而提高学生的数学解题能力,努力提高学生素质,力争做到事半功倍.

【文脉结构】

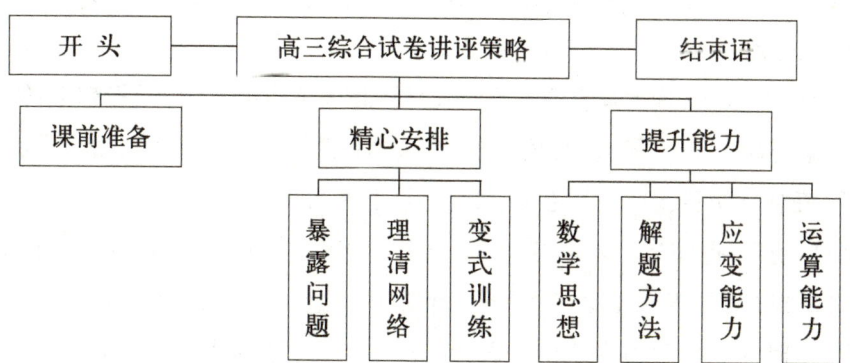

4.3 给文章找个特色亮点

水至清则无鱼,文至直则无趣,力争使自己的文章做到开头引人入胜,中间高潮迭起,结尾回味无穷.

写文章首先考虑的是如何吸引读者来读你的文章,而且一读就读到底,并从中得到启发和思考,这里一定有写作的窍门.

要说明自己的一个思想,正好和某个数学史知识相吻合,或者和某个数学家的故事有某种关联,这时我们可以从讲故事开始,或引用名人名言,给人以启迪.例如《如何让学生自己找到"回家的路"》一文就从台大数学系黄武雄教授曾经讲过一个"父亲的脚后跟"的故事开始,这个故事便成为这篇文章的一个特色亮点.

我们也可以抓住杂志的名师时文评论作为文章的开头,以引起编辑老师的注意.例如华东师范大学《数学教学》杂志每期都有教育随笔.《"圈养"加"散养" 在传承中创新》一文就从张奠宙、赵小平老师在《数学教学》2012年第12期编后漫笔《也谈"圈养"和"散养"》一文中提道:"'圈养'和'散养',是相辅相成的两种养法",甚至把关键词写进大标题中,这也给文章润色不少.

有时我们也常用古诗词来概括文章的内容,这也是一个非常高雅的"噱头".我们常用这些诗句作为文章的标题或小标题:"吹尽黄沙始见金"、"一石激起千层浪"、"问渠哪得清如许"、"清水芙蓉去雕饰"、"横看成岭侧成峰"、"无心插柳柳成荫、有心栽花花不发"、"随风潜入夜，润物细无声"、"众里寻他千百度"、"纸上得来终觉浅"、"接天莲叶无穷碧"、"竹外一枝斜更好"、"乱花渐欲迷人眼"等等，不胜枚举．在中学数学教研文章中，借用诗词表现数学探究的曲折过程也是别有一番意趣的．蔡小雄老师在《从一个案例谈数学探究的三重境界》（《数学通报》2009年第1期）中，以"不识庐山真面目，只缘身在此山中"、"山重水复疑无路，柳暗花明又一村"、"忽如一夜春风来，千树万树梨花开"三句诗作为文章三大部分的小标题，以此来比喻"困惑—顿悟—发现"的数学探究三重境界．

有时我们也可以引用一个教育理念，来证实自己的实践是在理论指导下的实践，而不是盲目的，往往也能成为文章的一个特色亮点．常用的数学教育教学理论摘录如下，供读者参考：

1．弗赖登塔尔的数学教育理论主要观点：

（1）情境问题是教学平台；（2）数学化是教育的目标；（3）学生自己得到结论和创造；（4）互动是主要的学习方式；（5）学科交织是呈现方式．

2．波利亚在《数学的发现》中提到"数学教师十诫"：

（1）要对你讲的课题感兴趣；（2）要懂得你讲的课题；（3）要懂得学习的途径，学任何东西的最佳途径都是靠自己去发现它；（4）要读懂你的学生脸上的表情，弄清楚他们的期望和困难，把自己放在他们的位置上；（5）不仅要叫给他们知识，而且要教给他们技能，思维方法和有条不紊的工作习惯；（6）要让他们学会猜测；（7）要让他们学会证明；（8）设法揭示出隐蔽在眼前具体情形中的一般模型；（9）不要一下子吐露出你的秘密，让学生在你说出来之前去猜，尽量让他们自己去找出来；（10）要建议，不要强迫别人接受．

波利亚的解题理论：弄清问题、拟定计划、实现计划、回顾过程．

3．建构主义数学教育理论主要观点：

（1）加强学生的自我管理和激励；（2）发展学生的反省思维；（3）建立学生建构数学知识框架；（4）观察参与学生尝试活动；（5）反思回顾解题途径；（6）明确活动学习材料意义．

4．华东师范大学张奠宙双基教学理论主要观点：

（1）注重导入情境设计；（2）尝试教学提出猜想；（3）师生互动生生互动；（4）解题变式数学理论；（5）提炼数学思想方法；（6）注重训练熟能生巧．

案例点睛 19

点阵的归纳与猜想

写作背景：文章通过点阵的归纳和猜想，搭起学生参与的数学思维平台，让学生在课堂教学活动过程中大胆地提出问题，猜测结论，然后尝试加以解决．本文发表于华东师范大学《数学教学》．

早在公元前6世纪，古希腊毕达哥拉斯就用石头排成点阵解决有关自然数的问题．上海二期课改新教材在介绍前 n 个自然数求和公式时利用的钢管垛模型正是三角点阵的一个翻版．我们运用这一素材设计了一节有关自然数点阵的归纳、猜想的探索型研究课，取得了很好的教学效果．下面结合这节课的教学实践谈谈具体做法与教学感悟．

点睛 文章开头一般说清楚文章的主要内容，起到吸引读者眼球的作用．这里简单几行，介绍什么是点阵，并说明文章主要是介绍自己的具体做法，谈教学感悟．

1. 三角阵简介

师：古希腊数学家毕达哥拉斯对三角阵进行了深入的研究，他特别喜欢 $n=4$ 时的三角阵，它由10个点构成，共4行，分别有1，2，3，4个点．他认为这个点阵非常有趣：1可以表示点，2表示直线，3表示三角形，4表示四面体，这样 $1+2+3+4=10$ 就可以表示世间万事万物．请同学们仔细观察三角阵，发现还有哪些规律？

生：后一个是前一个的发展，每个三角阵的外形都是三角形，其每条边都有 n 个点，第 n 个三角阵共有 n 行，每一行比上一行多一个点．

师：很好！我们把所有三角阵中点的个数分别记作 $T_1=1$，$T_2=1+2$，……，$T_n=1+2+\cdots+n$．它们构成一个数列，称之为三角阵数列，简称"三角数"．

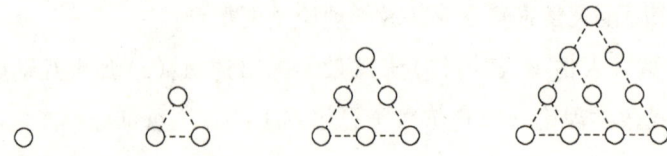

点睛 兴趣是最好的老师,以数学家的故事引入,进行数学文化的熏陶,激发学生的探索愿望.观察并归纳三角阵的规律,同时引进一些必要的定义与术语,为下面的进一步探究作准备.

2. 点阵的联想

师:21世纪的我们踏着前人的脚步,你觉得还可以做些什么?

生:有没有四角阵、五角阵……

师:很好!提出问题比解决问题更重要!按照三角阵的规律发展下去,四角阵、五角阵、六角阵会是怎样的?请分组讨论,并让大家分享你的发现.

学生讨论交流,相互修正、补充、完善,然后展示成果:

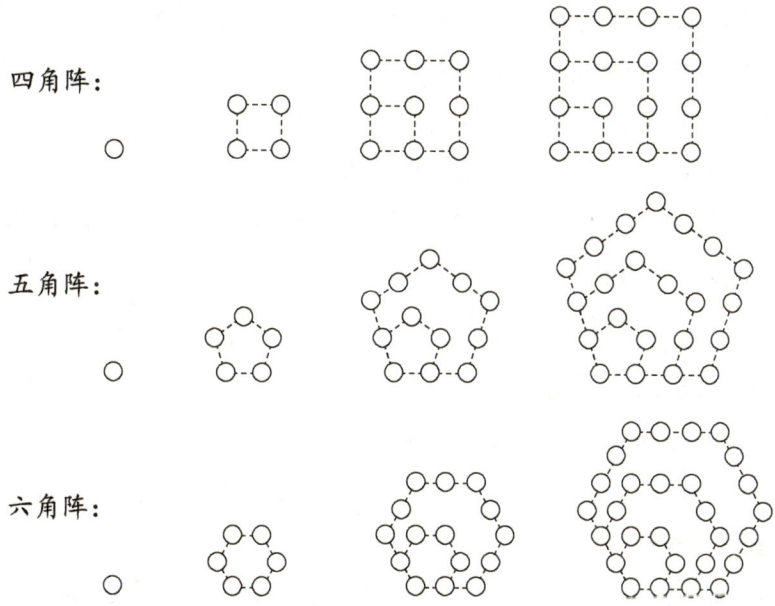

四角阵:

五角阵:

六角阵:

点睛 文章不断深挖,层层深入.类比是发现的源泉,在类比中联想,联想中构造,既有模仿又有创新.搭建学生参与的思维平台,让他们在小组讨论中学会合作,在交流中学会表达自己的观点和想法,这对学生的终身发展和创新思维能力的形成大有裨益.

3. 规律的探究

师:我们用 T_n、S_n、W_n、L_n 分别表示三角数、四角数、五角数、六角数的通项公式,那么 n 角阵之间又有哪些相互联系?如何探求这些通项公式?这就是我们这节课的研究课题.

引导学生通过统计列表,摸索规律,寻找联系.

点　阵	n=1	n=2	n=3	n=4	……	联　系
三角阵(T_n)	1	3	6	10	……	$T_n-T_{n-1}=n$
四角阵(S_n)	1	4	9	16	……	$S_n=T_{n-1}+T_n$
五角阵(W_n)	1	5	12	22	……	$W_n=T_{n-1}+S_n$
六角阵(L_n)	1	6	15	28	……	$L_n=T_{n-1}+W_n$

点睛 通过图表统计的形式使得文章图文并茂.让学生观察分析数据,发现其中蕴含的规律,这是进行科学研究的必经之路.这些数据中隐含了大量的信息,为学生观察、分析提供了很好的素材.

学生讨论场面非常热烈,陆续发现如下规律:(1)三角数是一阶等差数列,满足$T_n-T_{n-1}=n$;(2)四角数是平方数且有$S_n=T_{n-1}+T_n$;(3)$W_n=T_{n-1}+S_n$;(4)$L_n=T_{n-1}+W_n$;(5)每列都成等差数列;(6)这些规律可以推广到$n(n>6)$角数…….众多规律的发现为求数阵的通项公式提供了多种思路,只要求出$T_n=1+2+\cdots+n=\dfrac{(1+n)n}{2}$,就可根据规律求出$S_n=n^2$,$W_n=T_{n-1}+S_n=\dfrac{n(3n-1)}{2}$,$L_n=T_{n-1}+W_n=n(2n+1)$.

师:必须强调指出的是这些结论的发现都是通过归纳、猜想得到的,我们可以通过数学归纳法证明它们的正确性,本节课重点学习如何通过探索,摸索规律,猜想一般规律.

进一步提问:$S_n=T_{n-1}+T_n$说明四角数可以分解成两个三角数之和,能否利用点阵的划分说明这一发现呢?

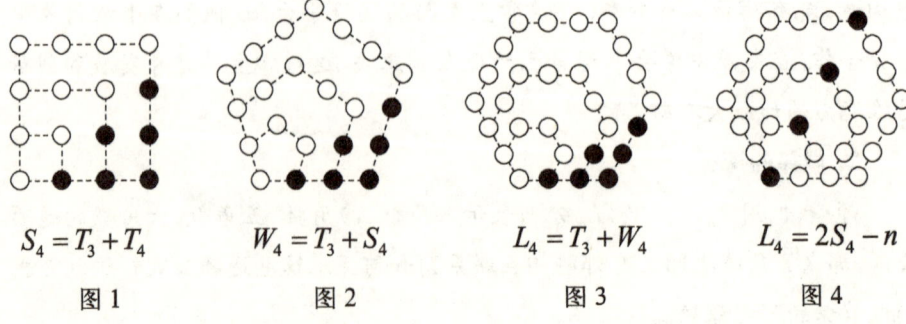

$S_4=T_3+T_4$　　$W_4=T_3+S_4$　　$L_4=T_3+W_4$　　$L_4=2S_4-n$

图1　　　　　　图2　　　　　　图3　　　　　　图4

点睛 这一教学环节的设计,匠心独具! 先引导学生由形到数,观察表中数据发现规律,又再一次回到图中,进一步验证这些发现,体现了数和形的充分结合.

学生的思维像脱缰的野马,很快得到四角阵(图1)、五角阵(图2)、六角阵(图3)的分解,还有学生发现不同的分解方法,比如把六角阵分解成两个共边的四角阵(图4),得到 $L_n=2S_n-n=2n^2-n$. 看来学生的能力不可小视,这也正是让学生自己探索得到的意外收获!我们的课堂应该多一些这样的发现.

4. 点阵的计数

师:试试看从不同的角度给四角阵计数,有何新的发现,试把你的发现推广到一般结论.

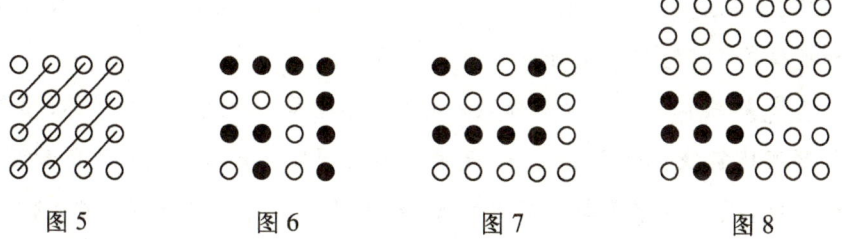

图 5　　　图 6　　　图 7　　　图 8

点睛 学生的好奇心进一步被激发!发现:$1+2+3+4+3+2+1=4^2$(图5),推广到一般规律:$1+2+\cdots+n+\cdots+2+1=n^2$;又有学生发现 $1+3+5+7=4^2$(图6),推广到一般规律:$1+3+\cdots+(2n+1)=n^2$.

教师不失时机地提出:请构造点阵证明恒等式 $2+4+\cdots+2n=n(n+1)$,进行逆向思维训练,学生画出图7.

构造点阵可以证明一些关于自然数的恒等式. 能否构造点阵证明恒等式 $1^3+2^3+\cdots+n^3=(1+2+\cdots+n)^2$?学生很快构造出图8.

5. 点阵的拓展

师:我们由三角阵联想到四角阵、五角阵、六角阵甚至 n 角阵,我们的研究是不是就到了尽头了?

生:可不可以向空间发展?比如三棱锥阵,四棱锥阵,五棱锥阵……

师:你们的想法很了不起,科学永无止境!数学就是这样由简单到复杂,由低维到高维,由具体到抽象不断向前推进,你们就是推动这一科学巨轮的主力军!

师:实际上,三角阵叠加起来就得到三棱锥阵(出示下图),你觉得我们的研究还可以向哪个方向发展?

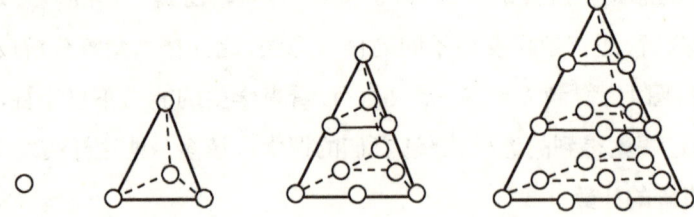

生:四棱锥阵、五棱锥阵、六棱锥阵又是怎样的?它们之间又有哪些联系?如何探究棱锥数的通项公式?

师:这就是今天的作业:写一篇小论文,关于棱锥阵的研究,探究棱锥阵点数的规律并探求它们的通项公式,下一节课交流.

点睛 我们的数学课堂教学必须重视学生提出问题的能力培养,因为提出问题远比解决问题重要得多,是学生自主探究还是在教师的"精心安排"下的探究,是学生跟着教师的思维走,还是跟着学生的思维走,这是有本质区别的.

【感悟】本节课的教学设计从点阵的概念—点阵的联想—规律的探究—点阵的计数—点阵的拓展—课外探究,可谓结构完整,层层深入,环环相扣,巧妙设计学生活动,注重学生能力培养.

研究性活动课题的开发和研究应立足教材,探究过程必须符合学生的认知水平,同时还要注重问题的趣味性,增强学生的学习兴趣,增加探索的乐趣,在探索过程中逐步培养学生的创新能力、科学的思维方法以及为科学献身的精神.

在学生探索结论过程中,教师必须激励学生勤于思考,勇于探索,不畏艰难,引导学生敢于提出自己的不同见解,对个别学生的"奇思妙想",教师要精心呵护学生探索问题的积极性与研究热情.

探索性活动课离不开老师的引导,学生不可能在一堂课内探索出人类几千年才逐步形成的文化知识,只有在老师的正确引导下才能让学生养成科学的思维方法,掌握已有的科学文化知识,从而站在"巨人"的肩上去攻克人类的未知世界.那种认为探索性活动课就是让学生随便去探索而不加以引导的做法是十分有害的.

课内探索是有限的,课外思考才是无穷的,科学的思维方法以及创新能力也是逐步形成的,必须经过反复训练才能成为学生的自觉行为,同时还要重视课外思考的指导、检查和反馈.

点睛 感悟部分不仅阐述如何设计这堂课,更重要的是为什么这样设计,让读者读出这节课这样设计的好处,体现以生为本的教学理念.

【文脉结构】

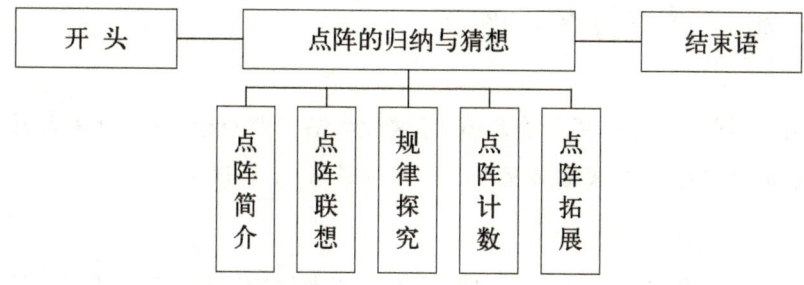

4.4 给文章进行艺术加工

文章写好之后,也不多看几遍,像洗脸之后不照镜子一样,就马马虎虎地发表出来,"下笔千言,离题万里",看似头头是道,实则误人误己.

给文章进行艺术加工就是修改并加以艺术化的过程,修改是对初稿进行审查,予以推敲、调整、核实、删改、增补,直至定稿的一种思维活动和行为过程.古往今来的大手笔,都十分注意文章的修改.马克思决不出版一本没有经他仔细加工和认真琢磨的作品,他不能忍受把未成的东西公之于众.唐朝大文学家欧阳修写完作品,贴在墙上,不断读,不断改,因为他说不把文章改完美"非谓先生嗔,畏后生耳".鲁迅先生也曾说过:"写完后至少看两遍,竭力将可有可无的字、句、段删去,毫不可惜."所有这些教诲都是为了读者,为了后人,要把文章改好一点,再好一点.

数学文章除了没有错别字,语句通顺之外更重要的是还必须具有数学味儿.数学味儿就是科学性和逻辑性.文章的整体结构,每一个小标题之间的逻辑顺序,是否做到结构清晰;每一个观点都必须科学准确,包括数学概念的表述,数学符号的运用,图形的作法包括字母的标注,小到每一个标点符号;数学命题的每一步证明更是要有科学的依据,符合逻辑,如果让编辑老师从文章中找到一丝的科学性或逻辑性错误,这篇文章就会直接被拒.所以,我每次电子稿写完,打印出来前前后后修改五到六遍,直到找不到任何错误为止.

文章力争做到图文并茂,所有的数学式子都必须用公式编辑器打出,图形比例适当,可先在"几何画板"软件上画好,然后复制粘贴到 Word 文档,再标注字母.图片格式一般选择四周式,能和文字融为一体;表格利用 Word 插入,边框稍粗,可以和出版物媲美,让编辑老师一看文章就知道作者是行家里手.

注意适当的排版可使文章更加美观,各种杂志的要求不一,需要参考所投杂志内容文章排版格式.标题一般用黑体三号,副标题、单位、姓名、正文一般用宋体5号,特殊的说明或标记文章用楷体5号,1.5倍行间距.文末的参考文献用楷体小5号字.

以下是湖北大学《中学数学》撰稿指南,供读者参考:

撰稿指南

1. 凡投稿,请一律将作者的姓名、简介、所在单位、通讯地址、邮政编码、联系电话、电子信箱等个人信息全部放在与正文内容相独立的首页,个人信息应尽量完整、准确,以便编辑部及时与作者联系.

2. 稿件原则上只接收电子稿件,不再接收纸质稿件.

3. 稿件格式要求:

(1) 稿件使用 Word 或 WPS 文件格式,A4幅面,内容排版格式请参考杂志中的文章格式,具体要求如下:

①正文分左右两栏,文字用宋体5号字体,字母用 Times New Roman 5号字体;

②正文中的一级标题标号为数字:一、二、三、……二级标题标号为数字1、2、3、……

③稿件中的数学公式尽量使用 Word 自带的公式编辑器编辑;

④稿件中的表格采用三线表格式;

⑤稿件中的曲线图及其他图形图像,务必保证其中的符号、数字、文字、线条清晰规范.

4. 投稿电子信箱:

高中版:hbzxsx@126.com

初中版:zxsxczb@163.com

5. 文责自负,谢绝一稿多投,若发现一稿多投或其他不良行为,将加入本杂志社的黑名单.

6. 审稿周期及录用通知:

(1) 稿件审稿周期为1~3个月;

(2) 若通过审稿后,稿件被录用,编辑部会以电话、短信或邮件方式通知作者,除非作者要求,一般不采用录用通知书的方式通知;

(3) 若作者在投稿一个半月后仍未接到采用通知,可自行处理稿件;

(4) 可通过电话027-88661195或www.hboxsx.com网站查询稿件受理情况;

(5) 因投稿量大,无论本刊采用与否,概不退稿,请作者自留底稿.

案例点睛 20

数学课堂如何讲好中国故事
——《说、学、造、玩、品幻方》的教学感悟

写作背景：数学组一位老师对全市公开课，研究拓展选修课程教学，我和她一起精心准备了这节课，并邀请了顾鸿达和李大元两位老师点评．上课非常成功，受到了前来听课老师的一致好评．课后，我让她把教学设计写成课堂实录的形式，经过反复修改，整理成此文，发表在华东师范大学《数学教学》上．

张奠宙教授在《数学教学》2014第10期的教育随笔中指出："我国自清朝末年百余年来的学校数学教学，乃是由国外全盘引进的．数学课程充分展现着古希腊以来的西方文明，这当然很必要，但因此就和中国古典文化很少联系，则不能不说是一种缺憾．实际上任何一个国家的数学课程总要有一个本土化的过程，在数学课堂上融入中华文化的基因，借以阐述一些数学概念的中国古诗意境，是数学课程'中国化'的重要一步．"可见，在数学课堂上渗透中国文化是多么重要．本文通过一堂数学拓展课《说、学、造、玩、品幻方》的教学设计，谈谈如何在我们的数学课堂上讲好中国故事，融中国文化于课堂教学的同时，激发学生的创新意识和学习数学的热情，以求抛砖引玉．

点睛 利用《数学教学》教育随笔引入，贴近编辑老师，又突出强调了数学课堂上渗透中国文化的重要性．文章开门见山，说明写作主旨，令读者一目了然．

1. 戏"说"起源　激发兴趣

课前让学生上网了解并收集与幻方有关的故事与传说，课上展示、交流．

师：请同学们结合自己课前收集的资料，简单介绍一下幻方的形成历史．

生1：(展示PPT)"河图洛书"的传说：伏羲氏时，有龙马从黄河出现，背负"河图"，有神龟从洛

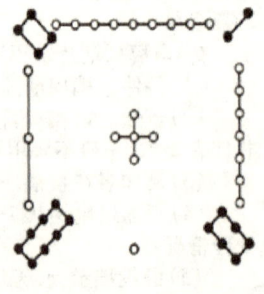

图1　洛书

水出现,背负"洛书".始祖伏羲即根据这种"图"和"书"画成八卦(图1),创始了炎黄文化,因此古时常把龙马、神龟与图、书结合一起的图画来象征我们文化的古老源头.

生2:(播放视频)介绍电视《射雕英雄传》里的情节:瑛姑对黄蓉说:"你算法自然精我百倍,可是我问你:将一至九这九个数字排成三列,不论纵横斜角,每三个数相加都是十五,如何排列?"黄蓉当下低声诵道:"九宫之义,法以灵龟,二四为肩,六八为足,左三右七,戴九履一,五居中央,……"瑛姑按黄蓉所述果然得到一个三阶魔方.

生3:幻方是一个丰蕴的知识宝库.《系辞》曰:"神无方而《易》无体",这意思是说:九宫格算法模型神奇的数理变化不囿于一招一法,其几何形体亦无常于一制一式,它的精髓在于"变",正可谓"横看成岭侧成峰",因此研究幻方应尽可能采取多种多样的方法.

兴趣是最好的老师.通过学生上网收集整理有关幻方的有趣故事和传说,引起学习兴趣,激发探究热情,领略中华文化之博大精深的同时,激起无限的爱国之情和对祖辈的敬佩之意,在无声中渗透中国文化.

点睛 文章通过"说、学、造、玩、品"五个动词,把课堂教学分成了五个部分,使得文章结构更加清晰,层次更加分明.

2.精"学"定义 严谨治学

师:根据刚才大家展示的一些幻方,谁来给幻方下个定义?

生4:将$1,2,3,\cdots,n^2(n\geqslant 3)$个连续整数,填入$n\times n$的方格中,使各行各列以及对角线上的数字之和相等,这样得到的图称之为幻方,而这个和称为幻和.

师:如何根据电视《射雕英雄传》情节中的口诀,写出幻方?

生5:在黑板上画出右图2.

师:这个幻方是几阶的?幻和是多少?

生6:是3阶的,幻和是15.

师:如何构造一个幻和为24的3阶幻方呢?请你将图3(左)中的空缺填满.

生7:设中间一个数是x,则$15+x+1=24$,解得$x=8$,再设右下角为y,则由$5+8+y=24$解得$y=13$.同理可得

图2 九宫格

其它各数.

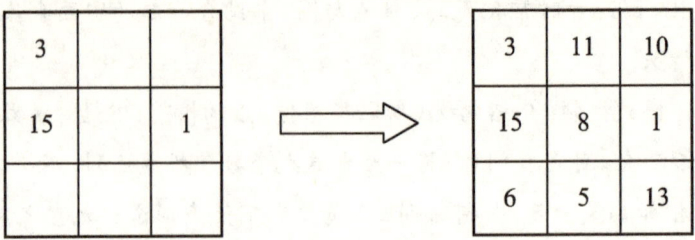

图3 幻方的构造

师：由此可见，定义了幻和，我们就可以通过解方程的办法构造幻方．填在九格中的九个数也不一定要是一到九的连续的正整数，这种幻方我们称它为广义幻方，但同样必须满足横行、纵列、对角线上各数之和均相等．

生8：老师，我想知道4阶、5阶、……、n阶幻方是怎样的？

从幻方的产生到幻方的严格定义，正是遵循了数学概念的形成、发展过程．在幻方概念的形成过程中培养学生的抽象概括能力．然后通过实例，进一步熟悉概念的同时激发学生提出新的问题，引导进一步探索，体现执教者的良苦用心．

点睛 通过边记叙边议论的行文方式，让读者明白这样设计的好处．从戏说起源到精学定义，让学生的思维层层深入．

3.自"造"幻方 动手实践

师：我们先来构造简单的奇数阶幻方，谁来交流一下？

生9：可以先从最简单的3阶开始研究，展示PPT：南宋杨辉——研究幻方第一人，他将三阶幻方的生成法归结为4句话：九子斜排、上下对易、左右相更、四维挺出（图4）．

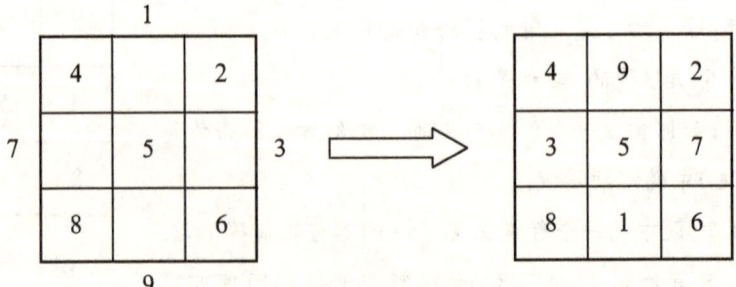

图4 杨辉构造法

师:我们还可以采取连续摆数法,它的助记口诀:"1居上行正中央,依次斜填切莫忘.上出框界往下写,右出框时左边放.重复便在下格填,角上出格一个样."也就是把"1"放在中间一列最上边的方格中,从它开始,按对角线方向(比如说按从左下到右上的方向)顺次把由小到大的各数放入各方格中,如果碰到顶,则折向底,如果到达右侧,则转向左侧,如果进行中轮到的方格中已有数或到达右上角,则退至前一格的下方(图5).

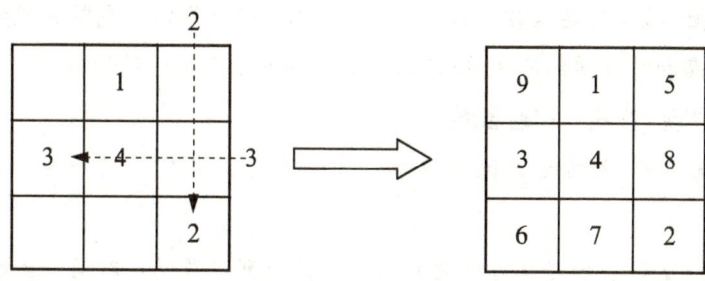

图5 连续摆数法

生10:太神奇了!

师:研究一下哪种构造方法可以推广到n阶的情形?自己动手试着构造一个5阶幻方.

生11:连续摆数法可以推广到5阶、7阶、……,所有奇数阶幻方.

师:非常好的发现,那4阶、6阶、8阶、……,也就是偶数阶幻方如何构造呢?

生12:我们找到了一种方法可以解决阶数为$N=4m, m \in N^*$的幻方,先按如图6左图排列好,再将非主对角线上的各个数关于中心对调,即成图6右图,构造出一个4阶幻方,其他依次类推.

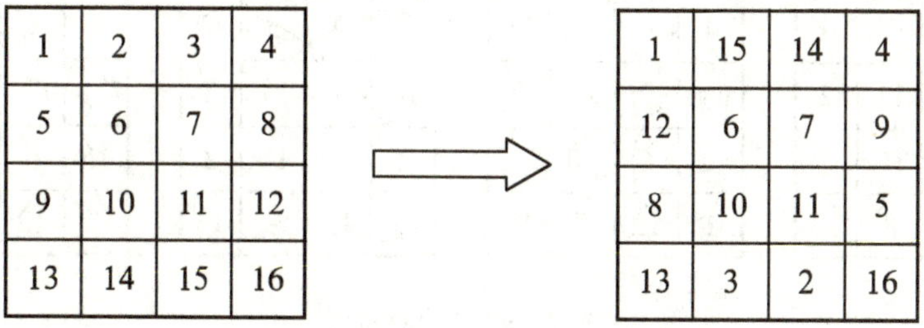

图6 双偶阶幻方构造法

师：阶数为 $N=4m, m \in N^*$ 的幻方称为双偶阶幻方，而阶数为 $N=4m+2$，$m \in N^*$ 的单偶阶幻方至今没有找到简洁优美的构造方法，这个问题留给同学们今后继续研究．

只有亲自动手实践，才能将书本知识内化为自己的本体知识．这里教师通过不断引导，让学生动手构造，寻找能够推广到任意阶幻方的构造方法，体现了解决数学问题的基本思想和方法．

点睛 通过对连续摆数法及其口诀介绍，进一步体验我国古代劳动人民的智慧结晶和对数学的不懈追求，这正是中华五千年文化的精髓．

4. 赏"玩"性质　启迪思维

师：同学们，幻方如此优美神奇，你们有没有发现它们的一些简单有趣的共性？

生13：从幻方的定义可知它的每一行每一列以及两条对角线上的各数之和都是相等的，这个和就是它的幻和．

师：如何求由 $1, 2, 3, \cdots, n^2$ 个连续整数构成的幻方的幻和呢？

生14：因为每一行的和都相等，所以幻和为 $S = \dfrac{1}{n}(1+2+3+\cdots+n^2) = \dfrac{1}{n} \cdot \dfrac{n^2(1+n^2)}{2} = \dfrac{n(1+n^2)}{2}$．

师：非常好！得到 n 阶幻方的幻和公式，也就掌握了它的规律性的东西，这很重要．

生15：有些幻方还具有丰富的对称性，比如下面这个4阶幻方，不仅每行、每列、两条对角线上四个数的和相等，同一曲线所串联的四个数的和也都相等，且这个和也是幻和，这就是幻方的对称性（图7）．

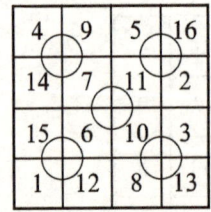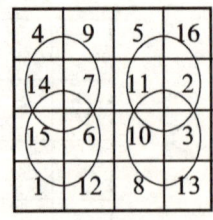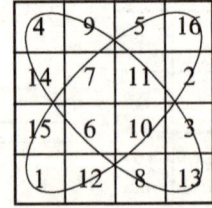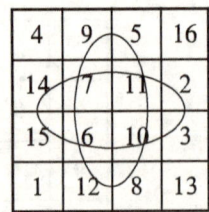

图7　幻方的对称性

生16：老师，有些幻方还具有轮换性．

师:你来给大家说说.

生16:如图所示的幻方,可以看成是先将五阶幻方的前3行移到下面,再把移动后的左边的三列移到右边以后得到的(反过来移动也行).这样,随你怎样选取一个的方块后必然得到一个五阶幻方,这就是幻方的轮换性(图8).

1	14	22	10	18	1	14	22
25	8	16	4	12	25	8	16
19	2	15	23	6	19	2	15
13	21	9	17	5	13	21	9
7	20	3	11	24	7	20	3
1	14	22	10	18	1	14	22
25	8	16	4	12	25	8	16
19	2	15	23	6	19	2	15

图8 幻方的轮换性

师:非常好,幻方具有对称性和轮换性,人们根据这些性质构造出了各种各样的幻方,说说你们了解的幻方有哪些类型呢?

生17:我在吴鹤龄教授编写的一本有关幻方的书中了解的种类有一般幻方、对称幻方、同心幻方、完美幻方、平面幻方、幻立方、多维幻方、高次幻方、高次多维幻方、六角幻方、幻环、幻圆等几十种.

生18:老师,前段时间风靡一时的数独游戏实际上就是九个九宫格幻方拼凑而成的(图9).

3	9		7	5				
							6	
	6	4		2	8			
								5
		2	9		3	8		
7								
			2	6		9	4	
	2							
				9	4		7	3

图9 数独游戏

师:你来介绍一下.

生18:在9×9的格子中,用1到9共9个阿拉伯数字填满所有格子,要求符合以下三条:(1)每一行都用到1到9,位置不限;(2)每一列都用到1到9,位置不限;(3)每3×3的格子都用到1到9,位置不限.

师:幻方是中国人的专利,而欧洲人却在此基础上发明了数独游戏,这件事本身说明了什么?

生19:我们要重视继承老祖宗的好东西,并在此基础上发明创造.

生20:不要过分迷信西方的东西,我们中华民族是个非常聪明的民族,可以做得更好.当然我们也要不断地学习西方的优秀文化,洋为中用.

在幻方的欣赏过程中了解数学知识的许多奥妙,探求它的性质,抓住它的本质特征,在此基础上归纳幻方的种类,开拓学生的眼界,拓宽他们的思维,以激发他们的创新意识和潜能.

点睛 通过实例说明今天如何在继承祖国传统文化的同时学习西方优秀文化,为实现中华民族复兴梦而勤奋努力.

5."品"味幻方 陶冶情操

师:幻方美不胜收,你们还了解哪些有关幻方的有趣的故事?

生21:据说著名数学家华罗庚曾建议在宇宙飞船上带上中国的洛书,作为给太空人的见面礼.美国发射的"旅行者"号宇宙飞船上果然搭载了一张幻方图.不过不是中国的洛书,而是一个特殊的4阶幻方,不同的是:除行、列、对角线上的4个数字之和等于34外,任意截取一个2阶方阵中的4个数字之和也等于34,的确是个非常美妙的幻方(图10).

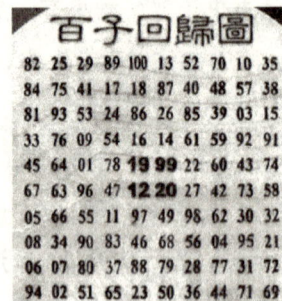

图10 宇宙飞船上的幻方　　　图11 澳门回归纪念碑

生22:澳门回归祖国的时候,澳门市政府在森林公园立了一块纪念碑(图

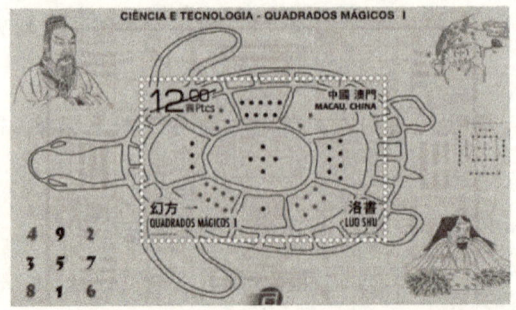 

图12 澳门回归纪念邮票

11),是一个十阶幻方,取名叫百子回归图,正中间四数正好是澳门回归日:1999年12月20日.澳门市政府还发行了一套以幻方为主题的纪念邮票(图12).

生23:2008年北京奥运会,有人构造了一个4阶幻方,把487、489、……、517共16了奇数填入奥运五环图中,使得它的幻和正好是2008,真是巧夺天工.

同学们争先恐后地发言,都带着自己准备好的PPT,图文并茂,生动有趣.

幻方是数字按着一种规律布局成的一种体系,每个幻方不仅是一个智力成就,而且还是一个艺术佳品,都以整齐划一,均衡对称,和谐统一的特性,迸发出耀人的数学美的光辉,具有很高的美学价值.学生在品味幻方艺术性的同时,无不沉浸在优秀的中国文化之中,自豪万分,信心满满.

点睛 文章从戏说到精学,从自造到赏玩,再到品味,浑然一体,层层递进,引人入胜.

名师点评:

这是一节数学拓展课.本着以激发兴趣、开发智力、启迪思维、培养能力为目标,这堂课从幻方的传说着手,引出幻方的概念,根据幻方的口诀构造三阶幻方,然后运用分类讨论思想,介绍奇数阶幻方、双偶阶幻方的构造方法,尝试探索幻方的一些奇幻性质,最后和大家一起分享其他的有趣幻方.将数学课本以外的,富有趣味性、优美性和历史性的数学知识引入课堂,让大家一起参与一场数字的游戏.

我市颁发的课程标准明确提出:"要不断探索课程与信息技术的有效整合,注重引导学生进行思维训练,提倡学生提出猜想,去网上收集信息进行探索问题和解决问题的活动,还要充分利用信息技术来改进数学教学的过程和改善学生学习的方式."章老师让学生课前上网收集有关幻方的故事,做好交流的准备,不仅锻炼了学生利用信息技术收集资料的能力,同时也锻炼了表达能力.

一堂40分钟的数学课绝不可能让学生把老祖宗研究了几千年的幻方研究透彻,所以我们的课堂应该是传授式与发现式并重.让学生上网获取幻方的概念、分类、性质,培养了学生自学能力,更重要的是让学生了解前人已经解决了哪些问题,做过哪些研究,在前人的肩头上才能站得更高看到更远,激励学生不断进取,将来有所发明创造,这才是这节课的真正意义所在.

神秘的九宫幻方,是中国人首先发现的,是祖先对人类文明的贡献.随着电脑的飞速发展,幻方及其扩展在人工智能、图论、博弈论、实验设计、工艺美术、电子回路原理等领域有着广泛的应用.幻方的发明只是中国古代数学文化的冰山之一角,有关数学的中国故事数不胜数.例如:中国人第一个利用十进制,最早提出负数的概念,《九章算术》最早系统论述了分数运算,最早提出五元一次方程组的解法,最早论述了最小公倍数的概念,最早提出不定方程的解法,最早运用极限思想,最早得到六位准确的 π 值,最早发现"等积原理"等等,每一个发现背后都隐藏着一个生动有趣的故事.如何利用这些传统文化资源,开发好数学拓展课程,真正使数学课程"中国化",在数学课堂上讲好中国故事,融入中华文化的基因,借以阐述一些数学概念的中国古诗意境,让学生了解中国文化,增强民族自豪感,既不妄自菲薄也不自高自大,继承优秀传统的同时又不忘学习西方的先进文化,这对于培养优秀的数学拔尖人才有着十分重要的意义.

点睛 名师点评为文章增添分量和厚度,即弄清楚问什么要讲好中国故事,又明白了数学课堂如何讲好中国故事,让人站得更高,看得更远.

【文脉结构】

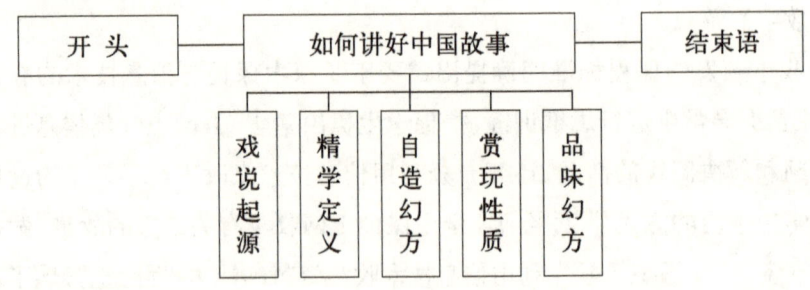

4.5 给文章进行深度发掘

写文章就好比挖口井,如果你到处去挖,挖出很多小坑,但如果你在一个地方往深处挖,定能挖出水来.

要使自己的文章有深度,首先你的论文 idea 要好且新.其次,文章的结论要有实际意义;最后,写作技巧要注意,要把看似平常的东西写得不平常,论证过程尽量用现代教学理论来支撑.

平时接触的一些数学类论文,雷同观点的非常之多,缺乏新意.有些文章人云亦云,换个标题,换个例题,摇身一变又是一篇文章,毫无新意.原因很简单,作者缺乏深度挖掘和思考,浅尝辄止,没有创新突破的地方.

要深度挖掘,首先口子要小,入口小了容易深入.比如写《2018数学高考题的评价报告》,这个主题就很难深挖,高考题共23道,从哪儿下手挖好呢?这种文章一般是专家教授所写,没有6000字完不成,不如改成《对一道高考题的解法探究》.这样一改看似好写多了,总结一下这道题的三种解法就结束了,这样的文章毫无深度可言.再改成《一道高考题的解法与类比探究》这个比刚才的要好写,深入了一步,好写的内容也多些.但我认为还不够深刻,如果改成《一道高考压轴题的联想与教学感悟》,这样一改,让文章的结论有了实际意义,可以指导高三数学复习.所以文章深不深,首先要看标题准不准.

又如《点阵的归纳与猜想》一文先从三角阵简介,到四角阵、五角阵、六角阵的联想，再到一般规律的探究.到此好像就该结束了，但还可以深度挖掘一下：点阵如何计数，如何研究空间中的点阵，把问题进一步引向深入，使得文章具有了深度和高度.

又如《"喇叭花"函数赏析》一文，通过高三复习的一道较难理解的难题，首先探究它的问题解决，然后又把正方体改为正四面体，画出来的"喇叭花"竟然还有花蕊，最后再探究正八面体中的喇叭花函数图像，发现它们既有共性又有个性，令人感到意料之中又在意料之外.

再比如《如何让学生自己找到"回家的路"》一文从指明"去路"、学会"认路"、放手"探路"到寻找"近路"、从反思"认路"、辨别"歧路"、开拓"新路"到巧架"天路"，紧扣文章主题，层层递进，展开对问题的探索，不仅使文章层次清晰，而且使文章的深度得到深入的挖掘.

数学文章一定体现数学思维的特点，考虑问题一定有一个从简单到复杂，从特殊到一般，不断深化、不断反复、不断完善的过程，这实际上就是我们所说的文章的构思.构思得巧，构思得妙，是写好文章的一个重要因素.

但请注意，深度挖掘绝不是冗长挖掘，既短小精悍、又有深度才是好文章.一般能够发表的文章往往在3000字到6000字左右，A4纸5号字1.5倍行间距一般超过6页就说明文章太长了，需要进一步精简.

相信大家通过大量的写作实践，借鉴别人的写作经验，一定能实现自己的写作梦想！

案例点睛 21

如何让学生自己找到"回家的路"

——"数阵型数列问题解法探究"的教学感悟

写作背景：这是由一节数学公开教学展示课教案编写而成，属于解题教学案例分析类.借用黄武雄教授"父亲的脚后跟"的故事，深入挖掘探路历程，创新突破，探讨如何让学生自己找到"回家的路."本文发表于湖北大学《中学数学》，后被人大复印资料转载，发表于《中学数学教与学》2009年第8期.

台大数学系黄武雄教授曾经讲过一个"父亲的脚后跟"的故事:小时候父亲常带他入城,每次他都跟在父亲后面,眼睛不停地盯住前面那双破旧的布鞋,一路不停地赶.途中要路过一道铁桥,一根根枕木的间隔比步子还宽,平常父亲总会歇下来等他爬过去,或索性抱过去.跟着父亲来回走了二三十趟,每次都能顺利地回到家.可有一次,天色向晚,等他爬过铁桥的时候,发现父亲已经"失踪"了,眼前呈现的只是父亲那双不停晃动的布鞋,再也找不到回家的路了……

今天,我们很多数学老师上课时一开始就下定义,让学生一步步陷入推理的泥潭,不时回头问一句:"懂不懂?对不对?会不会?"事实上学生看到的不是"路该怎么走",而是"布鞋不停地晃动",一旦离开"布鞋"的领路,便觉一片茫然.本文就"数阵型数列问题解法探究"一节课的教学设计与实践,谈谈自己的教学体会与感悟,与大家共同探讨一个现实问题:如何让学生离开老师的引导,也能找到"回家的路".

点睛 文章开头通过黄武雄教授的"父亲的脚后跟"的故事引入,和解题教学巧妙地结合起来,使得文章更具说服力,成为一个"闪亮点".

1. 指明"去路" 开门见山

多年来,我们走惯了从"教材到教师,再从教师到学生"的老路,就学生而言,尽管有教材做依据,但他们并不清楚教师将要讲什么、怎么讲,这将直接影响到学生的听课效果.本节课是借助于数阵型数列问题,培养学生观察、分析、归纳、猜想的能力.我们不妨开门见山地指出"回家"的方向.

师:同学们,前面我们研究了自然数数列$1,2,3,\cdots,n$通项与求和问题,如果把它的结构加以改造(幻灯片),将它们按一定的规律排列(如图1),请问它有那些规律?

生1:第一行一个数,第二行两个数……

生2:每行的数构成公差为1的等差数列.

生3:数阵外形呈直角三角形;自上而下数字越来越大.

……

$$\begin{array}{llll}1 & & & \\ 2 & 3 & & \\ 4 & 5 & 6 & \\ 7 & 8 & 9 & 10 \\ \cdots\cdots \end{array}$$

图1

师:将一些数按照一定的规律排成图形状,我们称之为数阵,它是数列的一种新颖但又较为常见的呈现形式.今天我们就来探究有关数阵型数列问题的解法.

点睛 短短几句话,开门见山,激起了同学们对数阵问题探索的欲望,为进一步研究埋下伏笔.

2. 学会"问路" 整装待发

如果我们能在出发之前,让学生思考一下他所关心的问题,比如回家的路有多远,大概要几小时,要过几座桥等问题,他肯定会更主动地投入到探路过程中来.

师:同学们,你能告诉我最关心这个数阵的哪些问题?

生4:第 n 行的第一个数是多少?最后一个数又是多少?

生5:第 n 行的各数之和是多少?

生6:前 n 行共有多少数?

生7:第2009行的第100个数是多少?

生8:2009位于第几行的第几个数?

……

点睛 发现千千万,起点在一问,提出问题往往比解决问题更重要,培养学生的问题意识是当务之急.同学们的思维激情被点燃.

3. 放手"探路" 锻炼能力

黄武雄教授说,当时父亲如果像赶牛一样,让我走在前头,如果父亲是上乘的教育家,便会要我带路,宁可随我多走一点冤枉路,然后加以修正.可是我仍然感谢父亲,毕竟他不会抱着或背着我.

师:要解决这些问题的关键是什么呢?

生9:关键是第 n 行的第一个数或最后一个数,也就是各行的开头数的通项或结尾数的通项.

师:那如何求这个数阵开头数组成的数列1,2,4,……的通项公式呢?

生10:它是一阶等差数列,满足 $a_n - a_{n-1} = n-1$,利用叠加法可求得:$a_n = (a_n - a_{n-1}) + (a_{n-1} - a_{n-2}) + \cdots + (a_2 - a_1) + a_1 = (n-1) + (n-2) + \cdots + 1 + 1 = \frac{n(n-1)}{2} + 1$. 从而可以得到第 n 行最后一个数为 $a_n + n - 1 = \frac{n(n+1)}{2}$.

师:很好! 如何求第 n 行的各数之和呢?

生11：第 n 行的首、末两项之和除以2即可.

点睛 这里放手让学生探索解决问题的方法，自己纠正调整解题思路，学会探路. 在探路过程中允许学生走弯路，甚至迷路，老师只要在一旁保驾护航，避免"翻车".

4. 寻找"近路" 少走"弯路"

学走路首先不怕摔跟头，跌倒了爬起来再来，只要通过不断的实践反思，方能来去自如，得心应手.

生12：可以先求第 n 行的最后一个数，再求第 n 行第一个数，因为第 n 行最后一个数即为前 n 行个数之和 $1+2+\cdots+n=\dfrac{(1+n)n}{2}$，从而得首位数为 $\dfrac{(1+n)n}{2}-(n-1)$，也可由第 $n-1$ 行的最后一个数加1得到.

生13：我认为没有必要，只要知道末位数（或首位数）和项数即可求的第 n 行各元素之和 $\dfrac{n(n+1)}{2}+\dfrac{n(n-1)}{2}(-1)=\dfrac{n(n^2+1)}{2}$.

师：很灵活！如何求前 n 行之和？

生14：$\sum\limits_{i=1}^{n}\dfrac{i^3+i}{2}=\dfrac{1}{2}(\sum\limits_{i=1}^{n}i^3+\sum\limits_{i=1}^{n}i)=\dfrac{1}{2}\left\{\left[\dfrac{n(n+1)}{2}\right]^2+\dfrac{n(n+1)}{2}\right\}=\dfrac{n(n+1)(n^2+n+2)}{8}$.

师：我有点怀疑这个结论的正确性，如何判断这个结果是正确的？

生15：取 $n=1,2$ 代入检验即可.

师：如何求出第2009行的第100个数是多少？

生16：只要知道第2009行的第一个数 $\dfrac{2008\times 2009}{2}+1$ 再加99即可.

师：那2009位于第几行的第几个数？

生17：可以通过估算，当 $n=63$ 时 $\dfrac{n(n+1)}{2}=\dfrac{63\times 64}{2}=2016$，可见2009位于第63行倒数第8个数，即第63行的第56个数.

学生在自主观察、反思时，教师并不是清闲的，而要积极地看，积极地听，真实地感受学生的所作所为，所思所想，随时掌握课堂中的各种情况，考虑下一步如何指导学生学习. 二是给学生心理上的支持，创造良好的学习氛围，采用各种适当的方式，给学生以心理上的安全和精神上的鼓舞，使学生的思维更加活跃，探索热情更加高涨. 三是注意培养学生的自律能力，注意教育学生遵守纪律,与他人友好相处,培养合作精神.

点睛 文章分成8个小标题,围绕着同一个主题.每小段又紧扣小标题展开,记叙与评论结合,层层递进,回味无穷.

5. 反思"认路" 寻找规律

黄武雄教授说:"如果父亲用手指明家的方向,然后叫我记住这里的大榕树,那里的土地庙,阿公溪上的铁桥,那我必定走过一趟之后十分熟悉."

师:谁来小结一下解决数阵型数列问题的关键是什么?

生18:我认为解决这类问题的关键首先是研究数阵中数的排列规律,各行、各列所构成数列的特征,以及行与行(列与列)之间的联系.

生19:我认为关键是充分挖掘数阵中所提供的信息,通过观察、分析、归纳、猜想,转化为等差、等比数列通项与求和问题.

生20:根据所给出数阵的特殊项推出各行、各列的前几项(特别是首项)或末项,进而求出通项.

……

同学们议论纷纷,讨论非常热烈,交流着"探路"的经验与思考.

点睛 反思认路,寻找规律实际上就是反思感悟的过程,每节课都有课堂教学小结,这个环节往往被老师所忽视,其实这是非常重要的教学过程.

6. 辨别"歧路" 避免"迷路"

学生跟在老师后面学,就好比坐在公交车上,到了一个地方,你不知道怎么走的,明天还是不会去记,去了好多遍,可能我们只是了解这个地方,但终究不知怎么走,要认路,不如下车走一走,问一问,辨别一下"旁门左道",找到回家的"光明正道".

师:你看看下列数阵结构与刚才的数阵有何不同?

```
    1                1            1  3  6 10      1 → 4 → 5
  2   3            3   5          2  5  9         ↓   ↑   ↓
 4  5  6         7  9  11         4  8            2 → 3   6
7 8 9 10      13 15 17 19         7                       
                                                  9 ← 8 ← 7
  …               …               …               …   …
  图2              图3             图4             图5
```

生：图2的结构与原来的数阵完全相同.

生：图3是由奇数构成的,结构也相同,可以看出每行的和分别是$1^3, 2^3,$ ……, n^3.

生：图4斜着看和原来的数阵结构相同.

生：图5仍然是由自然数1,2,3,……按回形排列.

点睛 观察各种不同结构的数阵,快速地找到各自的结构规律,起到举一反三,会一题,通一片的作用.

7. 开拓"新路" 创新突破

鲁迅先生说过："路是人走出来的,走的人多了便成了路."关键是我们要不断地鼓励学生去走前人"未走过的路",这就是创新思维能力培养的问题.

师：在由实数对组成的序列 (1,1), (1,2), (2,1), (1,3), (2,2), (3,1), (1,4), (2,3), (3,2), (4,1), …中,第2009个数对是什么呢？

生：我发现了一些规律：第一组两数之和为2,第2、3组两数之和为3,第4、5、6组两数之和为4……

生：我知道了,可将实数对改造成数对阵,把两数之和相等的实数对放在同一行,得到一个数对阵.

师：很好！得到的数对阵有那些特征呢？

生：每行的实数对两数之和相等,且和比行数大1.

生：每行的实数对的个数分别为1, 2, 3, …, n；实数对的第一个数与它所在的列数相一致.

(1,1)

(1,2) (2,1)

(1,3) (2,2) (3,1)

(1,4) (2,3) (3,2) (4,1)

………

图6

生：第2009个数组位于第63行的56个的位置上,所以第2009个数组为 (56,7).

学生运用了重要的数学思想：转化思想和数形结合思想,借助数阵的形的作用,解决了数的问题.

点睛 有专家说创新素养不是老师教出来的,我不完全同意这种说法.没有老师有意识的培养和激发,何来创新素养？

8. 巧架"天路" 沟通"回路"

黄武雄教授想要告诉我们的是：数学教学的根本目的是要引起学生的主动学习，这是好课的最高境界。我们让学生找到回家的路可能还不够，下次搬家进城了，道路更复杂了，若还能轻松地找到回家的路，这样培养出的人才才能走向世界，走向未来。

师：将集合 $\{2^t+2^s|0\leq s<t,$ 且 $s,t\in Z\}$ 中所有的元素按从小到大的顺序排成如图7的三角形数阵，那么第2009个数又是多少？

生：把数阵中各数还原成 2^t+2^s 的形式（图8），这样更便于寻找规律。

生：把指数抽取出来，构成数组阵（图9），原数阵与这个数组阵一一对应，这样可以透过现象看本质。

```
3
5   6
9   10   12
17  18   20   24
………
```
图7

2^1+2^0			
2^2+2^0	2^2+2^1		
2^3+2^0	2^3+2^1	2^3+2^2	
2^4+2^0	2^4+2^1	2^4+2^2	2^4+2^3

………

图8

(1, 0)			
(2, 0)	(2, 1)		
(3, 0)	(3, 1)	(3, 2)	
(4, 0)	(4, 1)	(4, 2)	(4, 3)

………

图9

生：2009个数在这个数组阵中位于第63行的56列，对应的数组为(63, 55)，所以第2009个数为 $2^{63}+2^{55}$。

可见，只要我们的数学课堂能以学生自主探索为主，教师点拨、启发、引导为辅，加强师生互动，努力让学生走在探索研究的前头，不断提出新问题，解决新问题，引导学生归纳反思，不断提高。在问题的设计中，可从多角度探究，纵向挖掘知识深度，横向加强知识的联系，重点突出，难点突破水到渠成。何愁学生找不到"回家的路"。

点睛 文章层次清楚，紧紧围绕"回家的路"，层层深入，令读者欲罢不能。

【文脉结构】

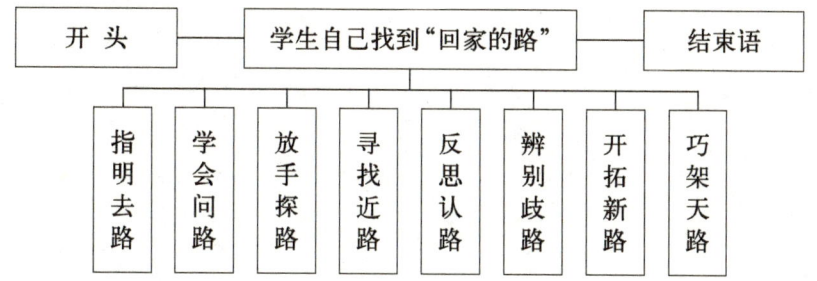

参考文献

[1] 张亚东. 数学课堂教学如何铺设数学思维"画卷"[J]. 中学数学, 2009(3).

[2] 张亚东, 李红. 如何上好高三综合试卷讲评课[J]. 中学数学月刊, 1998(12).

[3] 章轶, 张亚东. 数学课堂如何讲好中国故事[J]. 数学教学, 2015(11).

[4] 王晨辉, 张亚东. 点阵的归纳与猜想[J]. 数学教学, 2008(12).

[5] 张亚东. 如何让学生自己找到"回家的路"[J]. 中学数学, 2009(5).

[6] 张亚东. 如何让学生自己找到"回家的路"[J]. 中学数学教与学, 2009(8).

第五章
数学科研论文的投稿

教科研论文是教育工作者从事教学实践和研究的成果总结。撰写教科研论文，是教师发展的需要，也是教学工作的需要。通过撰写论文，促进教师参加教学科研，提高业务理论水平，让教学经验得以总结、交流和推广。所以，撰写的论文当然要想方设法发表出来，让更多的老师可以借鉴你的成功经验。本章介绍如何投稿命中率高，投稿不中怎么办的问题。

5.1 中学数学期刊简介

知己知彼方能百战不殆,论文投稿也是这个道理,只有对各种期刊了如指掌,对他们的各自特点、栏目设置、文章格式等非常了解,方能百投百中.

中学数学教学研究期刊品种繁多,所刊载的论文涉及课程教材研究、课堂教学研究、解题技巧研究、中考高考试题研究、数学竞赛辅导研究、初等数学研究等中学数学教学的各个领域,对于不同的期刊,又有各种不同的办刊特色,现简单介绍一下常见的几种期刊.

《数学通报》是教育部主管,全国初等、中等教育核心期刊,中国数学会、北京师范大学主办.具有一定的权威性,网上投稿,需要寄交50元审稿费,审稿时间较长,有时长达半年.常见栏目有:国外教育、特约讲座、教学研究、教学园地、解题教学、学习园地、初数研究、问题解答.

《数学教学》由教育部主管,华东师范大学主办,以中学数学教师和高等师范数学系本科师生为读者对象.该刊积极介绍国外数学教育的有关理论、课

程教材对比研究及相关理念,及时报道国内外数学教育信息动态.开设有数学史与数学教育、数学教学研究、数学探究、数学解题研究、竞赛之窗、教学评价研究等栏目.每期封面都刊有张奠宙、赵小平老师的教育随笔,文章短小精悍,数学教学最新动态和教学新理念介绍.

《上海中学数学》是由上海市教育委员会主管,上海师范大学主办,中学数学教学研究类杂志,反映教改新动态,传递教学新信息.开设有教坛弦柱、思维之锥、教学在线、解法探微、复习通途、中外经纬等栏目.

《中等数学》是由天津师范大学、天津市数学学会、中国数学会普及工作委员会主办,中学数学竞赛类杂志,全国唯一专门从事数学竞赛辅导、指导类刊物.权威性高,资料齐全,栏目多样,开设有数学活动课程讲座、命题与解题、竞赛新题、竞赛之窗、课外训练、数学奥林匹克问题等栏目.每年针对全国数学联赛有竞赛全真模拟辅导专题合订本,是广大中学数学奥林匹克竞赛爱好者必选期刊.

《中学数学教学参考》是由教育部主管,陕西师范大学主办,全国中文核心期刊.主要栏目有新论视窗:理论探索、热点聚焦、名师专稿;教学时空:教法指导、学法指导、教学设计;应考策略:题型推荐、考点剖析、解题技巧;学海泛舟:学习心得、新书评价、工作杂谈;一家之言:个人见解、理论争鸣、疑难解答;综合平台:学校管理、班级工作、实践活动.

《中学数学月刊》创刊于1978年,由苏州大学主办.它融科学性、资料性、实用性、可读性于一身,是广大中学数学教师、高师院校师生、中学生以及数学爱好者的良师益友.它以研究初等数学、中学数学课程、教与学的方法为己任,介绍、交流中学数学教育改革的新理论、新经验、新信息和初等数学研究的新成果、新方法．设有数学教育、新课程园地、名师教坛、教学设计、高考热线、信息技术、数学应用、试题研究、复习之友、解题方法、一题一议、专题研究、正误辨析、竞赛之窗、集锦、学生习作、国内外试题选登等栏目．

《中学数学》由湖北大学、湖北省数学学会主办，中国核心期刊，为全国优秀科技期刊、初等／中等教育类核心期刊．杂志以"教学与研究"为特色，以"导向性、探索性、实用性、资料性"为办刊宗旨，着重反映广大教师新课程改革过程中总结的新理论、新观点、新体会和新经验，探索现代教师与新课程改革中的新思路、新特点．开设栏目有：教学导航、教材点击、考试研究、备考指南、命题感悟、教育纵横、新颖试题、解法探究等．

限于篇幅，其他中学数学教研期刊不再一一介绍，各家栏目设置大同小异，当然也有自己独特的特点，例如《中学数学教与学》中国人民大学复印资料，直接由各大数学杂志中挑选比较好的文章，很多老师都以自己的文章被该杂志选中为荣．它是不接受直接投稿的，所以我们投稿时应认真研究各大杂志的特点和期刊栏目，还要研究该栏目文章的写作格式和要求，不应麻木随便凭感觉投稿．

本书【附录】是一些常用期刊投稿基本信息，便于读者朋友们投稿参考（排名不分先后）．

案例点睛 22

"变换角色　授生以渔"的教学尝试

写作背景：新课程理念强调学生的全面参与，结合这一新课程理念，改变课堂教学结构,让学生参与课堂教学全过程,介绍作者教学实践过程中的具体做法.原文发表于苏州大学《中学数学月刊》.

教育家布鲁姆·乔伊斯说过:"教会学生独立思考,我们就给了他们自已教育自己的能力,使他们在课堂上敢于阐发自己的观点,我们不能要求学生放弃一切活跃的思考,盲目地去相信某种结论.相反,我们应教会他们通过活跃的思考去寻找最佳的结论."在实际教学过程中,变换角色,让学生走上讲台当小老师,以提高他们良好的心理素质,发挥其在教学中的主体作用.教会他们获取知识的方法,可达到授之以渔的目的.

那么,让学生走上讲台,可以做哪些方面的事情呢?

点睛 开头用一段名人名言增加理论色彩,然后提出问题引发思考.

1. 汇报预习情况

预习是学好数学的重要一环,它能培养学生的自学能力,但学生在预习过程中往往抓不住重点和难点,只是走马观花地看一遍,针对这一情况,每堂课结束时,我总是提出下堂课预习的主要内容,要求学生上讲台汇报.学生"自我表现"的欲望被调动起来,个个都认真阅读课本,积极思考教师布置的思考题,甚至有几名同学还像教师备课一样,写详细的备课笔记.

如在讲反三角函数前一节课结束时,我布置了如下几个预习思考题:

(1) 什么叫反函数?反函数与原函数有何关系?

(2) 函数 $y=2^x$,$y=x^2$ 有反函数吗?如果没有,怎样限制 x 的取值范围,才能使之存在反函数?

(3) 作出 $y=\sin x$ 的图像,它存在反函数吗?它在哪些区间上存在反函数?

(4) 反正弦函数是 $y=\sin x$ 在哪个区间上的反函数?定义在这个区间上有什么好处?

(5) 反正弦函数如何表示?请查出"arc"的含义.

这样的思考题源于课本又高于课本,经过学生认真复习、预习又能顺利解决,上课时,我只要不断纠正、完善学生"表演"中的不足就可以了.这样有意识地训练一段时间后,学生就会自已提出问题,掌握预习的方法,提高了自学能力,因而达到"授之以渔"的教学目标,事半功倍.

点睛 把授之以渔的具体做法分成5小点,然后再分别阐述,使文章层次更加清晰.

2. 讲解新颖解法

教师在上课、辅导、批改作业、阅卷过程中,经常会发现有些学生的解法特别新颖,值得推广,这时就可以布置该生做好上台讲解的准备,要求讲清思维方法和解题过程.这样既给讲者以鼓励,又使听者得益.

如我在讲完点到直线距离公式推导之后,一同学举手说:"老师,我在预习时发现了一个更好的证法."于是,我请他上台讲给大家听.

他不慌不忙地走上讲台,讲道:"课本上讲,设点 $P(x_0, y_0)$ 到直线 l 的垂线为 l',垂足为 Q,由 l' 和 l 的方程组成的方程组解得 Q 点的坐标 (x_1, y_1),再利用 $|PQ|=\sqrt{(x_1-x_0)^2+(y_1-y_0)^2}$. 这个方法思路自然,但运算很繁,我试了一下确实如此. 但我不去求点 Q 的坐标,而直接求 x_1-x_0, y_1-y_0,再求 $|PQ|$." 他边分析,边得到如下板书:

设 $A \neq 0, B \neq 0$, 则 $\begin{cases} \dfrac{y_1-y_0}{x_1-x_0}(-\dfrac{A}{B})=-1, \\ Ax_1+By_1+C=0. \end{cases}$

故 $\begin{cases} A(y_1-y_0)=B(x_1-x_0), \\ A(x_1-x_0)+B(y_1-y_0)+Ax_0+By_0+C=0. \end{cases}$

解得 $\begin{cases} y_1-y_0=\dfrac{A}{B}(x_1-x_0), \\ x_1-x_0=-\dfrac{A(Ax_0+By_0+C)}{A^2+B^2}. \end{cases}$

所以 $|PQ|=\sqrt{(x_1-x_0)^2+(y_1-y_0)^2}$

$=\dfrac{\sqrt{A^2+B^2}}{|A|}|x_1-x_0|=\dfrac{|Ax_0+By_0+C|}{\sqrt{A^2+B^2}}$.

该证法运用整体思想避开求点 Q 的坐标,真是妙不可言!

对于这些新颖的解法,教师应鼓励学生走上讲台道出自己的见解,撞击学生思维的火花,使学生获得终生难忘的体验,它激励学生热爱数学、学习数学的热情,有利于学生自我表现能力的提高和良好心理素质的养成,同时也提高了学生发散性思维和创造性思维能力.当然,学生在练习过程中暴露出的一些错误解法,也可以让学生上台来讲述思考过程,教师因势利导,找出错误的原因或不足之处,这里要特别注意一点,即教师要尽量发现其闪光点,多肯定,少批评,不挖苦,不讽刺,多给学生成功的表现机会,否则会挫伤他们参与的积极性.

点睛 对具体实例进行详细叙述并作点评,由点到面,讲清这种做法的好处及注意点.

3. 演示教具模型

在立体几何教学过程中,常借助教具模型的演示帮助学生建立空间概念.但这一过程往往被我们教师代替.我在教学过程中探索到一条新路子:只给出教具模型,让学生走上讲台自己演示.

如在讲完线面平行的判定和性质定理之后,我让学生判断下列说法对不对.不对举反例,并演示反例.给出教具:表示直线的小铁棒若干,以讲台面表示平面.

(1) 一条直线 a 与平面 α 内一条直线 b 平行,则 $a//\alpha$;

(2) 平面 α 外一条直线 a 平行于平面 α 内任一条直线,则 $a//\alpha$;

(3) 若 $a//\alpha$ 且 $b \subsetneq \alpha$,则 $a//b$;

(4) 若 $a//\alpha$,则 a 平行于 α 内无数条直线;

(5) 若 $a//\alpha$, $b//\alpha$,则 $a//b$;

(6) 若 $a//b$, $a//\alpha$,则 $b//\alpha$.

师生反复辨析,对错误命题找出反例,并通过学生演示操作(其他同学也用笔、尺表示直线,课桌面表示平面在下面比划),加深对定理的理解,从而建立起正确的空间概念.

4. 概括课堂小结

每节课结束前五分钟,让学生自己小结本节课所讲的主要内容.每章节复习时,让学生小结本章节的知识结构,把新知纳入已有的认知结构.

如在棱柱第二堂课结束前,我要求学生根据模型,小结几个特殊的四棱柱的区别和联系.一学生走上讲台,一边拿模型,一边讲特征,一边板书如下:

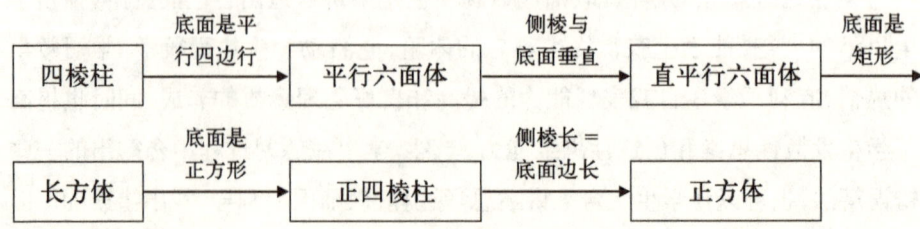

实践证明,让学生走上讲台,概括知识结构、概念、知识点的联系和区别、解题步聚等,不仅可以让他们明确学习目标、确定学习重点、掌握学习难点,理清知识网络,更重要的是激发他们的主体意识,培养独立思考的习惯,真正达到"教是为了不教"的目的.

点睛 文章每小段结构保持一致,先介绍具体做法,然后举一个实例,最后点评这种做法的好处.

5. 介绍学习方法

学法指导是教师所重视的,问题是越俎代庖的情况较多.即由教师根据自己的学习经验灌输某某学习方法,这样做的结果往往会造成指导的盲目性,从而让学生感到无所适从.而经常让学有所得的学生上台介绍自己行之有效的学习方法,学生感到亲切,可接受,易操作.这种从学生中来又到学生中去的学法指导才是最贴近学生实际的.

记得高一时,讨论如何处理好看书和做练习关系,我指定由一名优等生重点准备,下堂课一开始,这名同学就走上讲台,提出自己的几点做法:

第一步:先较快地看一遍书,对知识点做到心中有数.

第二步:做练习题,对于练习题拿不准的、不会的立即翻书,看懂这道题与哪些知识点有关,通过做题加深对知识的理解,从不同角度审视数学概念、公式、定理,这样反复几次,就能达到熟能生巧了.

第三步:用自己的语言,根据自己的理解和看书留下的印象,说出重要的概念、性质,再对照课本上的语言.找出自己语言的不足和漏落的关键字词,即可轻松、牢固地记住.

第四步:对已学内容进行归纳小结,对新学内容和原有知识及方法进行对比,掌握整章的知识结构.

第五步:试着做一些综合题,有意识地训练自己的综合能力.

总之,"角色变换,授之以渔",给学生带来了全新的课堂感受,激发了他们强烈的参与欲和表现欲,因而研究风气大增,学习热情高涨,课堂气氛活跃,知识掌握牢固.这比教师讲概念、讲例题、讲解法的一言堂的教学效果要好得多.真可谓一石多鸟,一箭多雕.

【文脉结构】

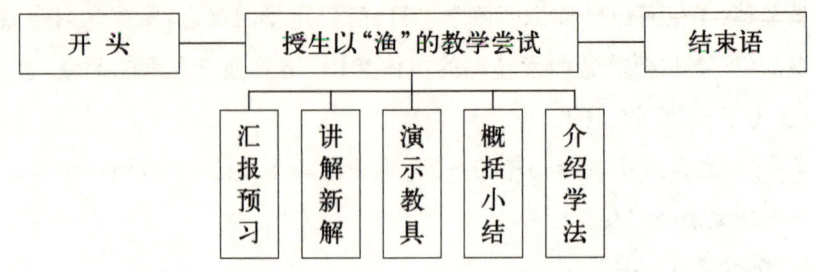

5.2 投稿的方法与技巧

做任何事情都要讲究方法和技巧,论文投稿也不例外,坚决不做"守贞从一"或"一妻多夫"的傻事.

文章写好后,接下来就是投稿了.两年前我写了《"喇叭花"函数赏析》一文,自认为写得不错,就花50元审稿费,通过网上电子邮箱寄给北京师范大学《数学通报》杂志社,不想石沉大海.一般杂志社规定三个月后可以自行处理,于是三个月后我重新修改一遍之后,通过电子邮件发给华东师范大学《数学教学》杂志社,没想到一个月之后就收到用稿通知.

更没想到的是两个月后又接到了《数学通报》的用稿通知.我非常纠结,如果不撤稿,两家杂志同时发表了同一篇论文,一定属于一稿多投,可能两家杂志社以后看到我的文章都会被"封杀".

于是我决定选一家退出.因为在《数学通报》上发表文章相对比较难一些,于是我毫不犹豫地打电话给华东师范大学出版社,把事情的前后经过说清楚,他们非常通情达理地作退稿处理,后来我在华师大《数学教学》上连续发表了好几篇文章,不但没有影响我的信誉,反而增加了出版社对我的信任.

论文投稿的方式无外乎两种,一种就是通过普通信件邮寄方式投稿,另一种就是通过网上邮件进行投稿,大多采用第二种方式,方便快捷.现在有几家杂志社还提供网上投稿系统,以注册的用户名和密码登陆,便于及时查阅稿件审阅进展状况.

采用邮件方式投稿时应注意以下几点：一是数学教科研论文里一般含有公式和图形，最好文章打包成 PDF 文档，以免由于电脑设置格式不同而发生阅读误差；二是文章一般以附件形式发送，为方便编辑老师查找，邮件发送时，邮件主题栏应填好主题，建议主题填写"论文名＋省份＋作者姓名"的格式，方便编辑部审稿后及时与作者联系时查找邮箱；三是如果已经网上投稿了，就没必要再邮寄稿件，重复投稿会增加编辑部老师的工作量.

当然，网上投稿方便快捷，但绝不能群发乱投，编辑部最忌讳一稿多投.每篇论文都要经过编辑老师的多次审核，花费不少时间和精力，如果发现一稿多投了，你就很快被打入黑名单，以后邮寄过去的论文发表的可能性就非常小，初学写作的老师一定要切记，要在编辑部留下非常好的信誉度.

中学数学期刊稿源丰富，刊用率一般在 5% 左右，甚至更低.编辑部审稿一般分三个阶段：第一个阶段初审，看看是否符合本刊刊发范畴，论文是否有政策和法律性问题，论文是否具有创新点，体现在教育理论指导中小学实践的科学性和可行性，教学内容的处理、教学方法的有效性和针对性，解题方法的合理性和科学性等方面，看看是否有抄袭、拼凑等现象，是否利用了别人的研究成果，是否有一稿多投现象等问题，初审淘汰 90% 以上.

经过初审进入二审的稿件大幅减少，但对每一篇论文的结论进行推理验证工作量依然很大，需要进一步筛选.二审是决定稿件能否发表的关键，重点核查论文质量的优劣要素：原创和新意.二审结果有退稿、退稿再受理、续审；最后阶段为决审，是审核文章学术水平的主要环节.决审的重点是审核论文的学术水平并检验录用论文的数据和推演的正确性.考虑论文是否符合期刊当期要求，论文学术价值，是否原创，创新点分析，最终决定是否刊用.

另外，还请老师们注意：各种期刊一般都有出版计划，作者可以通过各种期刊的出版计划、办刊宗旨和栏目内容了解期刊特点、发稿规律，瞄准方向，提前 3 到 6 个月投稿以保证论文得到及时发表.当然如果写的是教改实验等与教学进度无关的文章可以随时投稿.

若收到用稿通知，应及时回复邮件，与期刊编辑部联系，按编辑要求做好论文的进一步修订和最终审核.如因职称评定等出版时间的要求可与编辑部联系,提前发表或开证明,编辑部老师都会认真细致地给你答复.

如果收到编辑部退稿通知,或三个月以上毫无音讯,这时不要气馁.得不到采用并不能说明你的论文不好,可能是编辑部收到了很多同类型的文章,也有可能文章的格式和要求不符合这家杂志的风格.这时我们可以把文章打印出来,重新进行修改,认真分析失败的原因,按照目标杂志文章格式和要求进行重新包装,再投其他杂志,要相信是金子总会发光的.

案例点睛 23
"喇叭花"函数赏析

写作背景:本文是笔者参加"上海市 TI 图形计算器教学论文大赛"撰写的文章,获得上海市 TI 图形计算器应用教学论文比赛一等奖,并在上海市第15届 TI 教学年会上交流.后改编成文,8个月后得到用稿通知,发表于北京师范大学《数学通报》.

1.问题提出 "石破天惊"

最近高三复习调研出了这样一个填空题难倒了不少同学:

问题1:已知棱长为1的正方体 $ABCD\text{-}A_1B_1C_1D_1$,动点 P 在其表面上运动,且 $|PA|=x(0<x<\sqrt{3})$,记点 P 的轨迹长度为 $f(x)$,则方程 $f(x)=\dfrac{3\pi}{2}$ 的解集为 _____.

本题考查空间想象能力、分类讨论以及函数运动变化的数学思想方法.考试结果出人意料:只有2%的同学给出了正确答案 $\{1,\sqrt{2}\}$,30%的同学给出的答案是 $\{1\}$ 或 $\{\sqrt{2}\}$,68%的同学束手无策,教师在讲评时更是感到困惑,为什么有且只有两解?这个函数的图像到底是什么样的?有什么性质?考试结束后,我们放手让学生对此问题展开探究,结果一石激起千层浪.

点睛 从日常教学中发现难题,展开研究,更体现应用和研究价值.考试结果出人意料,教师讲评时感到困惑,立即吊起读者阅读的胃口.

2.问题解决 "水落石出"

2.1 轨迹探求

想象一下,点 P 的轨迹实质上就是以点 A 为球心,半径为 x 的球面与多面体表面的交线,随着半径 x 从 0 到 $\sqrt{3}$ 的变化,仿佛再现了一朵美丽的"喇叭花"花开花落的自然生长过程.我们不妨把 P 点的轨迹长度 $L=f(x)$ 称为"喇叭花"函数.

我们知道用平面去截球面得到的截面图形一定是圆,圆的大小取决于球心到平面的距离.

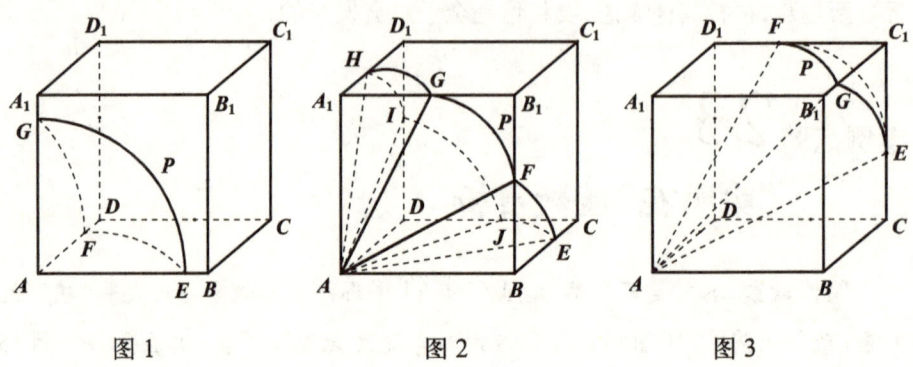

图 1　　　　　　　　图 2　　　　　　　　图 3

随着半径 x 从 0 到 $\sqrt{3}$ 的变化,点 P 的轨迹形成过程可分成三个阶段:

当 $0<x\leqslant 1$ 时,轨迹为三段长度相等的圆弧(图1),且圆弧长度随着 x 的增大而增大, $x=1$ 时 L 达到最大值 $\dfrac{3\pi}{2}$;

当 $1<x<\sqrt{2}$ 时,轨迹由六段圆弧组成(图2);

当 $\sqrt{2}\leqslant x<\sqrt{3}$ 时,轨迹为三段长度相等的圆弧(图3),且圆弧长度随着 x 的增大而减小, $x=\sqrt{2}$ 时函数值 L 最大,最大值也是 $\dfrac{3\pi}{2}$.

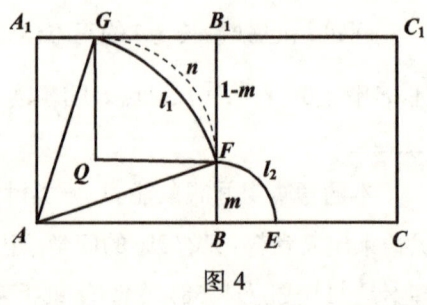

图 4

2.2 问题解决

当 $1<x<\sqrt{2}$ 时(图2),六段圆弧总长度与 $\dfrac{3\pi}{2}$ 什么关系?这正是困惑我们的问题所在.

事实上六段圆弧的长度和都不会超过 $\dfrac{3\pi}{2}$.通过老师引导,学生惊喜地发现如下的几何证明方法:根据对称性只要研究如图4所示的两段圆弧 l_1, l_2 的长度和即可. 事实上,可设 $BF=m, m \in (0,1)$ 则 $FB_1=1-m$, 显然有 $l_1 < n = \frac{\pi}{2}m$. 此时 $l_1+l_2 < \frac{\pi}{2}m + \frac{\pi}{2}(1-m) = \frac{\pi}{2}$.

由此可见函数 $L=f(x)$ 在区间 $(1, \sqrt{2})$ 上的值不会超过 $\frac{3\pi}{2}$,所以方程 $f(x)=\frac{3\pi}{2}$ 的解集为 $\{1, \sqrt{2}\}$, 问题水落石出.

2.3 图像探究

函数 $L=f(x)$ 在区间 $(1, \sqrt{2})$ 上的单调性到底怎样? 学生带着浓厚的兴趣进行了进一步的探索: 确定轨迹中的圆弧半径和所对圆心角, 写出了分段函数表达式如下:

$$f(x) = \begin{cases} \frac{3\pi}{2}x & (0 < x \leq 1), \\ 3x \cdot (\frac{\pi}{2} - 2\arccos\frac{1}{x}) + \frac{3\pi}{2}\sqrt{x^2-1} & (1 < x \leq \sqrt{2}), \\ 3\sqrt{x^2-1} \cdot (\frac{\pi}{2} - 2\arccos\frac{1}{\sqrt{x^2-1}}) & (\sqrt{2} < x < \sqrt{3}). \end{cases}$$

利用 *TI-Nspire* 图形计算器作图功能作出这个函数的图像(图5). 再利用图像分析功能可以清楚地看到: 正方体中的"喇叭花"函数图像有两个最高点 $(1, \frac{3\pi}{2})$ 和 $(\sqrt{2}, \frac{3\pi}{2})$, 当 $x \approx 1.07$ 时函数达到最低点. 通过现代教育技术手段, 师生共同解决了这个困扰我们的数学"难题".

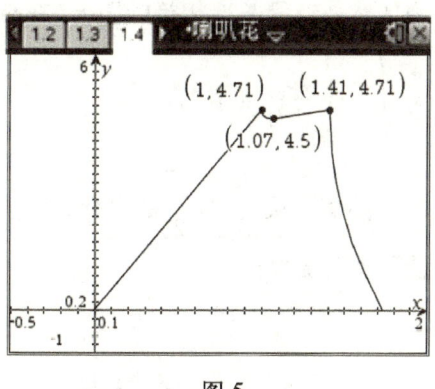

图5

点睛 从轨迹探求、问题解决、图像探究三个方面讲清楚问题的解决方法与途径. 分成三小点使文章层次更加清晰, 使人一目了然. 那问题解决了文章到此是不是就结束了呢?

3. 问题生成 "再起波澜"

意犹未尽, 学生提出了新的问题: "喇叭花"函数在其他正多面体中情况如何? 利用类似的研究方法同样加以解决.

3.1 在正四面体中生长的"喇叭花"

问题2：动点 P 在棱长为1的正四面体 A-BCD 表面上运动，且 $|PA|=x$ $(0<x<1)$，记 P 点的轨迹长度为 $f(x)$，求 $f(x)$ 的表达式．

随着半径 x 从0到1的变化，动点 P 的轨迹形状不尽相同，分以下三种情形：

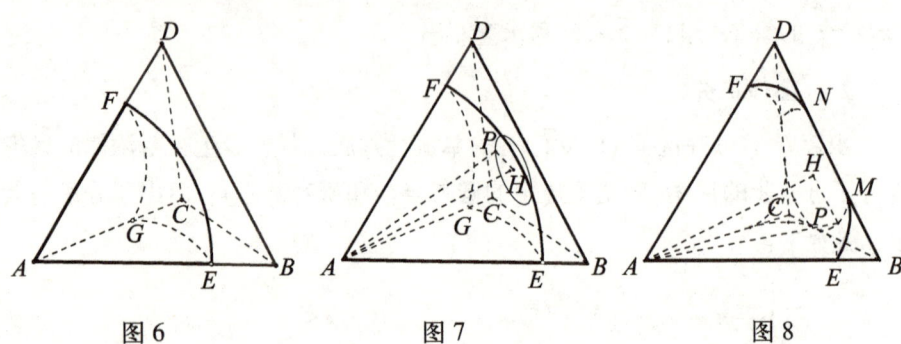

图6　　　　　图7　　　　　图8

当 $0<x\leqslant h$（h 为正四面体的高 $\frac{\sqrt{6}}{3}$）时，轨迹是三段长度相等的圆弧（图6）；

当 $h<x\leqslant h'$（h' 为侧面正三角形的高 $\frac{\sqrt{3}}{2}$）时，在点 A 所在三个面上的轨迹依然是三段长度相等的圆弧，在点 A 对面 BCD 上的轨迹是一个圆，其半径为 $\sqrt{x^2-\left(\frac{\sqrt{6}}{3}\right)^2}$（图7）；

随着 x 从 $\frac{\sqrt{6}}{3}$ 到 $\frac{\sqrt{3}}{2}$ 的变化，圆也由小变大，好像"喇叭花"慢慢长出了"花蕊"，美丽绽放！

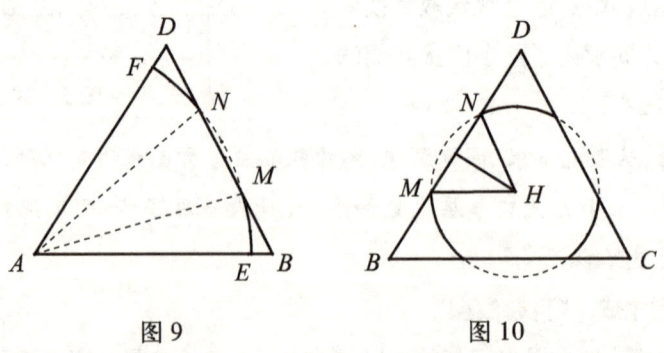

图9　　　　　图10

当 $\frac{\sqrt{3}}{2}<x<1$ 时，轨迹由九段圆弧组成（图8）．其中 A 点所在的三个面上的

六段圆弧长为 $3x \cdot \left(\dfrac{\pi}{3} - 2\arccos\dfrac{\sqrt{3}}{2x}\right)$（图9）；与 A 相对的面 BCD 上的三段圆弧长为 $\sqrt{x^2 - \dfrac{2}{3}} \cdot \left(2\pi - 3 \cdot 2\arccos\dfrac{1}{\sqrt{12x^2 - 8}}\right)$（图10）．

$$\therefore f(x) = \begin{cases} \pi x & (0 < x \leq \dfrac{\sqrt{6}}{3}), \\ \pi\left(x + 2\sqrt{x^2 - \dfrac{2}{3}}\right) & (\dfrac{\sqrt{6}}{3} < x \leq \dfrac{\sqrt{3}}{2}), \\ x \cdot \left(\pi - 6\arccos\dfrac{\sqrt{3}}{2x}\right) + \sqrt{x^2 - \dfrac{2}{3}} \cdot \left(2\pi - 6\arccos\dfrac{1}{\sqrt{12x^2 - 8}}\right) & (\dfrac{\sqrt{3}}{2} < x < 1). \end{cases}$$

由函数图像（图11）可直观地看出：随着 x 的逐渐增大，"喇叭花"从发芽到快速成长，突然"怒放"．可以想象，当 $x = \dfrac{\sqrt{3}}{2}$ 时，鲜花盛开，几乎充满了正四面体的表面．当 $x > \dfrac{\sqrt{3}}{2}$ 时"喇叭花"就开始快速"憔悴"，而且有加速趋势，真可谓"昙花一现"．

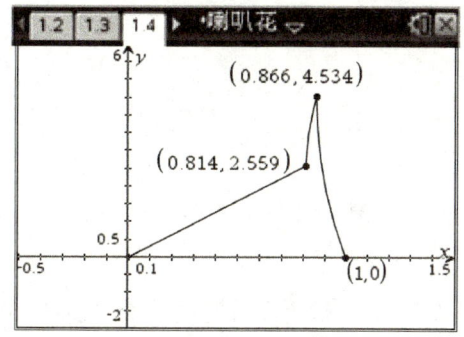

图 11

点睛 文章从问题解决入手，类比联想到正四面体中的相似问题，出现了新的含有花蕊的"喇叭花"．文章一波三折，妙趣横生．

3.2 正八面体中生长的"喇叭花"

问题3：已知棱长为1的正八面体 $S\text{-}ABCD\text{-}T$，动点 P 在其表面上运动，且 $|PS| = x(0 < x < \sqrt{2})$，记点 P 的轨迹长度为 $f(x)$，则关于 x 的方程 $f(x) = m$ 解的个数可能为_____．

当 $0 < x \leq \dfrac{\sqrt{3}}{2}$ 时，点 P 的轨迹为四段长度相等的圆弧；

当 $\dfrac{\sqrt{3}}{2} < x \leq 1$ 时，点 P 的轨迹为十二段小圆弧（图12）．根据对称性，只要研究面 SAB 和

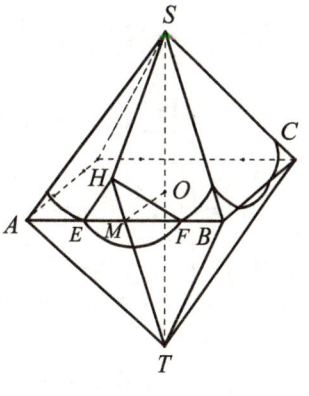

图 12

面 TAB 上的三段弧长即可. 在面 SAB 上点 P 的轨迹为两小段圆弧,其长度为 $x(\dfrac{\pi}{3}-2\arccos\dfrac{\sqrt{3}}{2x})$.

点 P 在面 TAB 上的轨迹图形是什么样呢? 为此取 AB 中点 M, 过点 S 作 $SH\perp TM$, 垂足为 H, 易证 $SH\perp$ 面 TAB, 所以点 P 在面 TAB 上的轨迹是以 H 点为圆心, HE 为半径的一段圆弧.

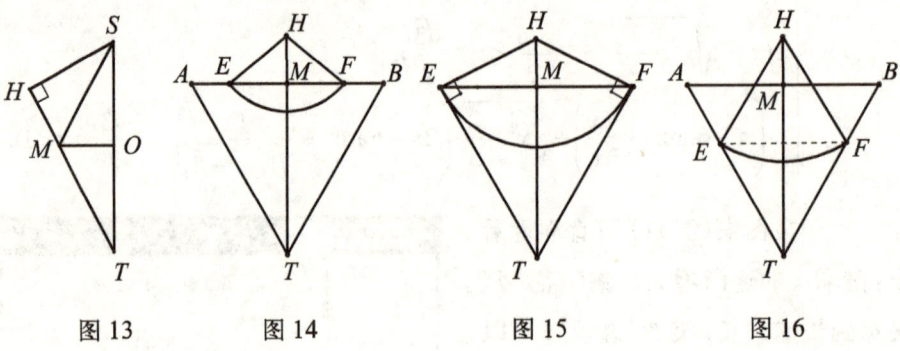

图 13　　　图 14　　　图 15　　　图 16

在图 13 中,$SO=\dfrac{\sqrt{2}}{2}$,$MO=\dfrac{1}{2}$,$TM=\dfrac{\sqrt{3}}{2}$,由 $\triangle SHT \sim \triangle MOT$ 得 $SH=\dfrac{\sqrt{6}}{3}$,又 $HM=\dfrac{\sqrt{3}}{6}$,所以轨迹圆弧长为 $\sqrt{x^2-\dfrac{2}{3}}\cdot 2\arccos\dfrac{\dfrac{\sqrt{3}}{6}}{\sqrt{x^2-\dfrac{2}{3}}}$ (图 14),

当 $x=1$ 时,TE 正好与轨迹圆弧相切(图 15).

当 $1<x<\sqrt{2}$ 时(图 16),$EH=\sqrt{x^2-\dfrac{2}{3}}$,$HT=\dfrac{2\sqrt{3}}{3}$,由正弦定理可知 $\angle HET=\pi-\arcsin\dfrac{\sqrt{3}}{\sqrt{9x^2-6}}$,从而 $\angle EHT=\arcsin\dfrac{\sqrt{3}}{\sqrt{9x^2-6}}-\dfrac{\pi}{3}$.

$$\therefore f(r)=\begin{cases}\dfrac{4\pi r}{3} & (0<x\leq\dfrac{\sqrt{3}}{2}),\\ 4x(\dfrac{\pi}{3}-2\arccos\dfrac{\sqrt{3}}{2x})+4\sqrt{x^2-\dfrac{2}{3}}\cdot 2\arccos\dfrac{\sqrt{3}}{\sqrt{36x^2-24}} & (\dfrac{\sqrt{3}}{2}<x\leq 1),\\ 4\sqrt{x^2-\dfrac{2}{3}}\cdot(2\arcsin\dfrac{\sqrt{3}}{\sqrt{9x^2-6}}-\dfrac{\pi}{3}) & (1<x<\sqrt{2}).\end{cases}$$

作出函数图像(图 17),在正八面体中,关于 x 的方程 $f(x)=m$ 解的个数可能为 0,1,2.

在正八面体中的"喇叭花"函数图像与正四面体中的图像形状相似，先直线上升，然后盛开，接下来开始凋谢，所不同的是它在生长过程中始终没有出现"花蕊"，盛开得更慢一些，开得最盛时的花朵要大一些，花期也更长一些．

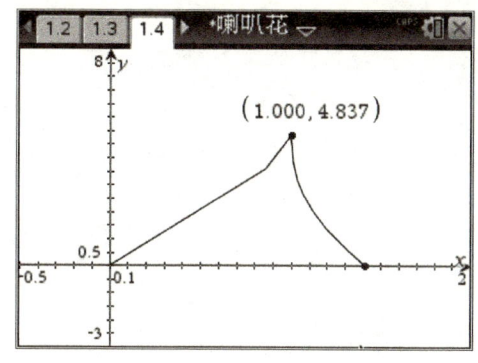

图 17

运用类似的方法可以继续研究"喇叭花"在正十二面体和正二十面体中盛开的情况，可以想象它们将会更为绚丽夺目，五彩缤纷．其实，"喇叭花"函数不仅仅可以在正多面体中盛开，对于任何多面体也存在类似的问题．

点睛 用同样的方法处理正八面体中的"喇叭花"函数，利用拟人化的手段突出体现文章标题中的赏析两字．

通过对"喇叭花"函数的研究，可以发挥学生的空间想象力，在问题解决过程中体悟分类讨论、数形结合的思想，学会把一个"可以想象却难以言传"的数学问题表达清楚，学会运用 TI 图形计算器作出函数图像，研究函数性质，探究数学问题解决途径和方法．

【文脉结构】

5.3 投稿不中原因分析

找不到对象是件司空见惯的事情,有时候并不是因为你长得丑,也许对方已经有了对象,也许你对他来说不太适合.

刚大学毕业的时候,看到同事经常发表文章,自己也试着投稿,但文章寄出去石沉大海,杳无音信.辛辛苦苦写出来的东西得不到别人的承认,自己感到非常懊恼.

于是我带着手稿去请教苏州大学唐复苏教授,当时他是《中学数学月刊》主编,我的大学老师.他看了我的稿子,深情地对我说:"亚东,写文章就像挖井,只有在一个地方挖,才能挖出水来;而你这些文章到处挖,浅尝辄止,挖了很多小坑."

听了老师的话,我深得启发,回来后立即动手,写了一篇《利用课本习题上好习题课例谈》,从一道很不起眼的课本习题入手,畅谈如何利用这道习题安排好一节习题课教学,深挖这道课本习题的教学功能.完成后寄给湖北大学《中学数学》,果不其然三个月后得到用稿通知,发表了我的处女作,这对我是一个极大的鼓励,激起了我对写作的无限热情.

投稿不中的原因其实有很多,归纳起来无外乎这样几种原因:一是论文价值不大,比如缺少新意,人云亦云;杂乱无章,内容混乱;选题过大或过时;二是论文内容有误,比如在论述某个问题或解决过程中有科学性问题;在选取的材料或例题本身有误；三是论文格式不规范，图表欠美观等因素．当然也有因为文章风格和杂志的栏目不相一致而退稿的，这时可以考虑投递其他杂志社．

建议读者刚开始写论文时，不要长篇大作．经常写些教育心得、教学体会、教材评论、教法探讨、学法指导、知识归纳、精讲精练、习作评析、片言解惑等小文章，积极向报纸、杂志出版社投稿．起初，你的投稿可能石沉大海，录用率比较低，这是很正常的，可千万别灰心，否则，半途而废，将一事无成．因此，写作投稿必须有耐心和恒心，一开始写文章就想百发百中是不太可能的．平时要多请教一些老作者，虚心向他们取经．经过几年的不懈努力，你的稿件录用率会越来越高，信心也就越来越足，同时也为下一步的论文撰写打下良好的基础．如果文章发表多了，在中学教育界自然就有了一定的影响．于是，许多报纸杂志会纷纷来信向你约稿，并聘你为报社特约通讯员等．这时，你就有更多机会与这些报刊的编辑联系，从他们那里获取更多写作信息和编辑计划，为你撰写论文、发表文章提供了有利条件．一般来说，报刊向你特约的稿件大多能发表．

有了"小打小闹"的基础，你的写作水平已大有提高，这时就可着手酝酿你的大作了．有的老师常说没内容可写，不知从何下笔，这说明你平时不大注意搜集信息与资料，工作中干得多，想得少．其实，我们教师是最有实践经验和感受，最有素材可写的．平时的工作总结、教育调查、教学随笔、学习心得等都具有科研性质，都可作为写作的材料．那么如何做好写前的准备工作呢？俗话说：万事开头难，只要我们开好头，接下来的工作就能顺利进行．写论文，首先要选题，选题时应注意以下几点：(1) 标题要新鲜．标题是文章内容的中心，也是促使别人去看你全文的闪光点．如果太空泛，让人觉得似曾相识，就会缺乏一定的吸引力．(2) 立意要新颖．如果你的标题与他人大同小异，就必须从一个新的角度、新的思路去写．文中要有自己的新观点、新经验，达到"人无我有，人有我新"的境界，就能给人以新的感觉、新的启示，这种文章照样可以标新立异．(3) 选题要创新．一篇文章如果没有自己的创意，只重复别人的东西，就没有多大价值，也很难发表．要创新，就要根据社会发展的需要，紧跟形势，把握时代的脉搏，关注教育教学改革的新动向，认真研究本学科特点，努力捕捉各方面的信息，真正写出时代的特色．(4) 角度要小．有些老师的论文选题过大，涉及面广，不着边际，往往难以下笔．如"素质教育之我见"、"如何对学生进行心理健康教育"等等,这样的题目要写的范围实在太大了,更何况我们自己对素质教育了解不多,又没有经过学生心理健康教育的专业培训.范围一大,文章就要面面俱到,结果是蜻蜓点水,什么都说不透.因此,选题角度一定要小,这样,写作内容比较具体,目标相对集中,材料容易选用,写起来就能得心应手.

案例点睛 24
利用课本习题上好习题课例谈

写作背景:本文通过一道课本习题,安排一节习题课教学,深入挖掘它的教学功能.文章入口小,挖得深,写别人所未写,述别人所未想,结合自己的教学实践,总结成文,共同行教学参考,具有很好的实践指导意义.本文发表于湖北大学《中学数学》.

习题课教学是学生获得数学知识,掌握解题技巧,理解所涉及的数学思想方法的主要渠道.课本每章节都精心安排有一定数量的习题和复习题,如何充分利用这些习题,深入挖掘它们的潜在教学功能来发展学生思维,培养学生的创造力是我们数学教师必须探讨的重要课题.

题目 求证:$|z_1+z_2|^2+|z_1-z_2|^2=2|z_1|^2+2|z_2|^2$.

由于学生对复数的模与实数的绝对值的意义混淆不清.往往用处理实数绝对值的方法来处理复数模的问题,因而常常暴露下列错误:

错证 1 $|z_1+z_2|^2+|z_1-z_2|^2$
$$=(z_1+z_2)^2+(z_1-z_2)^2$$
$$=z_1^2+2z_1z_2+z_2^2+z_1^2-2z_1z_2+z_2^2$$
$$=2z_1^2+2z_2^2=2|z_1|^2+2|z_2|^2.$$

错证 2 $|z_1+z_2|^2+|z_1-z_2|^2$
$$=|z_1|^2+2|z_1z_2|+|z_2|^2+|z_1|^2-2|z_1z_2|+|z_2|^2$$
$$=2|z_1|^2+2|z_2|^2.$$

(写在小黑板上)

对此,我先不予否定,而是提问:"什么是实数的绝对值?什么是复数的

模?两者是一样的吗?"学生陷入了沉思.为了帮助他们思考,我又给出了如下判别题:

$z_1 \cdot z_2 \in C$ 判断正误:

(1) $|z_1|^2 = z_1^2$. (×)

(2) $|z_1|^2 = z_1 \overline{z_1}$. (√)

(3) $|z_1 + z_2|^2 = z_1^2 + 2z_1 z_2 + z_2^2$. (×)

(4) $|z_1 + z_2|^2 = |z_1|^2 + 2|z_1||z_2| + |z_2|^2$. (×)

(5) $||z_1| + |z_2||^2 = |z_1|^2 + 2|z_1 z_2| + |z_2|^2$. (√)

通过师生辨别对比,学生深深认识到,复数的模是实数绝对值概念的发展,后者是前者的特例;复数模的运算可以通过 $|a-bi|\sqrt{a^2+b^2}(a,b \in R)$ 转化为实数的运算;在实数范围内成立的公式对复数未必成立,解题时首先要注意未知数是实数还是复数,然后利用相应的性质求解.

点睛 文章首先阐述利用课本习题辨别数学概念,澄清错误认识.

通过启发学生很快得到如下证法:

证法1:设 $z_1 = a - bi, z_2 = c + di (a,b,c,d \in R)$,则有:

$$|z_1+z_2|^2 + |z_1-z_2|^2 = |(a+c)+(b+d)i|^2 + |(a-c)+(b-d)i|^2$$
$$= (a+c)^2 + (b+d)^2 + (a-c)^2 + (b-d)^2$$
$$= 2(a^2+b^2) + 2(c^2+d^2)$$
$$= 2|z_1|^2 + 2|z_2|^2.$$

一题证罢,并不就此止步,而是继续让他们思考:能不能利用复数模的性质证明?学生从 $|z|^2 = z\bar{z}$ 出发把 $|z_1 \pm z_2|^2$ 展开,从而得到:

$$|z_1 \pm z_2|^2 = (z_1 \pm z_2)\overline{(z_1 \pm z_2)}$$
$$= (z_1 \pm z_2)(\overline{z_1} \pm \overline{z_2})$$
$$= z_1\overline{z_1} + z_2\overline{z_2} \pm z_1\overline{z_2} \pm z_2\overline{z_1}$$
$$= |z_1|^2 + |z_2|^2 \pm z_1\overline{z_2} \pm z_2\overline{z_1}.$$

利用这一结论便得

证法2:$|z_1+z_2|^2 + |z_1-z_2|^2 = |z_1|^2 + |z_2|^2 + z_1\overline{z_2} + z_2\overline{z_1} + |z_1|^2 + |z_2|^2 - z_1\overline{z_2} - z_2\overline{z_1}$
$$= 2|z_1|^2 + 2|z_2|^2.$$

显然这比证法1简洁明快.学生思维积极性被调动起来,自然便会思考还

有没有其他证法呢？于是我又启发他们$|z_1+z_2|$与$|z_1-z_2|$有何几何意义．学生恍然大悟．

证法3：如右图，在复平面xOy内，设$\overrightarrow{OZ_1}$、$\overrightarrow{OZ_2}$对应的复数分别为z_1、z_2．则平行四边形OZ_1ZZ_2的对角线$\overrightarrow{OZ}$、$\overrightarrow{O_1Z_2}$对应的复数分别为z_1+z_2、z_1-z_2．根据平行四边形性质"两对角线长平方和等于四边长平方和"得知：

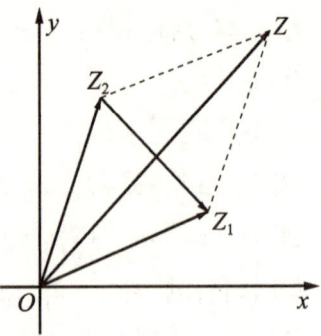

$$\left|\overrightarrow{OZ}\right|^2+\left|\overrightarrow{Z_2Z_1}\right|^2=2\left|\overrightarrow{OZ_1}\right|^2+2\left|\overrightarrow{OZ_2}\right|^2,$$

即$|z_1+z_2|^2+|z_1-z_2|^2=2|z_1|^2+2|z_2|^2$．

做到这儿便觉大功告成，而不去考虑有没有特殊情况(这也是数形结合时常犯的毛病)．于是我又启发学生思考OZ_1ZZ_2是否一定能构成平行四边形，学生马上明白必须补充说明OZ_1Z_2共线时的情形(略)．

这样，通过这一题的解答，帮助学生进一步认识了实数和复数的区别和联系；理解了复数模的性质以及复数模转换的方法；让学生看到了数形结合这一重要数学思想在复数中的运用，拓宽了学生的思维视野，起到了多道题的作用．

点睛 本小节阐述利用课本习题进行一题多解的训练，拓宽学生的思路，使得研究更加深入．

另外，对课本上每一个典型习题应深入挖掘它的应用功能．于是，我又启发学生自己动手命几道题来应用这一公式．经过一番思考，学生举出如下例子：

已知：$|z_1|=1$，$|z_2|=2$，$|z_1-z_2|=4$，求$|z_1+z_2|$的值．

学生的目的是想直接利用这一公式．但在解题过程中发现：$|z_1+z_2|^2=2|z_1|^2+2|z_2|^2-|z_1-z_2|^2=2(1^2+2^2)-4^2=-6<0$．原来此题是个错题．

经过师生共同探讨，学生很快明白了错误的原因：在$\triangle OZ_1Z_2$中，必须$|z_1|+|z_2|>|z_1-z_2|$，而本题$|z_1|+|z_2|<|z_1-z_2|$，这样的z_1、z_2是不存在的．

学生在失败中不仅加深了对公式的理解，而且提高了分析问题、解决问题的能力，同时也训练了思维的批判性和严密性．

点睛 利用课本习题解决其他问题，突出它的应用功能，叙述一波三折使文章更具有趣味性.

　　由此可见,在习题课教学中,深入挖掘课本中典型习题的教学功能,积极引导学生进行横的剖析和纵的延伸,努力培养学生观察问题、分析问题、发现问题、解决问题的能力,鼓励学生积极探索,这样才能发挥课本习题的作用,开拓学生思维,从而达到提高学生思维能力的目的.

【文脉结构】

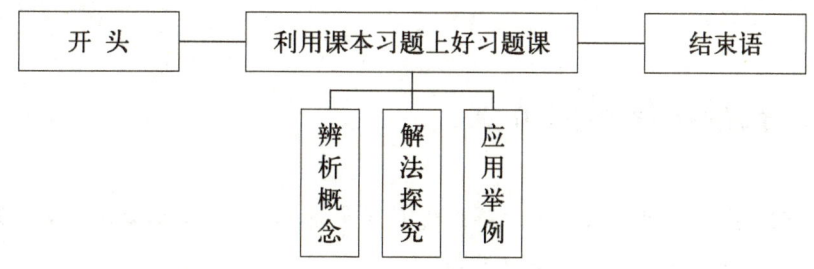

5.4 找准教学时间节点

找准教学时间节点是文章得以发表的关键.要充分了解读者的需要和编辑的流程,才能踏准论文发表的节奏.

各种数学期刊发表的文章都具有实践性和指导性,往往考虑到中学数学教学进度,期刊一般提前一个月发到教师手上,以共教学参考.加之考虑期刊的审稿、编排、校对、印刷时间大概三到五个月时间,所写的某章某节的教学指导性文章就必须提前六个月左右投寄.

如果我们投稿时间不适宜,过早或过晚,都有可能投稿不中.比如每年 9 月份一开学,高一新生的数学学习内容为集合、函数、不等式,有关这方面内容的文章必定在第 8 期上刊登,如果你写了一篇关于集合这一章的教学指导性论文,就必须提前半年,也就是二月份寄出,才有可能被采用;如果你九月份寄出,那要等到明年二月份才可能被采用,除非特别优秀,不然采用的可能性就不大.

所以,为了增加文章发表的几率,撰写文章一定要把控好时间节点,按照教学进度,提前六个月左右的时间.有时可以同时撰写几篇文章,按照时间节点依次完成投稿任务.退稿经过认真修改,等到下一年关键时间节点再寄出去,以提高命中率.

中学数学杂志投稿重要时间节点（可按具体教学情况定）

	年级	教学内容	教学时间	投稿时间
第一学期	高一	集合、逻辑、不等式	9月份 10月份	3月份 4月份
	高二	数列、数学归纳法、极限		
	高三	第一轮复习（集合、函数、三角）		
	高一	函数（幂、指、对）	11月份 12月份	5月份 6月份
	高二	向量、解析几何		
	高三	第一轮复习（数列、解几、立几）		
	高一	期末复习、寒假作业	1月份 2月份	7月份 8月份
	高二	期末复习、寒假作业		
	高三	春考准备、寒假作业		
第二学期	高一	三角比、三角函数、反三角函数	3月份 4月份	9月份 10月份
	高二	复数、矩阵、行列式、概率、统计		
	高三	第二轮复习讲座		
	高一	数列（等差、等比）、期末复习	5月份 6月份	11月份 12月份
	高二	立体几何、期末复习		
	高三	高考		
	全部	暑期作业（全国联赛）	7月份 8月份	1月份 2月份

案例点睛 25

2009年上海春考压轴题解题分析与教学反思

写作背景： 在2009年上海春考刚结束的时候，发现压轴题是一道以数列为载体的研究性学习问题,联想到近几年都考了同类型问题,而这类问题具有抽象的特点,学生难以理解,成为得分率较低的题型.及时抓住这一契机,撰写了此文,对高三数学复习起到非常好的指导作用.发表于华东师范大学《数学教学》.

1. 问题的提出

题目: 已知首项为 x_1 的数列 $\{x_n\}$ 满足 $x_{n+1}=\dfrac{ax_n}{x_n+1}$($a$ 为常数).

(1) 若对任意的 $x_1 \neq -1$,有 $x_{n+2}=x_n$ 对任意的 $n\in N^*$ 都成立,求 a 的值;

(2) 当 $a=1$ 时,若 $x_1>0$,数列 $\{x_n\}$ 是递增数列还是递减数列?请说明理由;

(3) 当 a 确定后,数列 $\{x_n\}$ 由其首项 x_1 确定.当 $a=2$ 时,通过对数列 $\{x_n\}$ 的探究,写出 $\{x_n\}$ 是"有穷数列"的一个真命题(不必证明).

对于第(3)题,将根据写出的真命题所体现的思维层次和对问题探究的完整性,给予不同的评分.

这是今年上海市春季高考的压轴题(第23题),是一道以数列为载体的研究性学习问题,考查恒成立问题、数列的单调性等基础知识,考查综合分析问题、推理能力和数学表达能力.同时还注重对数学思想方法(方程、不等式、递推思想)的考查,尽管解决它并不十分困难,但从阅卷的情况来看不容乐观,失分较多,很多同学答题不完整或思维层次不够深,不习惯这种研究性学习问题的解答,导致费时较多,答题不得要领.这反映出学生平时虽然经过大量练习的训练,但缺少对基础知识和基本方法的比较分析,缺少对问题进行有效的反思和深刻理解,致使在考试的时候不能简洁而流畅地给出完整的解答.这又提醒我们在日常教学过程中不能沉浸在题海中不能自拔.下面就该题的解法做一些分析跟大家一起研讨高三下学期复习教学中的应对策略.

点睛 文章开门见山,提出问题,研究应对策略.春考在12月份,该文一月份投寄,六月份发表,七八月份期刊发到老师手中,正好对下学期高三复习起到指导作用.

2. 解题分析与教学反思

2.1 重视通性通法教学,加强思维灵活性训练

题(1)的解:$\because x_{n+2}=\dfrac{ax_{n+1}}{x_{n+1}+1}=\dfrac{a\cdot\dfrac{ax_n}{x_n+1}}{\dfrac{ax_n}{x_n+1}+1}=\dfrac{a^2x_n}{ax_n+x_n+1}=x_n,$

$$\therefore a^2 x_n = (a+1)x_n^2 + x_n.$$

即 $(a+1)x_n^2 = (a^2-1)x_n$ 对任意的 $n \in N^*$ 都成立,

$$\therefore \begin{cases} a^2-1=0, \\ a+1=0, \end{cases} \quad \therefore a=-1.$$

题(2)的解: $\because x_1 > 0, x_{n+1} = \dfrac{x_n}{x_n+1}$,

$$\therefore x_n > 0, n \in N^*,$$

又 $x_{n+1} - x_n = \dfrac{x_n}{x_n+1} - x_n = -\dfrac{x_n^2}{x_n+1} < 0,$

故数列 $\{x_n\}$ 是递减数列.

这两道题都属于基本题,考查学生基础知识和基本技能,以上解法也属于通性通法,第(1)小问考查恒成立问题的处理方法,往往利用变量的对应系数相等解决问题,也可利用"以退求进"策略,考虑特殊情况,得到等式恒成立的必要条件,得下面解法 2.

解法 2: 对任意的 $n \in N^*$, $x_{n+2} = x_n$ 都成立,

令 $n=1$ 得: $x_3 = x_1$,

即 $x_3 = \dfrac{ax_2}{x_2+1} = \dfrac{a\dfrac{ax_1}{x_1+1}}{\dfrac{ax_1}{x_1+1}+1} = \dfrac{a^2 x_1}{(a+1)x_1+1} = x_1$,

$$\therefore (a+1)x_1 + 1 = a^2,$$

由 x_1 的任意性得 $a = -1$.

易证当 $a = -1$ 时,对任意的 $x_1 \neq -1$,有 $x_{n+2} = x_n$ 对任意的 $n \in N^*$ 都成立.

这种解法看起来好像没简单多少,却体现了学生思维的不同层次,找到使 $x_{n+2} = x_n$ 恒成立的必要条件. 这种以退求进、归纳猜想的解题策略对于解决很多抽象程度较高的难题有着不可低估的作用,体现了思维的灵活性.

第(2)小问考查数列的单调性问题,实质是比较大小问题,比较大小常用求差、求商比较法,也可利用放缩法、函数单调性法,比如这里也可以这样解:

$\because x_n > 0, \therefore \dfrac{x_{n+1}}{x_n} = \dfrac{\dfrac{x_n}{x_n+1}}{x_n} = \dfrac{1}{x_n+1} < 1.$ 还可以这样做: $x_{n+1} = \dfrac{x_n}{x_n+1} = \dfrac{1}{x_n+1} x_n < x_n.$

充分体现了思维的灵活性.

典型错误：不少考生不理解递归数列的本质，对"对任意的 $n \in N^*$ 都成立"不理解，缺乏恒成立问题的解题策略，不会运用比较法证明数列的单调性，更谈不上思维的灵活性；证明问题没有条理性和科学性，论证不严密，步骤不完整，基本运算不过关，运算出错了不知检查，蒙混过关。

点睛 分析通性通法，一题多解，突显思维灵活性，并指出典型错误，为下一步提出应对策略埋下伏笔。

2.2 加强研究性学习反思，重视思维深刻性训练

题(3)属于研究性学习问题，满分8分，要求根据考生写出的真命题所体现的思维层次和对问题探究的完整性，给予不同的评分。它的解法分4个层次：

① 写出 x_1 取某个特殊值时，$\{x_n\}$ 是有穷数列的真命题，均得2分。例如：

数列 $\{x_n\}$ 满足 $x_{n+1}=\dfrac{2x_n}{x_n+1}$，若 $x_1=-\dfrac{1}{7}$，则 $\{x_n\}$ 是有穷数列。

② 写出 x_1 的一般表达式，但仅是充分性或必要性的真命题，均得4分。例如：

数列 $\{x_n\}$ 满足 $x_{n+1}=\dfrac{2x_n}{x_n+1}$，若 $x_1=\dfrac{1}{1-2^m}$，$m\in N^*$ 则 $\{x_n\}$ 是有穷数列。

③ 写出 x_1 的一般表达式，并提出充分必要性的真命题，均得6分。例如：

数列 $\{x_n\}$ 满足 $x_{n+1}=\dfrac{2x_n}{x_n+1}$，则 $\{x_n\}$ 是有穷数列的充要条件是存在 $m\in N^*$ 使得 $x_1=\dfrac{1}{1-2^m}$。

④ 写出 x_1 的一般表达式，提出充分必要性，且说明有穷数列的项数与首项之间的关系的真命题，均得8分。例如：

数列 $\{x_n\}$ 满足 $x_{n+1}=\dfrac{2x_n}{x_n+1}$，则 $\{x_n\}$ 是有穷数列且项数为 m 的充要条件是 $x_1=\dfrac{1}{1-2^m}$，$m\in N^*$。

近年来研究性学习问题正如火如荼地展开，早就设想把研究性学习问题引入高考试题，但必须解决两个问题：一是教师教学思想的转变，二是高考评卷的客观性。这道题可能是把研究性学习问题引入高考的一种尝试，对学生的数学表达能力和思维能力有较高的要求，是不是今后高考的命题方向有待进一步证实。

解题思路1：实际上只要当某一项 $x_m=-1$，则 x_{m+1} 就不存在了，这样得到的

数列就是项数为 m 的有穷数列,通过对递推关系 $x_{n+1}=\dfrac{2x_n}{x_n+1}$ 取倒数 $\dfrac{1}{x_{n+1}}=\dfrac{1}{2}\cdot\dfrac{1}{x_n}+\dfrac{1}{2}$,然后通过待定系数法构造等比数列得 $\dfrac{1}{x_{n+1}}-1=\dfrac{1}{2}(\dfrac{1}{x_n}-1)$,所以 $\dfrac{1}{x_m}-1=(\dfrac{1}{x_1}-1)\left(\dfrac{1}{2}\right)^{m-1}$,令 $x_m=-1$,解得 $x_1=\dfrac{1}{1-2^m}$,$m\in N^*$.

解题思路2:令 $x_m=-1$,得 $x_{m-1}=-\dfrac{1}{3}$,$x_{m-2}=-\dfrac{1}{7}$,$x_{m-3}=-\dfrac{1}{15}$,归纳猜想: $x_1=-\dfrac{1}{2^m-1}$,可以证明:当且仅当 $x_1=-\dfrac{1}{2^m-1}$ 时,数列 $\{x_n\}$ 是有 m 项的有穷数列.

两种解法都是数列问题的常规思路,本题虽然没有要求证明,但没有解题思路也就无从入手,只有对解决问题的过程理解透彻了,才有可能提出比较完美而且有深度的真命题.相当多的考生对这一问题没有动笔,不少同学知道这种解法和思路,却无法表达清楚,明明心里想的是这样,可表达出来却是另一个样子,运用数学语言的能力较差,缺乏思维的深刻性和逻辑的严密性,结果是要么不会,要么会而不对,对而不全,失分惨重.

点睛 提供压轴题的评分标准和解法思路,以及评价分析,突显加强研究性学习反思,重视思维深刻性训练的重要性.

2.3 坚持变式教学,精选例题讲深讲透

其实这个问题并不陌生,是由一道上海高考题改编而来,解法也如出一辙,原题是这样的:

原题:对任意的函数 $f(x)$,$x\in D$,可按如图所示构造一个数列发生器,其工作原理如下:

(1)输入数据 $x_0\in D$,经数列发生器 $x_1=f(x_0)$;

(2)若 $x_1\notin D$,则数列发生器结束工作;若 $x_1\in D$,则将 x_1 反馈回输入端,再输入 $x_2=f((x_1))$,并依次规律继续下去.现定义 $f(x)=\dfrac{4x-2}{x+1}$,问:

(1)若输入 $x_0=\dfrac{49}{65}$,则由数列发生器产生数列 $\{x_n\}$,请写出数列 $\{x_n\}$ 的所有项;

(2)若要数列发生器产生一个无穷的常数列,试求输入的初始数据 x_0 的值;

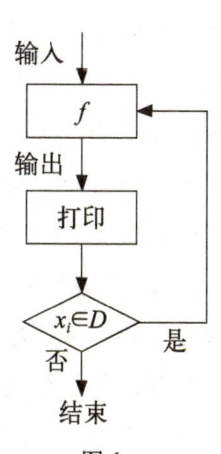

图 1

（3）若输入 x_0 时，产生的无穷数列 $\{x_n\}$ 满足：对任意的正整数 n 均有 $x_n < x_{n+1}$，求 x_0 的取值范围．

这道高考题高三复习时几乎每个老师都讲过，但换一种方式或从另一个角度提出同类型的问题，我们的学生就无从下手了．我们经常遇到这样的情况：有些问题讲过很多遍，可稍微一变，学生又不会做了，有些老师抱怨，这个问题我已经讲过三四遍了，学生怎么还不会呀？这种现象的产生原因有三：一是教师讲得过多（而不是太少），导致学生的依赖心理，学生已不会主动思考问题；二是"对答案式"的题海战术，使得学生对每个数学问题的理解都浮于表面，浅尝辄止，没有真正理解问题的本质；三是缺少变式的训练，没有变化情境，让学生充分思考新情境和旧情境下的区别和联系，没有掌握问题的本质和规律．老师上课不应该仅仅停留在讲题目上，讲的题目多少或复习知识量的多少并不能代表复习课的效率的高低，关键看有没有教给学生在数学海洋中求生的本领，有没有教给学生在"题海"中自由驰骋的双桨．而这个双桨就是数学思想和方法，思考一个问题，得到一种解法，不仅要了解是如何解决的，更重要的是你是如何想到的，变换一种问题情境你还能这样轻易地想到吗？跟这个问题相类似的问题有哪些？通常的处理方法有几种？哪种方法处理该类问题最简单快捷？还有没有更好的解决办法？这就是解题后的反思，我们要引导学生学会反思．

这两道高考题有着千丝万缕的联系，它们的数学本质实际上是一样的，第(1)题讲完了，要多问几个为什么，引导学生思考为何写出来是有限项？如果要构成一个有穷数列，x_0 是唯一的吗？有没有一般的表达式？有穷数列的项数是多少？这不就成了这道春考题了吗？要让学生充分地表达自己的观点．

第(2)题实际上就是利用方程思想，第(3)题正好又是运用不等式思想求解取值范围问题．可见不等式与方程思想在解决数学题中的重要性．数学问题实际就是三大类：一类是列方程求值问题，一类是不等式求

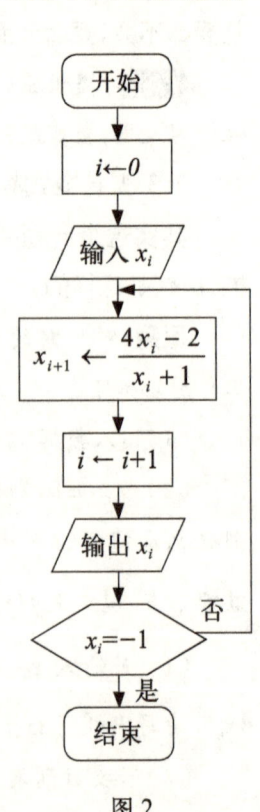

图 2

取值范围问题,另一个就是利用函数求最值问题,让学生学会转化的思想方法以及转化的方向.

能不能通过函数 $f(x)=\dfrac{4x-2}{x+1}$,即数列的递推关系 $a_{n+1}=\dfrac{4a_n-2}{a_n+1}$ 和 a_1 的值求出数列的通项公式 a_n?有点困难是吧?如果把递推关系简化一点,改成 $a_{n+1}=\dfrac{4a_n}{a_n+1}$,这一题是不是有更简捷的解法产生呢?启发学生,解题方法因题而异,因已知条件而异,不要死记某种方法,一条路走不通可考虑另一条路,不要一条路走到死.带领学生学一下波利亚的解题表对学会分析处理问题是十分必要的.

这个问题情境与我们学过的哪个知识有联系?当然是算法语言,能不能把第(1)题编写成一个程序框图求数列的每一项?能不能利用编程解决春考第(3)问?进一步强化知识间的联系.

无论高考题如何变化,万变不离其宗,如果我们课堂教学的每个例题都能针对学生学习中的难点和所掌握知识的盲点,精挑细选,准确把握所选例题的训练目标,多考虑问题的变式,让学生动手动脑,既启迪方法又总结思想,既纵向拓展又横向联系,一道题可以起到多道题起不到的作用,我们的复习课效率就一定能提高,学生分析问题解决问题的能力一定会有一个质的飞跃,同时学生的学习负担就一定能减下来,让我们共同努力做得更好!

点睛 通过类比联想一道相类似的高考题,阐述坚持变式教学,精选例题讲深讲透的必要性.对高三数学复提出了非常中肯的建议和具体的实施途径,读来令人信服.

【文脉结构】

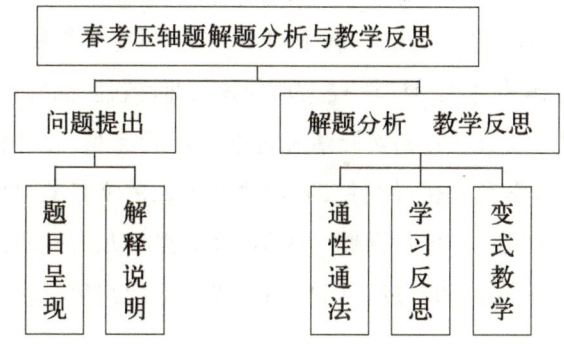

5.5 捕捉教学活动热点

做任何事情都要趁热打铁,论文写作尤其如此.

所谓教学活动热点,就是某个特定时期内的教学活动或热门话题.我们可以抓住当前的热门话题或教学活动来进行写作,其最大的特点就是具有时效性和针对性.比如说某次高层次的数学教育教学工作会议召开或某次规模大、影响深的教学展示研讨活动开展后就有大量的信息可以收集整理,及时写出会议纪要、数学科普、教学案例点评等形式的好论文,发表的机会就很大.如果拖延了较长时间,则可能早已被别人捷足先登,造成终身遗憾.

在新一轮的课程教学改革中,根据教学过程中所遇到的实际问题,介绍自己的解决办法;介绍在教学实践中如何提升学生数学核心素养的具体做法;介绍如何开展课外研究性学习活动,介绍数学单元教学设计的原则与方法,介绍如何提升数学建模能力等等都是当前比较热门的话题.

关注数学杂志上新开辟的与教学同步的专栏,这些栏目需要的是指导相应时间段教学工作的论文,具有一定的周期性和时效性,而写论文的老师毕竟较少,所以我们可以结合刊物实际情况选准自己的课题.比如《中学数学教学参考》上开辟了数学竞赛辅导栏目,我就模仿上面的文章的格式写了《二项式定理》,先介绍基础知识,再列举典型例题,最后提供几道配套练习,其实并不难.寄过去不仅得到编者的赏识,而且还给我打电话约稿,让我连续成功发表了三篇竞赛辅导类论文，这也是一个非常难忘的经历.

重视每年一度的中考、高考教学活动的热门话题，很多杂志对中考、高考都安排有专栏. 我们可以在中考、高考前期撰写一些诸如考点精析、易错点门诊等方面的论文，用以指导新一年的中考、高考复习教学. 在中考、高考结束后可及时撰写诸如试题别解或探究、试卷分析或对比分析等方面的论文，也可以找一道典型的高考新题，挖掘它的教学功能，对初三、高三复习提出指导性建议. 这类文章就必须特别注意时效性，一般暑假里就应该完成并寄出. 我在华东师范大学《数学教学》上发表的《平稳过渡　难度适中　层次分明　导向正确》、《稳重求变　变中出新》等几篇文章就属于这类高考评价与复习指导性文章.

重视数学竞赛活动热点的捕捉，可以找到很好的突破口，比如结合上海市高三数学竞赛活动中归纳推理的题目较多的特点，我及时撰写了《从上海市高三竞赛题看归纳猜想到证明》一文；结合初三数学竞赛一道平几题的多种解法我撰写了《一道"大同杯"初三竞赛题的解法探究》一文，本人参加全国数学联赛阅卷，发现很多学生利用解析几何方法去解决，但中途思维遇阻，只能半途而废，有的同学发现运算太过复杂，就想蒙混过关. 我就收集了典型的错误解法，结合自己的思考，写下了《利用解析法证明平几问题受阻后的策略调整》一文，由于写作及时，具有时效性和针对性，都很快在数学专业杂志上发表.

所以发表文章不是一件高不可攀、深不可测的难事，只要老师们在平时的教学过程中不断总结，不断积累，善于抓住自己一闪而过的灵感，及时记录整理，再结合现代教学理念，力争做到理论和实践紧密结合，然后确定一个主题，拟定你的写作提纲，完成初稿，再通过反复修改润色，抓好稿件投稿的时间节点，结合所投杂志栏目要求，及时捕捉教学活动热点，定能一发即中，逐步成为写作能手，从而为自己成为研究型、学者型教师打下坚实的基础.

案例点睛 26
利用解析法证明平几问题受阻后的策略调整

写作背景：这是2016年我参加全国数学联赛阅卷以后撰写而成，在一个月内完成文稿并投寄.当时看到很多考生平面几何方法已遗忘殆尽,就用解析法去解.但由于坐标系选择不佳,陷入复杂的运算而无法自拔,有感而发.此文发表于华东师范大学《数学教学》.

本人有幸参加了2016年全国高中数学联合竞赛加试平面几何题的阅卷工作,发现很多考生选择解析法来证明.传统的几何法要添加辅助线,需要较高的解题技巧,而利用解析法证明平几问题有时思路虽然清晰简洁,但需要较强的运算和推理能力,往往会因为复杂的运算而受阻.阅卷中发现本题的证法多样,有的构思巧妙,有的运算冗长,甚至出现推理错误.下面结合本题谈谈利用解析法证明平几问题思维受阻后的策略调整.

题目:如图所示,在△ABC中,X,Y是直线BC上两点(X、B、C、Y顺次排列),使得BX·AC=CY·AB.设△ACX、△ABY的外心分别为O_1,O_2,直线O_1O_2与AB、AC分别交于点U,V.证明△AUV是等腰三角形.

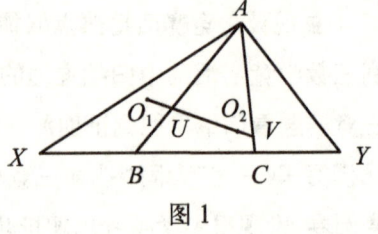

图1

点睛 说明写作背景和题目来源.受人瞩目的全国数学竞赛刚刚落幕,这道平面几何50分决定了是否得奖的关键,对它的研究必然引起关注.

1. 异想天开 陷入困境

对考生来说,传统的平面几何知识遗忘殆尽,解析法又是思维的最近发展区,所以很多考生选择利用解析法.但因缺乏较强的运算和逻辑推理能力,使得思维受阻,无法进行下去.

1.1 受阻情境1

以X为坐标原点,BC所在直线为x轴建立直角坐标系(如图2),设$B(b,0)$,$C(c,0)$,$Y(a,0)$,$A(m,n)$,由$BX \cdot AC = CY \cdot AB$得$b\sqrt{(m-c)^2+n^2}=(a-c)\sqrt{(m-b)^2+n^2}$.化简得$n^2(a-b-c)(a+b-c)=(am+bm-ab-cm)(ab+bm+cm-am-2bc)$. ………………(*)

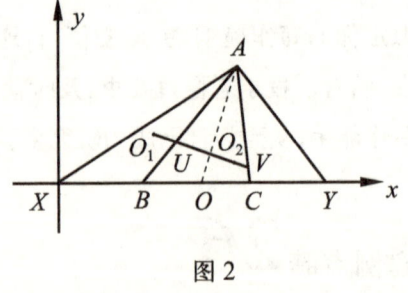

图2

又O_1,O_2是△ACX、△ABY的外心,可求得$O_1(\frac{c}{2}, \frac{m^2+n^2-mc}{2n})$,$O_2(\frac{a+b}{2},$

$\frac{(a-m)(b-m)+n^2}{2n}$). 进一步求得 $k_{O_1O_2} = \frac{ab+cm-am-bm}{n(a+b-c)}$. 设 $\angle BAC$ 平分线的斜率为 k, 由到角公式 $\frac{k-k_{AB}}{1+k\cdot k_{AB}} = \frac{k_{AC}-k}{1+k\cdot k_{AC}}$ 化简得：$n(2m-b-c)k^2+2[(m-c)(m-b)-n^2]k-2mn+bn+cn=0$. 再利用求根公式求得 $k = \frac{-2[(m-c)(m-b)-n^2]\pm\sqrt{\Delta}}{2n(2m-b-c)}$. 最后设法利用 (*) 式证明 $K_{O_1O_2} \cdot k_{AO} = -1$. 却陷入了复杂的运算难以自拔.

1.2 受阻情境 2

如图 2 建立直角坐标系, 可求得 $k_{O_1O_2} = \frac{ab-bm-am+cm}{n(a+b-c)}$. 写出 O_1O_2 直线方程 $y - \frac{m^2+n^2-mc}{2n} = k_{O_1O_2} \cdot (x - \frac{c}{2})$, 与 AB 的直线方程 $y = \frac{n}{m-b}(x-b)$ 联立求解 U 点坐标, 同理求得 V 点坐标, 从而表示出 AU、AV 的长度, 最后利用 (*) 式证明 $AU=AV$, 也陷入冗长的运算.

1.3 受阻情境 3

如图 2 建立直角坐标系, 求出 O_1、O_2 坐标, 计算 $k_{O_1O_2}$, 利用到角公式计算 $\tan\angle AUV$ 和 $\tan\angle AVU$, 再利用 $b\sqrt{(m-c)^2+n^2} = (a-c)\sqrt{(m-b)^2+n^2}$ 证明 $\tan\angle AUV = \tan\angle AVU$, 陷入复杂的字母运算.

点睛 收集典型的思维受阻的各种情形, 引起读者的思考, 突出文章的原创性. 解析几何解决平几问题看起来容易, 但运算非常复杂, 如何简化运算是关键.

2. 策略调整 拨云见日

思维受阻后怎么办？考卷中反映出考生的不同应对策略, 有的"将错就错", 其证明过程表面上看没有任何问题, 但其中某一步存在很大的运算或逻辑错误, 导致全军覆没；也有考生及时调整策略, 重新挖掘题中的已知条件, 调整证明问题的视角, 使得问题迎刃而解.

2.1 巧建坐标系

在着手利用解析法证明平几问题之前, 首先必须考虑通过巧妙地建立直角坐标系以达到简化运算的目的.

证法 1：作 $\angle BAC$ 的平分线交 BC 于 O, 设 $\frac{BO}{OC} = \frac{AB}{AC} = \frac{BX}{CY} = t$. 选择以点 O

为原点，BC 所在直线为 x 轴建立直角坐标系（如图3），可设 $C(c,0)$，$B(-tc,0)$，$Y(m,0)$，$X(-tm,0)$，$A(p,q)$.

由方程组 $\begin{cases} x = \dfrac{c-tm}{2}, \\ y - \dfrac{q}{2} = -\dfrac{p+tm}{q}(x+\dfrac{tm}{2}). \end{cases}$

解得 $O_1(\dfrac{c-tm}{2}, \dfrac{q^2+(p-c)(p+tm)}{2q})$,

同理 $O_2(\dfrac{m-tc}{2}, \dfrac{q^2+(p-m)(p+tc)}{2q})$.

所以 $K_{O_1O_2} = \dfrac{y_{O_1}-y_{O_2}}{x_{O_1}-x_{O_2}} = \dfrac{p(c+tc-m-tm)}{q(m+tm-c-tc)} = -\dfrac{p}{q}$. 从而 $K_{O_1O_2} \cdot k_{AO} = -1$. 所以 △$AUV$ 是等腰三角形.

证法2：以 A 点为坐标原点，以与 BC 平行的直线为 x 轴建立直角坐标系（如图4），设 $X(a,n)$，$B(b,n)$，$C(c,n)$，$Y(m,n)$，作 $\angle BAC$ 的平分线交 BC 于 O，则 $\dfrac{BO}{OC} = \dfrac{AB}{AC} = \dfrac{BX}{CY} = \dfrac{b-a}{m-c}$.

利用定比分点坐标公式得 $O(\dfrac{bm-ac}{m+b+a-c}, n)$.

从而 $K_{OA} = \dfrac{n(m+b-a-c)}{bm-ac}$.

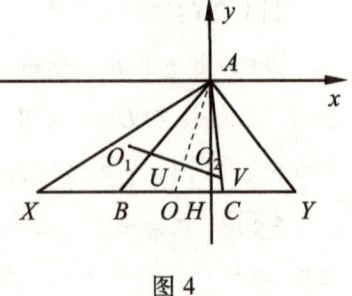

图4

利用方程组 $\begin{cases} x = \dfrac{a+c}{2}, \\ y - \dfrac{n}{2} = -\dfrac{a}{n}(x-\dfrac{a}{2}). \end{cases}$ 解得 $O_1(\dfrac{a+c}{2}, \dfrac{n^2-ac}{2n})$. 同理 $O_2(\dfrac{m+b}{2}, \dfrac{n^2-bm}{2n})$.

从而 $K_{O_1O_2} = \dfrac{ac-bm}{n(m+b-a-c)}$. 显然 $K_{O_1O_2} \cdot k_{AO} = -1$. 所以 △$AUV$ 是等腰三角形.

两种不同的建立直角坐标系的方法，均使得运算大大简化，相得益彰.

2.2 转换证明视角

证明一个三角形是等腰三角形的方法有很多种，哪种思维方式可以简化运算？比如在思维受阻情境1中，如果能够转换一下视角：先作 O_1O_2 的垂线 AO，然后再证明 AO 是 $\angle BAC$ 的平分线，从而有效得避免了解方程的困扰.

证法3：如图2，过点A先作O_1O_2的垂线AO，则$k_{AO}=-\dfrac{1}{k_{O_1O_2}}=\dfrac{n(a+b-c)}{am+bm-ab-cm}$.

从而$\tan\angle BAO=\dfrac{k-k_{AB}}{1+k\cdot k_{AB}}=\dfrac{nb(c-b)}{(m-b)(am+bm-ab-cm)+n^2(a+b-c)}$.

同理$\tan\angle CAO=\dfrac{k_{AC}-k}{1+k\cdot k_{AC}}=\dfrac{n(c-b)(a-c)}{(m-c)(am+bm-ab-cm)+n^2(a+b-c)}$.

要证$\tan\angle BAO=\tan\angle CAO$.

只要证 $b[(m-c)(am+bm-ab-cm)+n^2(a+b+c)]$
$=(a-c)[(m-b)(am+bm-ab-cm)+n^2(a+b+c)]$，

即需证 $n^2(a-b-c)(a+b-c)=(am+bm-ab-cm)(ab+bm+cm-am-2bc)$.

由(*)式知上式显然成立，所以$\triangle AUV$是等腰三角形.

如果建立如图2所示的直角坐标系，这种证法的运算过程将大大简化.

在思维受阻情境2中由于需求U、V点坐标陷入困境，能不能避开U、V坐标转化为求两个底角相等呢？

证法4：在证法1中$K_{O_1O_2}=\dfrac{y_{O_1}-y_{O_2}}{x_{O_1}-x_{O_2}}=-\dfrac{p}{q}$，$K_{AB}=\dfrac{q}{p+tc}$，$k_{AC}=\dfrac{q}{p-c}$.

$\tan\angle AUV=\dfrac{k_{AB}-k_{O_1O_2}}{1+k_{AB}\cdot k_{O_1O_2}}=\dfrac{p^2+q^2+tpc}{tcq}$，$\tan\angle AVU=\dfrac{k_{AC}-k_{O_1O_2}}{1+k_{AC}\cdot k_{O_1O_2}}=\dfrac{p^2-pc+q^2}{cq}$.

又因为$BX\cdot AC=CY\cdot AB\Rightarrow t\sqrt{(p-c)^2+q^2}=\sqrt{(p+tc)^2+q^2}$，化简得$p^2+q^2+tpc=t(p^2-pc+q^2)$，从而$\tan\angle AUV=\tan\angle AVU$. 所以$\triangle AUV$是等腰三角形.

如果我们把视角再转向两个三角形的外接圆，就有如下的解法：

证法5：在证法2中，设圆O_1的方程为$x^2+y^2+Dx+Ey+F=0$，$A(0,0)$，$X(a,n)$，$C(c,n)$代入解得O_1的方程$x^2+y^2-(a+c)x+\dfrac{ac-n^2}{n}y=0$，同理得$O_2$的方程$x^2+y^2-(b+m)x+\dfrac{bm-n^2}{n}y=0$两圆方程相减得公共弦$AK$的方程$(b+m-a-c)x+\dfrac{ac-bm}{n}y=0$，得到$k_{AK}=\dfrac{n(a+c-b-m)}{ac-bm}$，从而发现$k_{AK}=k_{AO}$，所以$AO\perp O_1O_2$，所以$\triangle AUV$是等腰三角形.

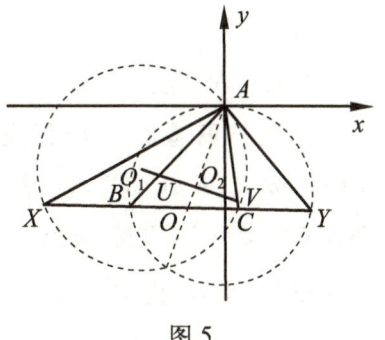

图5

由此可见，及时转换证明问题的视角，巧妙建立直角坐标系，挖掘隐藏在条件$BX\cdot$

$AC=CY \cdot AB$ 背后的深层次内涵,是成功证明的关键.

点睛 介绍各种简化运算成功的解法,突出解析法解决平几问题不是不能解决,而是如何去简化运算的问题.

2.3 跳出圈外

我们在着手解决问题之前,就要充分估计到问题的各种证法的可行性.解决平面几何问题除了传统的几何法之外还有三角、复数、向量、面积法等多种方法,"条条道路通罗马",当我们利用解析法证明问题思维受阻时是否能够转换思维,跳出圈外,避免陷入"一头钻进死胡同"的尴尬境地?

2.3.1 几何法

证法6:设圆 O_1、O_2 另一个交点为 K,连接 AK 交 O_1O_2 于 P,交 BC 于 T. 根据相交弦定理得 $XT \cdot TC=KT \cdot TA=BT \cdot TY$. 所以 $(XB+BT) \cdot TC=BT(TC+CY)$. 从而有 $XB \cdot TC=BT \cdot CY$. 又因为 $BX \cdot AC=CY \cdot AB$. 两式相比得 $\dfrac{BT}{TC}=\dfrac{AB}{AC}$. 所以

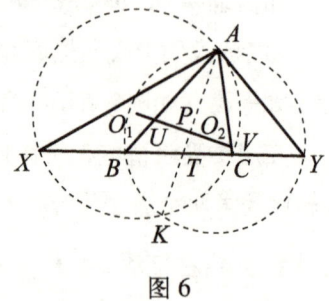

图6

AT 是 $\angle BAC$ 平分线,又两圆公共弦与连心线垂直,所以 $\triangle AUV$ 是等腰三角形.

证法7:设圆 O_1、O_2 另一个交点为 K,延长 AB、AC 交外接圆于 E、F,根据相交弦定理得 $BX \cdot BC=AB \cdot BE$,$BC \cdot CY=AC \cdot CF$. 又由已知条件 $BX \cdot AC=CY \cdot AB$ 得 $BE=CF$. 又 $\angle EBK=180°-\angle ABK=\angle CFK$ 同理 $\angle BEK=\angle FCK$,所以 $\triangle BEK \cong \triangle FCK$,从而点 K 到 AE、AF 距离相等,所以 AK 是 $\angle BAC$ 平分线,所以 $\triangle AUV$ 是等腰三角形.

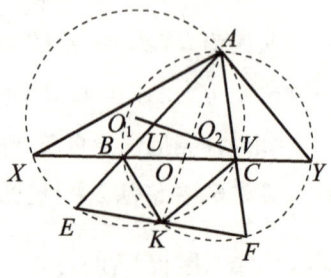

图7

2.3.2 向量法

证法8(取基底):由相交弦定理得 $BE \cdot AB=BX \cdot BC$,$CF \cdot AC=CY \cdot BC$. 两式相比再利用条件 $BX \cdot AC=CY \cdot AB$ 得 $BE=CF$,作 $\angle BAC$ 的平分线交 BC 于 O,设 $\overrightarrow{AB}=\vec{a}$,$\overrightarrow{AC}=\vec{b}$,且 $|\vec{a}|=a$,$|\vec{b}|=b$.

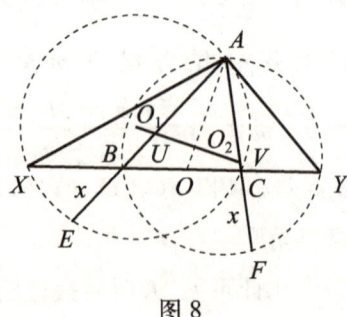

图8

$=b$. 则由角平分线定理知 $\overrightarrow{AO}=\dfrac{b}{a+b}\vec{a}+\dfrac{a}{a+b}\vec{b}$.

所以 $\overrightarrow{AO}\cdot\overrightarrow{O_1O_2}=(\dfrac{b}{a+b}\vec{a}+\dfrac{a}{a+b}\vec{b})\cdot(\overrightarrow{O_1A}+\overrightarrow{AO_2})=\dfrac{1}{a+b}(b\vec{a}+a\vec{b})\cdot(\overrightarrow{O_1A}+\overrightarrow{AO_2})$

$=\dfrac{1}{a+b}(b\vec{a}\cdot\overrightarrow{O_1A}+b\vec{a}\cdot\overrightarrow{AO_2}+a\vec{b}\cdot\overrightarrow{O_1A}+a\vec{b}\cdot\overrightarrow{AO_2})=\dfrac{1}{a+b}(bar_1\cos\angle O_1AB+b\cdot\dfrac{a^2}{2}-a\cdot\dfrac{b^2}{2}$

$+abr_2\cos\angle O_2AC)=\dfrac{ab}{a+b}[\dfrac{a-b}{2}-(\dfrac{a+x}{2}-\dfrac{b+x}{2})]=0.$

证法9（数量积）：只要证明向量 $\overrightarrow{AB}$ 与向量 $\overrightarrow{O_1O_2}$ 夹角和 $\overrightarrow{AC}$ 与向量 $\overrightarrow{O_2O_1}$ 夹角相等即可，由向量的夹角公式知只需证 $\dfrac{\overrightarrow{O_1O_2}\cdot\overrightarrow{AB}}{|\overrightarrow{AB}|}=\dfrac{\overrightarrow{O_2O_1}\cdot\overrightarrow{AC}}{|\overrightarrow{AC}|}$.

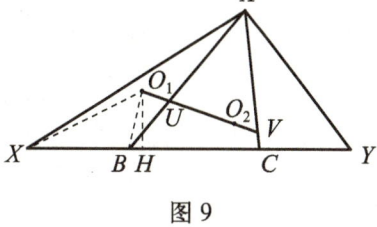

图9

$\because \overrightarrow{O_1O_2}\cdot\overrightarrow{AB}=(\overrightarrow{O_1A}+\overrightarrow{AO_2})\cdot\overrightarrow{AB}=|\overrightarrow{O_1A}|\cdot|\overrightarrow{AB}|\cdot\cos(\pi-\angle O_1AB)+|\overrightarrow{AO_2}|\cdot|\overrightarrow{AB}|\cdot\cos\angle O_2AB$

$=-\dfrac{O_1A^2+AB^2-O_1B^2}{2}+\dfrac{O_2A^2+AB^2-O_2B^2}{2}=\dfrac{O_1B^2-O_1A^2}{2}=\dfrac{O_1B^2-O_1X^2}{2}.$

过 O_1 点作 O_1H 垂直于 BC 垂足为 H，连接 O_1B、O_1X.

则 $O_1B^2-O_1X^2=(O_1H^2+BH^2)-(O_1H^2+HX^2)=(BH+HX)(BH-HX)$

$=(BH+HC)(BH-XH)=-BC\cdot BX$. 所以 $\overrightarrow{O_1O_2}\cdot\overrightarrow{AB}=-\dfrac{BC\cdot BX}{2}.$

同理 $\overrightarrow{O_2O_1}\cdot\overrightarrow{AC}=-\dfrac{BC\cdot CY}{2}$. 所以 $\dfrac{\overrightarrow{O_1O_2}\cdot\overrightarrow{AB}}{|\overrightarrow{AB}|}=-\dfrac{BC\cdot BX}{2AB}=-\dfrac{BC\cdot CY}{2AC}=\dfrac{\overrightarrow{O_2O_1}\cdot\overrightarrow{AC}}{|\overrightarrow{AC}|}.$

亦可通过建立如图2的直角坐标系，通过坐标法求向量点积.

点睛 不一定就用解析法，这里介绍的平几法、向量法、点积法、三角法也能很好地解决这一难题. 使文章具有一定的深度，突出策略调整，增加可读性.

波利亚在《怎样解题》一书中把解题全过程分解为"弄清问题"、"拟定计划"、"实现计划"和"回顾反思"四大步骤. 我们在解决一个数学问题时，首先必须弄清已知条件以及隐藏在条件背后的深刻内涵，联想与之相关的问题和定理，灵活运用数学思想和方法，创造性地解决问题. 解题过程往往不会一帆风顺，在思维受阻后如何及时调整解题策略，转换证明问题的视角，通过正确的逻辑推理，化繁为简，以达到成功解决问题的目的.

点睛 利用数学家波利亚如何解题的理论,总结全文,更加突出调整解题策略的重要性和必要性.

【文脉结构】

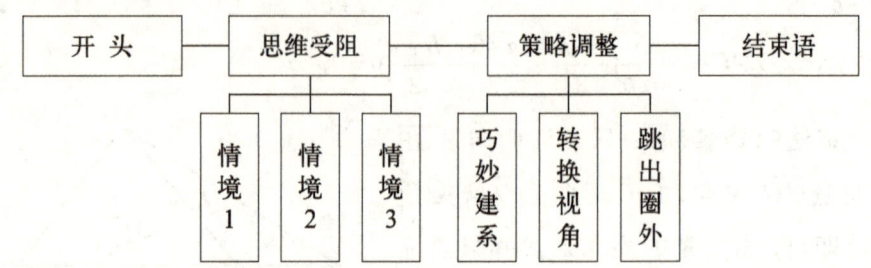

参考文献

[1] 张亚东."变换角色 授生以渔"的教学尝试[J].中学数学月刊,2000(3).

[2] 张亚东."喇叭花"函数赏析[J].数学通报,2017(4).

[3] 张亚东,李红.利用课本习题上好习题课例谈[J].中学数学,1996(3).

[4] 张亚东.2009年上海春考压轴题解题分析与教学反思[J].数学教学,2010(6).

[5] 张亚东.利用解析法证明平几问题受阻后的策略调整[J].数学教学,2017(6).

[6] 郭世平等.中学数学教育教学类期刊选稿思考[J].合肥学院学报,2009(5).

[7] 戴再平,慕利民.数学教育论文的方法、选题和规范[M].贵阳:贵州教育出版社,1995.12.

[8] 新青年数学教师工作室.中学数学教研论文的读与写[M].上海:上海教育出版社,2010.4.

附录　数学科研论文投稿常见杂志一览表

杂志名称	邮编	通讯地址	电话	邮箱地址
《数学通报》	100875	北京师范大学数学系《数学通报》编辑部	010-58807753	shxtb@bnu.edu.cn
《数学教育学报》	300074	天津师范大学八里台校区《数学教育学报》编辑部	022-23541034	sxyb@chinajournal.net.cn
《中等数学》	300387	天津市西青区宾水西道393号《中等数学》编辑部	022-23540118	zdsxlx@163.com
《数学教学》	200062	上海市中山北路3663号华东师范大学《数学教学》编辑部	021-62232712	sxjxzz@math.ecnu.edu.cn
《上海中学数学》	200234	上海市桂林路100号上海师范大学《上海中学数学》编辑部	021-64321027	shzxsx@shnu.edu.cn

（续　表）

杂志名称	邮　编	通讯地址	电话	邮箱地址
《中学数学月刊》	215006	江苏苏州市十梓街1号苏州大学《中学数学月刊》编辑部	0512-65112618	zxsxyk@suda.edu.cn
《中学数学》	430062	武汉市湖北大学《中学数学》编辑部	027-88661195	zs@hubu.edu.cn
《中学数学教学参考》	710062	西安陕西师范大学《中学数学教学参考》编辑部	029-85308536	smat999@163.com（高中） jmat@163.com（初中）
《中学教研》	321004	浙江师范大学《中学教研》编辑部	0579-82298829	zxjy@zjnu.cn
《数学通讯》	430079	武汉市华中师范大学《数学通讯》编辑部	027-67867454	shxtxjsh@163.com
《中学数学研究》	510631	广州石牌华南师范大学《中学数学研究》编辑部	020-85211343	zhongxueshuxueyanjiu@126.com
《数学教学通讯》	400715	重庆市西南大学《数学教学通讯》编辑部	023-68252193	24zazhi@sina.com
《中学数学教学》	230061	合肥市金寨路327号合肥师范学院《中学数学教学》编辑部	0551-2827203	zsjxhf@sina.com
《中学数学杂志》	273165	山东曲阜师范大学《中学数学杂志》编辑部	0537-4455375	gaozhng@vip.163.com chuzhong@vip.163.com

（续表）

杂志名称	邮编	通讯地址	电话	邮箱地址
《数学教学研究》	730070	西北师范大学《数学教学研究》编辑部	0931-7970555	sxbjb@nwnu.edu.cn
《福建中学数学》	350007	福州仓山福建师范大学数学系《福建中学数学》编辑部	0591-83441835	fjzxsx@fjnu.edu.cn